高等学校图书情报与档案管理系列教材

信息描述

宛玲 魏蕊 张鑫 编著

科学出版社
北京

内 容 简 介

本书系统介绍信息描述的历史发展、功能、原则、范围及描述方法。具体包括：介绍信息描述的国内外发展历史和发展方向；介绍和解读现行信息描述国内外标准的核心内容及应用，包括《国际编目原则声明》、ISBD统一版、IFLA图书馆参考模型、UNIMARC书目格式及规范格式、RDA、MARC21等国际国外标准，包括我国最新颁布的国家标准《信息与文献 资源描述》以及现行有效的《文献著录》系列、《中国机读书目格式》、《中国机读规范格式》、《中国文献编目规则（第二版）》等标准或行业规范，我国描述西文资源的主要规定及我国国家图书馆RDA本地政策声明等；介绍依据这些标准描述中西文信息资源及检索点的具体方法等。

"信息描述"课程是图书情报与档案管理学科各专业及信息管理与信息系统专业的核心课程，本教材适用于这些专业的本科教学，同时也适用于相关学科和专业的研究生教学、学习和研究。

图书在版编目（CIP）数据

信息描述 / 宛玲，魏蕊，张鑫编著. —北京：科学出版社，2022.3
高等学校图书情报与档案管理系列教材
ISBN 978-7-03-070563-1

Ⅰ. ①信⋯ Ⅱ. ①宛⋯ ②魏⋯ ③张⋯ Ⅲ. ①文献编目-高等学校-教材 Ⅳ. ①G254.3

中国版本图书馆 CIP 数据核字（2021）第 225035 号

责任编辑：方小丽 / 责任校对：贾娜娜
责任印制：张 伟 / 封面设计：蓝正设计

科学出版社 出版
北京东黄城根北街16号
邮政编码：100717
http://www.sciencep.com

北京盛通商印快线网络科技有限公司 印刷
科学出版社发行 各地新华书店经销
*
2022年3月第 一 版　开本：787×1092　1/16
2023年2月第二次印刷　印张：14 1/4
字数：338 000

定价：68.00元
（如有印装质量问题，我社负责调换）

前　言

"信息描述"课程是图书馆学专业、信息管理与信息系统专业（偏重信息管理类的），以及图书情报专业硕士的核心课程。本教材适用于上述专业本科的教学，同时也适用于图书情报与档案管理的研究生教学、学习和研究。

随着计算机技术和互联网技术的不断发展和应用，信息描述的对象和作用也在不断扩大。首先，信息描述范围扩大，不仅仅描述图书期刊等纸质或磁盘等实体性信息资源，还需要描述越来越多的电子出版物，描述各类网上的商品、产品、虚拟物体等；其次，参与信息描述的行业扩大，典型的是出现了大量信息资源供应商、数据库商，以及一些信息咨询机构参与开展信息描述业务，向各类文献资源机构如图书馆、开展网上服务的企事业单位或政府机构提供。在这种背景下，信息描述知识的学习更为重要，《信息描述》教材的内容也需要根据时代的变化进行更新。

为了适应信息描述对象和领域的不断扩大以及其所依赖的信息技术的不断发展，国际图书馆协会联合委员会（International Federation of Library Associations and Institutions，IFLA）组织协调各国信息描述专家，持续探索和更新信息描述的原则和规则。例如，2011年 IFLA 将信息描述内容标准《国际标准书目著录》（International Standard Bibliographic Description，ISBD）从分册型发展为统一版，以适应1998年发布的《书目记录的功能需求》（Functional Requirements for Bibliographic Records，FRBR）；2016年发布了新版的《国际编目原则声明》（IFLA Cataloguing Principles：the Statement of International Cataloguing Principles，ICP），2017年将之前的《书目记录的功能需求》、《规范数据的功能需求》（Functional Requirements for Authority Data，FRAD）和《主题规范数据的功能需求》（Functional Requirements for Subject Authority Data，FRSAD）改进并发展成为统一的《IFLA 图书馆参考模型》（IFLA Library Reference Model，IFLA-LRM）；自2012年以来 IFLA 一直在其网站上发布机读格式标准《UNIMARC 书目格式手册（第三版）》（2008年）和《UNIMARC 手册：规范格式（第三版）》（2009年）的更新条目，目前已列出所有至2019年的更新内容；同时，IFLA 也积极参与和组织各国信息描述专家掌握和改进美国、英国等国提出的更适应网络时代的、2008年问世的编目规范《资源描述与检索》（Resource Description & Access，RDA），RDA 是《英美编目条例2》的升级版，但现在也被很多国家作为修改本国编目规则的基础。我国中文编目领域，于2005～2009年陆续修改并出版了《文献著录》系列国家标准，2021年发布国家标准《信息与文献 资源描述》，

2016 年开始出版机读目录系列国家标准如《中国机读书目格式》；在西文编目领域，正在研制适应我国的 RDA 编目规则和本地政策，已有许多图书馆开始使用 RDA 本地政策进行西文编目等。

  信息描述的原则和所遵循的标准规范的变化，需要及时反映到教学及教材中。这几年的教学中，笔者经常需要在现有教材基础上，查询和补充我国和国际上信息描述的最新标准和发展资讯。本教材内容正是在这种不断学习、持续修改教学内容中逐步形成的，尽可能反映国际信息描述的最新理念和最新标准及它们的发展。由于我们的水平有限，时间和精力不足，本书难免有疏漏之处，敬请各位同行和专家指正。另外，在教材的编写过程中，参考和引用了大量同行的著作、教材、文章和博客内容，参考了国家图书馆正在编制的标准草案，参考了 IFLA 网站、MARC21 网站、我国国家标准全文公开系统等平台上的相关标准，在此一并感谢！

  本书共 7 章，其中宛玲组织和规划全书内容结构，参与编写和修订了全部章节，魏蕊参与了第 1 章和第 6 章撰写、刘云漫参与了第 2 章撰写，马转玲和郑雅丹参与了第 4 章撰写，郭静、张鑫、李琳、韩帆帆、黄倩、窦珊珊、牛宇峰参与了第 3 章和第 5 章撰写，王静涵参与了第 7 章撰写。

宛　玲

2021 年 9 月 30 日

目 录

1 概述 ·· 1
   1.1 信息描述相关概念和描述结果样例 ··· 1
   1.2 信息描述的功能要求和原则 ··· 5
   1.3 信息描述的范围 ··· 7
   1.4 现行国际信息描述标准概述 ··· 11
   本章思考题 ·· 16

2 信息描述的历史发展 ··· 17
   2.1 国外信息描述的历史与发展 ··· 17
   2.2 国际图联 IFLA 信息描述标准的历史与发展 ································ 24
   2.3 中国信息描述的历史与发展 ··· 28
   本章思考题 ·· 37

3 中文信息内容描述方法及卡片格式运用 ·· 38
   3.1 中文信息描述内容标准和卡片格式标准概述 ······························· 38
   3.2 中文普通图书的内容描述要求及卡片格式 ·································· 46
   3.3 中文连续性资源的内容描述要求及卡片著录格式应用 ··················· 61
   3.4 中文电子资源的内容描述要求及卡片著录格式应用 ······················ 72
   3.5 地图资源的内容描述要求及卡片著录格式应用 ···························· 79
   3.6 中文非书资料（录音、影像、缩微等）的描述要点 ······················ 84
   3.7 图书在版编目描述内容与格式 ·· 89
   本章思考题 ·· 91

4 中文检索点的选取与规范控制要求 ·· 92
   4.1 检索点选择与规范控制的规则及相关术语 ·································· 92
   4.2 检索点选取和规范控制的一般原则 ·· 94
   4.3 题名与责任者名称检索点的选取与规范控制 ····························· 100
   本章思考题 ··· 107

5 中文机读目录书目文档的建立 ··· 108
   5.1 CNMARC 书目的结构、文献类型和必备字段 ··························· 109
   5.2 记录头标区的数据元素 ·· 112

5.3 CNMARC 书目标识信息的描述 … 115
5.4 CNMARC 书目编码信息的描述 … 119
5.5 著录信息的描述 … 132
5.6 附注信息的描述 … 141
5.7 CNMARC 书目资源之间关系信息的描述 … 144
5.8 CNMARC 书目检索点的描述 … 151
5.9 CNMARC 书目国际书目信息交换内容的描述 … 158
本章思考题 … 161

6 机读目录规范文档的建立 … 162
6.1 机读规范格式的标准及基本概念 … 162
6.2 标识块与编码信息块的运用 … 168
6.3 规范检索点的描述 … 172
6.4 信息附注内容的描述 … 177
6.5 变异检索点和相关检索点的描述 … 179
6.6 分类和实体历史的描述 … 182
6.7 其他语言和（或）文字规范检索点的描述 … 184
6.8 来源信息的描述 … 185
本章思考题 … 186

7 西文描述、RDA 和 MARC21 的介绍 … 187
7.1 中国编制西文著录的一些规定 … 187
7.2 RDA 及中国 RDA 本地政策声明简介 … 188
7.3 机读目录 MARC21 描述方法要点 … 195
本章思考题 … 218

主要参考文献 … 219

1 概 述

信息描述，在图书馆、档案馆等领域通常被称为编目、文献编目、文献著录等，如我国国家图书馆设有全国图书馆联合编目中心，我国国家标准有《文献著录》系列标准等。随着计算机、互联网的迅速发展，描述对象突破了文献的范畴，图书馆工作术语"编目"扩展到适用于多个领域的术语"描述"。例如，美国图书馆界修改其《英美编目条例（第二版）》时，直接将其改名为《资源描述与检索》；我国各领域如电子商务、银行、农产品等也出现了大量直接采用"信息描述"名称的规范和标准，如《术语部件库的信息描述规范》（2012 年）、《电子商务交易产品信息描述-电子元器件》（2016年）等。在此大背景下，图书情报与档案管理教育领域也出现了多种以"信息描述"为题名的教材，替代之前"（文献）编目"题名。最新国家标准《信息与文献 资源描述》用"描述"替换了"著录"。考虑到"信息描述"用语的发展，笔者采用"信息描述"作为本书书名。

1.1 信息描述相关概念和描述结果样例

目前我国信息描述领域的教材有《信息描述》《信息资源描述》《文献编目》《信息资源编目》等，以下对信息、信息资源、文献、编目和描述等相关概念进行简单介绍和说明。

本章节介绍的术语解释主要引自我国国家标准《信息与文献 资源描述》《文献著录第 1 部分：总则》[1]、全国科学技术名词审定委员会事务中心的"术语在线"库[2]，以及国际图书馆协会联合会的 2016 年版《国际编目原则声明》（以下简称《ICP（2016）》）[3]等。

---

[1] 该标准收录在《国家标准全文公开系统》：http://www.gb688.cn/bzgk/gb/.
[2] 全国科学技术名词审定委员会事务中心．"术语在线"库．http://www.termonline.cn/index.htm.
[3] IFLA.国际编目原则声明（ICP）．陈琦译．https://www.ifla.org/files/assets/cataloguing/icp/icp_2016-zh.pdf.

1.1.1 描述"描述对象"的有关概念

描述"描述对象"涉及的概念主要有信息、信息资源、资源、文献。

信息（information），是日常生活和工作中的常用词。作为学术术语，最早是由通信科学家申农于1946年给予了科学定义，即"信息是用来消除随机不定性的东西"。随后又有众多学者从不同视角如哲学、社会科学等角度对"信息"进行了定义和解释。信息管理类学科的基础教程，多对该名词进行解释和说明。

信息资源（information resource），是与"信息"经常混用的词语。广义地理解，信息资源是人类社会信息活动中积累起来的以信息为核心的各类信息活动要素（信息、信息技术、设备、设施、信息生产者等）的集合[1]。这里的信息，也被称为狭义的信息资源。

资源（resource），基本含义是资财的来源。在编目领域，是指包含知识内容和/或艺术内容的有形或无形的实体，该实体可被构想、制作和/或发行，并可作为一个书目描述的基础。例如，文字资料、网页、视频等。

文献（document），是指记录有知识的一切载体（《文献著录第1部分：总则》）。

在信息描述领域，早期各国都是采用"文献"一词来表述所描述的对象，随着描述范围的扩大，尤其是数字资源类型的不断丰富，学界开始采用含义更为广泛的"信息"、"信息资源"或"资源"来取代"文献"。不过，由于各国标准发展进度不一，目前采用"文献"来表述图书馆工作对象的依然常见。就本书内容而言，没有刻意区分上述几个概念，由于要用到各种标准，因此也会用到上述各种术语。

1.1.2 描述"描述行为"的有关概念

描述"描述行为"常用的概念有：编目、著录、文献描述和信息描述等。

编目（cataloguing），是指按照一定的规则对文献信息资源进行著录，组织成目录并进行维护的过程。图书馆工作长期以来使用"编目"来说明信息描述工作。即使现在使用术语"描述"日渐增多，"编目"一词仍然在业界具有重要地位。

描述（description），即著录，是指在编制文献目录时，按照一定规则，对文献形式特征和内容特征进行分析、选择和记录的过程。描述，也常用"书目著录"（bibliographic description）提法：记录和识别一种资源一组书目数据的行为。

文献描述（document description），是指以文字形式表达的，能说明所著录文献的表征和内容中某些成分的诸项目的总称。文献描述可采用标题、主题词、叙词组合、题录、简介、文摘和提要等形式，与所著录的文献列示在一起，以方便用户。

信息描述（information description），概括来讲是依据一定的标准和规则，对信息资源主要的内容特征、外部特征及它与外界的各种关系进行描述并记录的行为。

文献描述和信息描述，在编目领域也常简称为"描述"。

---

[1] 马费成，赖茂生. 信息资源管理（第三版）[M]. 北京：高等教育出版社，2018：4-5.

转录（transcribe），著录时严格按资源上出现的形式（除了标点符号和大小写以外）照录所著录项目的文字信息。

描述、编目和著录这三个术语中，描述是最近开始使用的，而编目和著录，是图书馆编目领域长期以来使用的专业术语。在计算机环境下，在众多行业和领域都开始重视对各类资源进行描述著录环境下，图书馆界及其学界也开始使用各行业和领域普遍使用的"描述"术语，来指代图书馆界编目或著录工作。例如，我国图书馆界将"international standard bibliographic description"翻译为《国际标准书目著录》，简称 ISBD，将近来出台的"resource description and access"翻译为《资源描述与检索》，简称 RDA。目前，这几个术语都是混合使用，2016 年 IFLA 发布的《国际编目原则声明》，即《ICP（2016）》，依然采用"编目"（cataloguing）提法。也有的人将传统手工编目工作称为编目工作或著录工作，将编制机读目录的工作称为"描述"。本书对此不做特别区分。

如前所述，信息、信息资源、文献、资源、编目、著录、描述等经常混用，因此出现了表达同一事物的不同称呼：信息资源编目、文献编目、文献信息编目、信息描述、信息资源描述等。本书对这些称呼不做区分，根据情景选择使用，偏重使用"信息描述"。

1.1.3 描述"描述结果"的有关概念

描述"描述结果"常用的概念有：记录、款目、目录、书目等。

机读目录记录（MARC record），是指将一种文献的书目信息记载成一条符合机读目录格式规定而形成的记录。该记录以代码的形式把特定文献的书目信息记录在一定载体上，用计算机存储与检索，是实现计算机处理书目信息及资源共享的基础。在编目领域，常简称为"记录"（record）。

书目记录（bibliographic record）：是指在编目系统中描述、分析和控制书目实体的记录。在机读目录中，由于书目记录也就是机读目录数据库系统中的一条记录，因此，也常用数据库系统领域的"记录"提法。

款目（entry），是指著录文献的结果，反映文献的内容特征和形式特征的著录项目的组合，有时也可能包括文献著录的其他部分。该术语常用在传统卡片目录中，对应机读目录中的一条"记录"。

通用款目（general entries）与交替标目（alternative heading）。在传统卡片款目编制中，有"通用款目"和"交替标目"的提法。通用款目是指无标目的反映文献物质外形特征的著录项目的组合。加上标目的款目也被称为排检款目。交替标目是指通用款目中排检项中的检索点，交替作为标目出现在标目位置[①]。

主要款目（main entries）和附加款目（additional entries）。主要款目是指在编目程序上首先编制起来的、记录最详尽和最完整的款目。附加款目是以主要款目为基础编制其

---

① 段明莲. 信息资源编目（第二版）[M]. 北京：北京大学出版社，2008.

他标目的款目。目前中文文献著录已经废除主要款目和附加款目的提法。西文编目还在使用。在西文编目中，主要款目用第一责任者或题名做标目，附加款目用其他检索点做标目[①]。

目录（catalogue），是指将一批款目按照一定的次序编排而成的一种信息资源报道和检索工具。目录包括卡片目录、书本式目录等印刷型目录，也包括机读目录。

书目信息（bibliographic information），是指提供一书或群书关于其目录学范畴知识的内容集合。也常用"书目""书目资源"表示。

书目（bibliographic），现代意义上目录的含义就是著录一批相关的文献，按一定的次序编排而成的一种登记、报道和宣传书刊文献等实体和虚拟信息的检索工具[②]。

标目（heading），是卡片目录时代常用的术语，位于款目开端，标识该款目的某类特征，是目录系统排序的依据。根据标目的类型不同，形成不同的目录。例如，著者作标目——建立著者目录；分类号作标目——建立分类目录。概括来讲，标目具有确定目录类型、确定款目在目录中的位置、给读者提供检索途径的作用。常用的标目有题名标目、责任者标目、主题词标目、分类标目等。

检索点（access point），其含义是用于检索和识别某一书目数据或规范数据的名称、术语、代码等。

"标目"的名称，体现了其位于款目标头位置的性质。"检索点"的名称，体现了其提供人们检索途径的性质，其位置处于机读目录之中。一个款目仅能有一个标目，也就是说目录系统提供多少标目，也就有多少张款目。而机读目录系统中，描述一部文献仅用一条记录，所有检索点都包含在其中。在检索系统中，检索点是用来编制索引的索引词语，有多少类型的检索点，就可以编制多少索引路径。

《ICP（2016）》表示不再使用"标目"而改用"检索点"。虽然"检索点"用法越来越普及，但目前还会出现"检索点"和"标目"混用现象，如《中国文献编目规则（第二版）》第二部分名称是"标目法"，但在其内容中主要采用"检索点"的提法。在本书中，在描述卡片目录时，采用"标目"用法，在描述机读目录时，采用"检索点"用法。

信息描述工作中使用的术语还有很多，在后面具体讲解信息描述知识时再一一介绍。

1.1.4 信息描述结果（书目记录）样例

信息描述的对象可以分为两大类：实体类信息资源和网络信息资源。

针对实体类信息资源，信息描述方法有两大类：卡片式（书本式）描述和满足计算机交换使用的机器可读目录描述。为了对应方便，本书将前者简称为卡片目录，后者简称为机读目录。

卡片目录描述属于传统式描述方式，在小型资料室或描述一些特殊文献时还有可能会使用这种描述方式。另外，在图书馆网站的馆藏目录显示页面，也经常会出现以卡片

[①] 段明莲. 信息资源编目（第二版）[M]. 北京：北京大学出版社，2008.
[②] 叶继元. 信息组织（第2版）[M]. 北京：电子工业出版社，2015：21.

目录格式呈现的书目记录，一般是从机读目录转换过来的。另外我国图书在版编目采用的是这种描述方式。机读目录是目前图书馆主要使用的描述方式，机读目录（Machine-Readable Cataloging，MARC），也通常被简称为 MARC 记录。

针对网络信息资源，信息描述方法有多种形式，国际上比较著名的有都柏林核心（Dublin Core，DC）元数据。这种描述方法并没有固定格式。

图 1-1 和图 1-2 分别是描述《图书馆学概论》这本书的卡片目录和机读目录的样例。

```
        吴慰慈
        图书馆学概论 [专著] / 吴慰慈,邵巍编著. --北京：书目文献出版社,1985（1988.6 重印）
        254 页；19cm
        中央广播电视大学图书馆学专业用书
        ISBN:7-5013-0337-1：1.55 元
         Ⅰ图… Ⅱ吴…，邵… Ⅲ图书馆学--电视大学 ⅣG250
```

图 1-1　卡片目录-作者目录样例

```
010##$a7-5013-0337-1$d1.55
2001#$a 图书馆学概论$9tu shu guan xue gai lun$b 专著$f 吴慰慈，邵巍编著
210##$a 北京$c 书目文献出版社$d1985$h1988.6 重印
215##$a254 页$d19cm
300##$a 中央广播电视大学图书馆学专业用书
6060#$a 图书馆学$x 电视大学$x 教材
690##$aG250
701#0 $a 吴慰慈$f(1937.7~)$9wu wei ci$4 编著
701#0 $a 邵巍$9shao wei$4 编著
```

图 1-2　机读目录样例（部分字段）

1.2　信息描述的功能要求和原则

描述什么内容，以及描述内容的顺序和表达形式，应当根据信息描述的功能需求来定。IFLA，作为联系和指导各国图书馆信息描述的国际性组织，组织发布过多版信息描述的功能要求和原则，以指导各国具体的信息描述标准或规则的制定工作。

本书主要引用 IFLA 发布的信息描述功能要求和原则的最新版本。IFLA 于 2017 年 12 月发布了《IFLA 图书馆参考模型》[①]，其中提出资源描述的用户任务需求和描述的内容点。IFLA 于 2016 年发布了最新版的《国际编目原则声明》，即《ICP（2016）》，致力于在线图书馆目录和其他领域可用的、能够指导各国编制自己编目规则的新的基本原则

---

① IFLA. IFLA Library Reference Model（LRM）. https://www.ifla.org/files/assets/cataloguing/frbr-lrm/ifla-lrm-august-2017_rev201712.pdf.

声明[①]。IFLA-LRM 是更为抽象的模型，ICP 是相对比较具体的指导原则。

1.2.1 信息描述的功能要求

信息描述的功能需求是以所服务用户的信息需求为基础的。在图书编目时期，信息描述所服务的用户只是图书馆读者。现在所服务的用户类型非常广泛，有到馆的读者，更有通过网络使用信息资源的用户，还有信息链中的其他参与者（如出版商、分销商、供应商甚至图书馆等）。根据这个指导思想，信息描述功能要求实质上就是满足各类用户的通用任务。目前 IFLA-LRM 规定了 5 项通用任务，也可以称为 5 种功能要求，分别为：

（1）发现任务（发现功能）：按照任何相关的标准将通过搜索获得的一个或多个感兴趣资源的信息汇集在一起。即用户通过信息描述结果，能够将所感兴趣的各种资源从资源库中发现出来并汇集在一起。

（2）识别任务（识别功能）：明确所发现资源的性质，区分类似资源。即用户通过信息描述结果，能够将所需资源与其他资源区分出来，并对符合搜索条件的资源进行进一步区分和识别。

（3）选择任务（选择功能）：确定找到的资源的适用性，并允许接受或拒绝特定资源。即用户通过信息描述结果，可以将所挑选的资源从其他资源中分离出来，允许用户选择出所需资源。

（4）获取任务（获取功能）：访问到资源的内容。即用户通过信息描述结果，能够以方便的方式访问到检索结果所指的资源本身。

（5）探索任务（探索功能）：利用资源之间的关系发现资源，从而将资源放在上下文中。这一项功能是 IFLA-LRM 新增的，即用户通过信息描述结果，不仅可以找到符合检索要求的资源，而且还可以通过信息描述结果中所揭示的特定资源与其他资源的关系，发现更多相关或更专指的资源。在网络环境下，通过超链接技术，更容易实现这种探索功能。

1.2.2 信息描述的原则

信息描述，是对原有资源的描述，所以首先要保证描述行为的客观性，不应掺杂描述人的主观思想，同时还要注意描述的清晰性、简洁性和实用性，以方便用户使用。进一步还需要考虑信息描述的方便性、标准化及合作需求。

《ICP（2016）》规定的编目原则共有 13 条：用户的便利性、通用性、表达性、准确性、充分性和必备性、有意义、经济性、一致性、集成化、互操作性、开放性、可访问性、合理性。其中，"用户的便利性"原则最为重要，其他原则之间没有特定的顺序，当其他原则之间存在冲突时，互操作性原则应该高于其他原则。ICP 作为指导各国信息描

---

① 王松林. 中文编目与 RDA[M]. 北京：海洋出版社，2014.

述的原则，不仅仅考虑对资源本身描述的功能性要求，还顾及了各国信息描述的习惯和国际交流的需求。

本书将13条原则归纳为三大方面。

（1）用户方便原则。用户方便原则，指对信息资源的描述，应当方便用户对信息资源本身的理解和使用。具体包括《ICP（2016）》的用户便利性原则、通用性原则、充分性和必备性原则：①用户便利性原则，是指编目工作尽一切努力使所有的数据都可理解并适合用户。"用户"一词涵盖了查找目录、使用书目数据和/或规范数据的任何人。在为检索而进行描述和名称控制时，应从用户的角度考虑。②通用性原则，是指用于描述和检索的词汇应与大多数用户所用的词汇相一致。③充分性和必备性原则，是指这些数据元素需具备一些条件，包括方便所有类型用户的检索，方便具有特定需求用户的检索、实现目录的目标和功能，以及能够描述或识别实体资源。

（2）客观准确原则。客观准确原则，是指按照信息资源本身的特征进行客观且准确的描述。具体包括《ICP（2016）》的准确性原则、表达性原则和有意义原则：①准确性原则，是指信息描述的结果，应该是对所描述实体的准确描述。换言之就是描述结果应完全符合信息资源自身内外部特征的实际情况。具体操作方面，就是要按照规定的信息源如实照录，并要借鉴各种其他资源补充准确的内容。②表达性原则，是指著录应该表达出资源所表现的样子。③有意义原则，是指描述时所用的数据元素应与描述相关、有意义，并考虑到实体之间的区别。

（3）利于合作原则。合作，主要是指不同编目活动之间的合作。包括《ICP（2016）》的互操作原则、一致性和标准化原则、可访问性原则、合理性原则、开放性原则、经济性原则等：①互操作性原则，是指编目工作应尽全力确保各编目活动之间书目数据和规范数据的共享和再利用。为了交换数据和发现工具，强烈建议使用促进自动翻译和消歧的词汇。②一致性和标准化原则，是指应尽可能实现描述与确立检索点工作的标准化，对各类文献的描述进行集成化、确定实体名称受控形式时应尽量基于一套共同的规则。③可访问性原则，是指书目数据和规范数据的检索及检索设备的功能应符合IFLA所建议的国际检索标准。④合理性原则，是指编目条例中的规则应该是合理而非武断的。在特殊情况下，如无法遵守所有原则，则应寻求合理、实用的解决办法，并对原理加以阐释。⑤开放性原则，是指数据的限制应该是最小的，以便促进透明度并符合"开放存取准则"中所述的"开放存取"原则。任何对数据访问的限制都应充分说明。⑥经济性原则，是指当达到某一目标存在多种途径时，应当选择整体便利性和实用性最佳的途径（即成本最低或方法最简单）。

1.3 信息描述的范围

信息描述的范围，即规划描述信息资源的特征范围。例如，描述一本书，可能需要描述书名、作者、出版社、出版时间、版次、开本大小、价格、国际标准书号（international standard book number，ISBN）；描述一个网站，可能需要描述网址、LOGO（商标）、题名、版权项、ICP 备案号等。编目界经过多年的实践和不断摸索研究、研制了若干包括信息描述范围的标准或规范，以下分别介绍。

1.3.1　IFLA-LRM 的信息描述范围

IFLA-LRM[①]作为功能模型，并不规定信息描述的具体内容，而是给出了顶层的比较抽象的描述范围，具体是采用数据库系统中常用的实体关系模型来勾画信息描述的范围，即信息描述的范围是信息资源的实体、属性和关系。

1）实体的描述范围

实体的描述范围，是指描述需要描述的实体是什么。IFLA-LRM 按照树形结构设计了三层实体，如表 1-1 所示。

表 1-1　IFLA-LRM 的实体范围

顶层实体	第二层实体	第三层实体
LRM-E1 资源（Res）		
	LRM-E2 作品（work）	
	LRM-E3 内容表达（expression）	
	LRM-E4 载体表现（manifestation）	
	LRM-E5 单件（item）	
	LRM-E6 代理（agent）	
		LRM-E7 个人（person）
		LRM-E8 集体代理（collective agent）
	LRM-E9 命名（nomen）	
	LRM-E10 地点（place）	
	LRM-E11 时间跨度（time-span）	

例如，对资源《红楼梦》进行描述，其作品是岳麓书社 2019 年出版的曹雪芹著的小说《红楼梦》，内容表达是小说，载体表现是纸质图书，单件是某个图书馆收藏的某本《红楼梦》小说单件，代理也就是个人作者是曹雪芹，命名包括了《红楼梦》小说的主题词，曹雪芹的生存时间跨度是：约 1715 年 5 月 28 日—约 1763 年 2 月 12 日。

2）属性的描述方面

各种实体的属性也是信息描述的重要内容。目前 IFLA-LRM 规定的属性有 37 个，涉及 9 大方面，包括：

---

① IFLA. IFLA Library Reference Model（LRM）. https://www.ifla.org/files/assets/cataloguing/frbr-lrm/ifla-lrm-august-2017_rev201712.pdf.

- 资源实体的属性：类型和注释属性；如，所描述的《红楼梦》是文学作品；
- 作品实体的属性：类型和有代表性表达属性；如，岳麓书社2019年出版的曹雪芹写的名著《红楼梦》；
- 内容表达实体的属性：类型、范围、目标用户、使用权、制图比例、语言、关键词、性能介质属性；如，曹雪芹写的名著《红楼梦》小说；
- 载体表现实体的属性：类型、范围、目标用户、表现声明、检索条件和使用权属性；如，曹雪芹写的名著《红楼梦》小说的网络版；
- 单件实体的属性：地点和使用权属性；如，某图书馆采购的岳麓书社2019年出版的曹雪芹写的名著《红楼梦》小说三本，一本在样本库，两本在外借阅览室；
- 代理实体的属性：联系信息、活动领域、语言和个人的职务/职业属性；如，《红楼梦》小说的作者是清代的曹雪芹；
- 命名实体的属性：类型、字符串、方案、目标受众、使用场景、参考来源、语言、文本和文本转换属性；如，主题词：红楼梦，曹雪芹，小说，清代；
- 位置实体的属性：类型和地点属性；如，某某大学图书馆；
- 时间跨度实体的属性：开始时间和结束时间属性。如，清代。

3）关系

关系，是解释实体之间的联系。例如，某种图书的著录与其所属丛书著录之间的关系，原著与译文之间的关系等。IFLA-LRM定义的关系有36个，分为同类实体之间的关系和不同实体之间的关系两大类。

同类实体之间的关系主要有：

- 资源与资源之间的相关关系，如《红楼梦》与《红楼梦解析》存在评论与被评论关系；
- 命名与命名之间有等同关系、部分关系和派生关系，如电脑与计算机有等同关系；
- 作品与作品之间有部分关系、先后关系、伴随/补充关系、灵感来源关系和转变关系，如连续出版物改名前后出版物之间的关系；
- 内容表达和内容表达之间有部分关系、派生关系、汇集关系，如小说版改成戏剧版；
- 载体表现和载体表现之间有部分关系、再生产关系、交替关系，如，纸质原著与其电子复制版之间的复制关系；
- 团体代理与团体代理之间有部分关系、前任关系，如，某某大学的前身是某某学院；
- 位置与位置之间、时间跨度与时间跨度之间都有部分关系等。

不同实体之间的关系主要有：

- 作品与内容表达：作品是通过内容表达来实现的，如《红楼梦》通过小说来表达；
- 内容表达与载体表现：内容表达体现在载体表现中，如，岳麓书社出版的纸质版和网络版《红楼梦》；
- 载体表现与单件：载体表现是以单件为实例，如，自己购买了一本岳麓书社出版的《红楼梦》小说；
- 作品与代理：作品是由代理创造的，如，《红楼梦》是由曹雪芹创作的；

- 内容表达与代理：内容表达是由代理创造的，如，《红楼梦》小说是由曹雪芹创作，2018年天津人民出版社出版；
- 载体表现与代理：载体表现和代理之间有被代理创造、制造和分配的关系，如，《红楼梦》小说网络版是由 AA 网络公司生产和发行的；
- 单件与代理：单件是代理所拥有、是代理所修改的，如，某图书馆购买了三本《红楼梦》，这三本各自的财产登记号分别为 Xtsg1001、Xtsg1002、Xtsg1003；
- 作品与资源：作品是资源主题形式；
- 资源与命名：命名是资源的称谓；
- 代理与命名：代理与命名的关系是分配；
- 单件与载体表现：单件再生产了载体表现；
- 代理与团体代理：代理与团体代理之间有成员与团体的关系；
- 资源与位置、时间跨度之间有联系关系。

从描述行为来讲，编目员拿到的是一个单件，如到馆的一本纸质图书：2019年岳麓书社出版的（清）曹雪芹和（清）高鹗著的《红楼梦》一本，然后：

- 对这个单件按照其载体形式即纸质的图书"2019年岳麓书社出版的（清）曹雪芹著的《红楼梦》"进行描述；
- 描述中向上延伸来描述这本书所代表作品"《红楼梦》"和其内容表达即"小说"；
- 再向上延伸来描述与这部作品同属一类资源《红楼梦》的其他作品（如其他作者撰写的续、评论等）的关系；
- 向平行延伸来描述这个载体形式与其他载体形式如"节选本小说《红楼梦》""少儿版小说《红楼梦》"之间的关系；
- 向下延伸来描述到馆单件的馆藏信息。

1.3.2 《ICP（2016）》的描述范围

《ICP（2016）》[①]指出，编目应考虑到书目领域概念模型中定义的实体、属性和关系。当时它所指的概念模型分别包括《书目记录的功能需求》、《规范数据功能需求》和《主题规范数据功能需求》，2018年这三个模型被更新为一个 IFLA 图书馆参考模型（IFLA-LRM）。《ICP（2016）》规定的实体基本同 IFLA-LRM，包括作品（work）、内容表达（expression）、载体表现（manifestation）、单件（item）、个人（person）、家族（family）、团体（corporate body）、主题（thema）和命名（nomen）。

《ICP（2016）》将信息描述划分为两大类：描述性编目和主题编目。描述性编目（descriptive cataloguing），提供描述性数据和非主题检索点。主题编目（subject cataloguing），提供主题（thema）和命名（nomen）的标识。其中，主题是指用于一件作品的主题的任何实体。命名是指任何一个已知、被引用、被标记的主题的符号或

---

① IFLA. 国际编目原则声明（ICP）. 陈琦译. https://www.ifla.org/files/assets/cataloguing/icp/icp_2016-zh.pdf.

符号序列。

一个描述记录包括了主题编目结果和描述性编目结果。例如：图1-1最下面的罗马字母Ⅰ~Ⅳ所表示的内容是主题编目结果，其余内容都是描述性编目结果；图1-2中的010-300字段给出的是描述性编目结果，606字段和690字段给出的是主题编目结果。

《ICP（2016）》同时规定了描述内容特征的检索点的一般选取规则。

1.3.3 《国际标准书目著录》（ISBD）的信息描述范围

IFLA出台的《国际标准书目著录》，即ISBD，是各国编制本国编目标准的重要依据。ISBD规定了9项描述内容[1]，其中第0项是最新统一版新增加的。这9大项并不都是描述所必备的，编目机构可以根据自身需要选择描述项目。

9项描述内容包括：
- 0 内容形式和媒介类型项；
- 1 题名和责任说明项；
- 2 版本项；
- 3 资料或资源类型特殊项；
- 4 出版、制作、发行等项；
- 5 载体形态项；
- 6 丛编和多部分单行资源项；
- 7 附注项；
- 8 资源标识号和获得方式项。

ISBD规定的描述范围只有描述性编目内容，不包括主题性编目内容。因此各国在编制自己的信息描述标准或者规则时，通常以ISBD为基础编写描述性编目内容标准、以ICP为基础编写主题性编目内容标准。

很显然，IFLA-LRM和ICP给出的信息描述范围比较抽象且非常广，ISBD给出的信息描述范围具体但范围比较窄。

1.4 现行国际信息描述标准概述

这里主要介绍信息描述标准的类型，以及对各国信息描述标准编制有指导作用的国际标准，主要是IFLA出台的。我国信息描述标准的内容，将在后续对应章节中介绍。

---

[1] https://www.ifla.org/publications/translations-of-isbd；IFLA通过，顾犇翻译. 国际标准书目著录（ISBD）（2011年统一版）[EB/OL]. https://www.ifla.org/files/assets/cataloguing/isbd/isbd-translations-2011-zh_pre- area_0.pdf.

1.4.1 信息描述标准的类型

信息描述标准可分为两大类：内容标准和格式标准。其中会使用某些取值标准。

信息描述的内容标准，也就是编目界所说的编目规则，主要是规定信息描述的内容范围和内容项目。目前国际上颁布的这类标准主要有 IFLA 的《ISBD》系列版和统一版、美加英澳等国联合发布的《资源描述与检索》等。我国主要有《文献著录》系列标准、《西文编目条例》《中国文献著录规则（第二版）》等。

信息描述的格式标准，包括机读目录格式、卡片著录格式及其他如都柏林核心元数据结构等。

卡片著录格式通常在信息描述的内容标准（如上段提到的内容标准）中进行规定。

机读目录，全称为机器可读目录，英文全称是 Machine Readable Catalog，简称 MARC（以下全文如果没有特殊说明，主要采用简称 MARC）。机读目录格式，也通常称为 MARC 格式。国外目前主要有 IFLA 发布的 UNIMARC（Universal MARC Format，《国际机读目录格式》）系列标准、面向关联数据发布的 BIBFRAME（bibliographic framework，书目框架）、美国等多国联合发布的 MARC21 等，国内的主要有《中国机读目录》系列，目前已发布了《中国机读书目格式》和《中国机读馆藏格式》，其他格式标准正在起草中。国内描述中文文献的机读目录格式是以 UNIMARC 为蓝本，描述西文文献的机读目录格式是以 MARC21 为蓝本。

信息描述中使用的取值标准，主要包括分类法、主题词表、名称规范档等。例如，《ICP（2016）》对名称规范的原则要求，RDA 作为编目规则也出了 RDA 词表，还有各种分类法、行政区划表等。在信息描述内容标准或格式标准中，通常会列出所引用的各种主要取值标准。

1.4.2 国际标准书目著录统一版（《ISBD（统一版）》）介绍

《ICP（2016）》表示，书目著录部分应以国际认可的标准为基础，对于图书馆界，这里的标准指的是《国际标准书目著录》(ISBD)。

ISBD，是由国际图联 IFLA 制定的描述各类信息资源的国际标准，目的是指导各国制定本国的信息描述标准，便于国际交流和资源共享。许多国家包括我国都是在 ISBD 的基础上制定自己的信息描述标准。

ISBD 第 1 版发布于 20 世纪 70 年代，以分册形式陆续发布。之后又陆续发布了第 2 版和后续的修订版，分册内容和类型也发生了变化。目前最新版本是 2011 年 7 月发布的统一版即《ISBD（统一版）》，它是将之前的多分册的版本整合为一体。其中文版翻译本已由国家图书馆出版社出版，IFLA 网站上发布了其电子版[①]。本文有关 ISBD 内容的引

---

① https://www.ifla.org/publications/translations-of-isbd；IFLA 通过，顾犇翻译. 国际标准书目著录（ISBD）（2011 年统一版）[EB/OL]. https://www.ifla.org/files/assets/cataloguing/isbd/isbd-translations-2011-zh_pre-area_0.pdf.

用，如果没有特别说明，皆引自 2011 年出台的统一版的中文翻译本，简称《ISBD（统一版）》。

1. 《ISBD（统一版）》的描述对象、应用目的与应用说明

ISBD 的描述对象包括图书馆馆藏中可能出现的所有类型的出版资源，包括纸质资源、电子资源、视障者所用的资源（如以肉眼可读的形式或者以凹凸的形式），以及限量发行出版物或者按需出版的资源等。

《ISBD（统一版）》的应用目的是要作为推行世界书目控制的主要标准，对世界编目领域的出台目的是要让书目信息共享时保证一致性。具体来讲就是[1]：

- 便于不同国家来源的书目数据可互交换；
- 便于人们对不同语言书目数据的理解；
- 便于不同类型书目数据（手工或机器可读）的可转换性；
- 促进书目数据在语义网环境下的可移植性以及 ISBD 与其他内容标准之间的可互操作性。

《ISBD（统一版）》规定的描述项目分为：必备的、有则必备、可选择的。其中，国家书目机构、互相共享书目数据的其他图书馆制作的著录数据应该包含规定的必备或者有则必备的项目。

《ISBD（统一版）》仅包含书目记录部分，没有包含一个完整书目记录所需要的检索点和主题信息的描述标准内容，这些内容的规则需要通过编目规则和其他标准来规定。另外，有关特定馆藏的信息单元也不在 ISBD 范围。

2. 《ISBD（统一版）》著录用标识符

《ISBD（统一版）》制定有一套供各种载体文献通用的标识符号。《中国文献编目规则》《西文文献编目条例》及现在的《信息与文献 资源描述》《文献著录》都采用了 ISBD 所规定的标识符号。这些标识符号主要用于卡片目录和在版编目，个别也用于机读目录中。

描述项目标识符，是前置在对应项目之前，有 7 个：

- ".—"：大项符号，用于各描述项目前。题名和责任说明项或另起一段的描述项目前不用该标识符。
- "="：用于标识并列题名、并列责任说明、并列版本说明、丛编或附属丛编（subseries）并列题名以及识别题名。
- "："：用于标识其他题名信息、出版者或发行者名称、制作者、其他形态细节、丛编或附属丛编其他题名信息以及获得方式和 / 或价格等。
- "/"：用于标识题名和责任说明、版本项、丛编项中的第一责任说明等。
- ";"：用于标识题名和责任说明、版本项、丛编项中的其他责任说明、其他出版地、文献尺寸以及丛编或附属丛编编号。

---

[1] 顾犇. 《国际标准书目著录》及其最新发展[J]. 国家图书馆学刊，2006，（3）：56-60.

- ",": 用于标识责任方式相同的第二、第三个责任者、附加版本说明、出版日期、发行日期以及丛编或附属丛编国际标准连续出版物号前。
- ".": 用于标识多卷集文献的分辑标识或没有分辑标识的分辑题名、不同责任者的集合题名、附属丛书等。

描述内容识别符，具体的位置与所描述的内容有关，有8个：
- ( )：将丛编项、限定说明、印刷项置于括号内；
- [ ]：用于一般文献类型标识，未取自规定信息源的内容；
- …：用于说明省略描述内容；
- ?：用于不能确定的描述内容，如推测的出版地、出版年等，需与方括号结合使用；
- -：说明年代、卷期的起讫连接；
- ×：用于实体信息资源体积的数学表示；
- ""：用于附注项内引用的内容；
- //：用于表示分析款目上析出内容所在的出处。

3.《ISBD（统一版）》的著录项目及其必备性

《ISBD（统一版）》规定了各类资源处理的基本要求。章节包括：译者前言；引言；概述；著录单元说明：0 内容形式和媒介类型项；1 题名和责任说明项；2 版本项；3 资料或资源类型特殊项；4 出版、制作、发行等项；5 载体形态项；6 丛编和多部分单行资源项；7 附注项；8 资源标识号和获得方式项；附录；索引。规定的著录项目为：

内容形式（内容限定）：媒介类型 + 内容形式（内容限定）：媒介类型

题名和责任说明项（必备）：
  正题名；并列题名；其他题名信息；
  责任说明

版本说明（有则必备）：
  版本（并列版本），与版本有关的责任说明；
  附加版本说明，与附加版本说明相关的责任说明

资料或资源类型特殊项：
  数学数据（地图资源）；
  乐谱格式说明（乐谱）；
  编号（连续出版物）

出版、制作、发行等项：
  出版、制作和/或发行地（必备）；
  出版者、制作者和/或发行者名称（必备）；
  出版、制作和/或发行日期（必备）；
  印刷或生产地（必备）；
  印刷者或生产者名称；
  印刷或生产日期

载体形态项：

资料数量；
其他物理细节；
尺寸；
附件说明

丛编和多部分单行资源项：
丛编或多部分单行资源的正题名（有则必备）；
丛编或多部分单行资源的并列题名；
丛编或多部分单行资源的其他题名信息；
与丛编或多部分单行资源相关的责任说明；
丛编或多部分单行资源的国际标准号（有则必备）；
丛编或多部分单行资源内部的编号

附注项：
关于内容形式和媒体类型以及对于特殊类型资料的附注；
关于题名和责任说明项的附注；
关于版本项和资源书目沿革的附注；
关于资料或资源类型特殊项的附注；
关于出版、制作、发行等项的附注；
关于载体形态项的附注；
关于丛编和多部分单行资源项的附注；
关于内容的附注；
关于资源标识号和获得方式项的附注；
关于形成著录基础的期、部分、更新等的附注；
其他附注；
关于手头副本的附注
资源标识号和获得方式项

《ISBD（统一版）》仅规定了信息描述的项目和项目顺序，并没有规定具体的描述格式。

1.4.3 数据交换格式标准概述

1969 年英美两国对其研制的机读目录 MARC Ⅱ 申请国际标准。1973 年 ISO（International Organization for Standardization，国际标准化组织）审核后将其定为国际标准：《文献工作——文献目录信息交换用磁带格式》(ISO 2709—1973)，之后，1981 年和 1996 年分别发布了其修订版，1996 年改名为《信息与文献——信息交换格式》（Information and Documentation—Format for Information Exchange）(ISO 2709—1996)。目前 ISO 网站上发布的是 2008 年修订版：ISO 2709—2008。

ISO 2709—2008 规定了通用交换格式的要求，确立机读目录记录的逻辑组织结构和框架，其格式结构包括头标区、目次区和可变长数据区三部分。该标准是一种机读目录框架格式，具有很大的包容性。它不定义单个记录的长度或内容，也不为标记、指示器或标识符赋予任何含义，描述了一种通用结构，一种专门为数据处理系统之间的通信而设计的框架，不作为系统内的处理格式使用。

该标准问世后，在国际上影响很大，许多国际组织和国家采用该标准制定自己的信息交换格式。后面介绍的机读目录书目格式和规范格式都是遵循该标准制定的。

本章思考题

1. 信息描述的功能要求是什么？
2. 信息描述的原则和范围是什么？
3. 信息描述标准的类型有哪些？
4. ISBD 和 UNIMARC 的作用是什么？

2 信息描述的历史发展

这部分我们按照国外、国际和我国三部分来写。信息描述最早是由各国自己发展的。后来 ISO 和 IFLA 等国际组织，在一些国家信息描述标准基础上，发展了指导各国信息描述的行业规范。我国信息描述历史比较悠久，目前主要是在国际标准 ISO 和 IFLA 公布的相关标准和规范基础上，结合我国信息资源本身特点及用户使用习惯，逐步发展其信息描述标准。

2.1 国外信息描述的历史与发展

2.1.1 国外古近代编目工作发展历史

20 世纪 30 年代初，英国考古学家伦纳德·伍利（Leonard Woolley，1880—1960 年）在幼发拉底河口的乌尔发掘出土了泥版文书。该泥版书为一所存在于公元前 3000 年的寺庙图书馆所有。其中经济资料是按主题和年代顺序排列的，且有包含内容简介的标志牌，说明在那时文献已被进行专门管理[①]。

公元前三世纪，埃及亚历山大图书馆的卡利马赫（公元前 310—前 240 年），与同事共同编制了第一部成熟的书目《各科著名学者及其著作目录》，这是一部馆藏目录，创造了以著者作为主要款目和分类目录的雏形，被后人奉为西方图书目录之鼻祖。

中世纪（公元 5 世纪后期到公元 15 世纪中期）的图书馆和修道院，多编有书目。例如，埃及皇家图书馆和开罗其他图书馆的目录均按知识类别分类，大学图书馆目录多依字母顺序排列，而作者、书名或关键词混合排列等。公元 15 世纪初，曾出现过一部英格兰各修道院藏书联合目录，这是西方较早的联合目录。此外，公元 9 世纪还出现了文摘书籍，如涉及历史文学和艺术科学等方面书籍文摘的《文粹》。15 世纪中期，铅活字印刷术从中国传入欧洲，在促进西方出版物发展的同时也促进了书目的发展。1491 年，修道院院长约

---

① 毛赣鸣. 图书馆起源及上古文献传承[J]. 河南科技学院学报，2016，36（11）：30-37.

翰·特里西姆编制了印刷术应用之后最早出现的重要书目《基督教作家书目》[①]。

进入 16 世纪，国外书目的应用从"基督教时代"进入了"科学时代"，编目理论和书目业都得到了很大发展。1548 年瑞士植物学家格斯纳发表了编目理论著作《编目方法》，主张图书目录应按字顺排列，编制主题索引，款目上应当标明排架号。1560 年修道士特里夫里勒斯主张建立著者字顺目录、分类排架目录、主题字顺目录和保存本目录等来组成目录体系的理论。1595 年英国人蒙赛尔在《英文印本图书目录》中讨论了著录标目的选取方法，认为对不能确定著者的著作取其书名作标目，同时提出以一个词来集中书名不同的同一种图书，这是最原始的统一书名的使用[②]。

概括起来，这个时期国外已经开始出现比较系统的目录。这些目录主要是以书本式目录形式出现，其职能主要是财产清单。

2.1.2　国外近现代编目理论和实践的发展历史[③]

编目理论和成果的产生主要出现在图书馆和博物馆。最开始，编目规则往往和目录或书目整合在一起发展，编目思想和编目规则都体现在目录或书目之中。其中最有影响的是 1605 年英国学者 T.博德利（Thomas Bodley）和牛津大学图书馆馆员 T.詹姆斯（Thomas James）合编的《博德利图书馆目录》（Bodleian Catalogs），它被称为西方编目史上新型图书馆目录的一个里程碑，成为由清单到目录的分界。该目录采取的很多著录方法影响至今，如：以著者作为主要著录标目，匿名著作以书名作标目，目录排序时姓在前、名在后，编制参照款目，设立分类字顺目录，等等。另外，1622 年，法国皇家图书馆出版了第一份印刷目录，著录图书近六千种，子目按文字区分。1688 年，该馆又编制新目录，其中 4 册按子目顺序排列，另外 4 册按主题子目顺序排列。1664 年，在巴黎出版的 F.拉贝的《图书馆文库》是世界第一份书目之书目，后来相继出现了德国的《书目之书目》《意大利书目之书目》（1889—1895 年）等。1697 年，法国国立图书馆开始编印连续性书本目录。

到了 19 世纪，编目规则开始从目录或书目中独立出来。主要体现在以下几方面。

1841 年，世界第一部正式的编目条例《大英博物馆印本图书著录规则》即著名的《91 条规则》出版，这是大英博物馆图书馆馆长安东尼·潘尼兹和他的助手编辑的，是西方近现代第一部最完整、最系统的编目规则，被称为世界目录学史上的"大宪章"，成为现代编目法的开端。《91 条规则》有影响的编目思想主要为：坚持著者标目概念，提出出版物"类型标目"思想，匿名著作取与著作内容相关的人名、地名或书名关键词做标目，对书名项、出版项、稽核项、附注项等做了具体规定，将著者款目、出版物类型款目和

[①] 柯平. 西方书目发展史略[J]. 四川图书馆学报，1988，（Z1）：65-69.
[②] 杨玉麟. 信息描述[M]. 北京：高等教育出版社，2004：21.
[③] 了司的博客. 信息描述第 2 章信息描述理论与实践的发展[EB/OL]. http://blog.sina.com.cn/s/blog_49a5bed70100053c.html，2006-07-26；丁大可，侯汉清. 编目工作进展综述[J]. 图书馆理论与实践，1986，（3）：26-32；柯平. 西方书目发展史略[J]. 四川图书馆学报，1988，（Z1）：65-69；杨玉麟. 信息描述[M]. 北京：高等教育出版社，2004：22-23.

匿名著作款目合排成字顺目录。自此，图书馆学家开始认真考虑主题编目的问题。

1852 年，美国图书馆学家 C.C.朱厄特（Charles C. Jewett）提出了 39 条编目规则，被称为《朱厄特规则》。该规则被认为是美国第一部编目条例。该规则针对《91 条规则》进行了修改，提出：团体出版物应取机关团体名称作标目而不是集中在"类型"标目下，书名标目应从书名第一个词开始而非取书名关键词，著者姓名取真名著录而非假名或笔名等。朱厄特认为，编目规则的制定，应为各图书馆编目人员留有伸缩的余地，目录体系至少应设立字典式目录和分类目录。朱厄特还于 1850 年前后提出了"集中编目"思想，提出一个国家应由一个编目中心机构集中编目，编目成果提供给其他图书馆共享，以节省人力避免重复劳动，同时也有利于提高编目质量。

1876 年，美国图书馆学家 C.卡特（Charles Ammi Cutter，1937～1903 年）编制出著名的《字典式目录规则》（Rules for a Dictionary Catalog）。C.卡特被誉为英美现代编目理论的最主要奠基人。C.卡特的编目思想主要有：著者款目不仅有揭示该著者特定书名的图书的职能，还要有将同一著者所有著作集中在一起的职能；编目应以便利读者使用为原则；提出三种款目详简级次，以适应不同图书馆需求；建立主题目录，主题款目的标目应首选书名中关键词；机关团体出版物集中于机构名称下，匿名著作取书名作标目；编制分析款目，并建立参照系统。

1899 年，德国皇家图书馆出版《普鲁士图书馆字顺目录适用规则》，简称《普鲁士规则》，它是普鲁士编目体系的代表作。1908 年出版了修订版。其特点主要有：简化各种款目著录内容，依据书名中的实词组织书名款目，机关团体出版物按佚名著作处理。《普鲁士规则》简单适用，当时欧洲很多国家都采用该条例。

1908 年，为了书目信息的交流和共享，在美国图书馆学家 M.杜威（Melvil Dewey）的建议下，英美两国图书馆协会自 1904 年开始合作编制两国的统一编目条例。1908 年编制出版了《美国图书馆协会编目规则》，编目界习惯称其为《AA 条例》，分为美国与英国两个版本，以解决某些未达成共识的问题。1949 年出了第 2 版。该条例的出版，开创了不同国家目录著录方法整合起来的先例，为文献编目的国际化和标准化奠定了基础。

在这一时期，最后形成了"英美"和"普鲁士"两大编目体系，对世界各国的编目规则产生了重要影响。直到 1961 年的《国际编目原则会议》后，两者才逐步达到基本统一。

2.1.3 《英美编目条例》AACR 的历史发展[①]

美国图书馆协会分别于 1941 年和 1949 年对《英美编目条例》进行了修订，编制出《美国图书馆协会著者与书名款目编目条例》和《描述著录条例》，这两个条例被统称为 ALA1949。

1961 年 IFLA 在巴黎召开了国际编目原则会议，发布了《原则声明》（Statement of Principles）。根据这次会议精神，美国、英国和加拿大三国开始合作编制编目条例。1967

---

① 阎立中．《英美编目条例》（第二版）概述[J]．图书情报工作，1983，（6）：4-10；张秀兰．从 AACR1 到 RDA——《英美编目条例》的修订发展历程[J]．图书馆建设，2006，（2）：44-47；孙更新，雷小平．《英美编目条例》第二版 2002 年修订版的新特点[J]．图书情报知识，2003，（4）：73-74，76.

年，三国的图书馆协会与美国国会图书馆合作，共同编制出《英美编目条例》（Anglo-American Cataloguing Rules，AACR），简称 AACR1。由于英美双方对部分规则有分歧意见，AACR1 有两个版本，即英国版（British text）和北美版（North-American text）。AACR1 集成和发展了 ALA1949，特别是增加了非书资料的编目规则。

1974 年之后，IFLA 出版了 ISBD 系列标准。ISBD 是指导性的文献著录标准，还需要各国制定具体的著录细则。为适应网络化和文献著录标准化的需要，美国国会图书馆、美国图书馆协会、不列颠图书馆、英国图书馆协会、加拿大编目委员会再次合作，于 1978 年将 AACR1 升级为 AACR2。在修订时，编委会以 1971 年《国际编目原则会议"原则声明"的注释本》为理论蓝本，除了考虑各方面意见外，还努力与 ISBD 保持一致。AACR2 出版后，AACR 联合修订指导委员会（The Joint Steering Committee for Revision of AACR，JSC）根据时代的变革，分别出版过 AACR2 的 1988 年修订本、1998 年修订本、2002 年修订本等。AACR2 在编制体例、著录对象、内容范围、概念术语等方面都有创新，在世界范围内影响很大。我国后来出版的文献编目标准或规则，主要借鉴 AACR2。

英美编目条例最大的变化是从 AACR2 发展到 RDA。虽然 AACR2 为了适应文献描述与检索的需要几经修订，但随着数字化文献的大量出现及计算机编目网络的应用与普及，AACR2 的修订本仍然显得难以适用。1997 年，在加拿大多伦多举行的 AACR 原则与未来发展国际会议上，JSC 和 CoP（The Committee of Principals for AACR，AACR 原则委员会）邀请世界各地的专家共同研究制订 AACR 的未来发展计划。与会专家建议依据新的国际编目原则制定新版的 AACR，从那时起，AACR 新版初稿的制定工作就一直在进行。2005 年 4 月，在芝加哥举行的 JSC 和 CoP 会议上，决定将新版的 AACR 命名为《资源描述与检索》，期望 RDA 能够涵盖所有资料类型的属性，作为适用于各语种资料、各类型资料、各国、各领域、网络环境和传统环境下的信息描述内容标准。

现在 RDA 已经进入国际化发展阶段，IFLA 积极参与组织协调，许多国家编目工作者加入到完善 RDA 的工作领域。

2.1.4 英美加机读目录的历史和发展[①]

MARC 是 Machine Readable Catalog（UE）的缩写，译为"机器可读目录"，即以代码形式和特定结构记录在计算机存储载体上的、用计算机识别与阅读的目录。机读目录自 20 世纪 60 年代中期创建以来，对图书馆的各项工作冲击很大，人们认为这是一场四个字母的革命。

20 世纪 50 年代末，美国国会图书馆开始对该馆利用计算机的问题进行调查研究。当时邀请了托比等几位专家，讨论建立计算机目录系统的事宜。1963 年，美国国会图书馆向美国图书馆资源委员会提出一份报告，要求资助建立一个小组，设计和实现该馆编目、编制索引和文献检索的自动化系统。1964 年在馆长办公室下面设立了"情报

---

① 周兵. 机读目录概述[J]. 国家图书馆学刊, 1979, (1): 32-42; 李蓓. MARC 的发展及其应用[J]. 高校图书馆工作, 1997, (2): 51-53; 胡小菁, 李恺. MARC 四十年的发展及其未来[J]. 中国图书馆学报, 2010, 36 (2): 83-89.

系统专家办公室"（后改名为"情报系统办公室"）负责研究和生产机读目录。与此同时，美国图书馆资源委员会与美国情报公司签订合同，委托后者对用计算机编印目录进行研究。1964 年 1 月，情报公司提交了研究报告《用机器形式记录国会图书馆的目录数据》。1965 年 1 月，由美国国会图书馆、美国研究图书馆协会自动化委员会和美国图书馆资源委员会主持，在美国国会图书馆召开了一系列图书馆团体代表会议，听取图书馆团体对 MARC 计划的意见，审议情报公司的研究成果。最后通过了《标准机读目录记录格式的建议》，确定由美国国会图书馆承担 MARC 试验计划的工作。1965 年 12 月，美国图书馆资源委员会拨款 13 万美元资助这项计划（国会馆本身还筹集了大量资金）。1966 年 1 月，美国国会图书馆开始制订详细的试验计划，并邀请其他图书馆参加，最后，根据图书馆的类型和地理等条件，从 40 个有意向合作的图书馆中选择了 16 个图书馆参加试验。1966 年 4 月，美国国会图书馆情报系统办公室开始了计划的实施，试验结果产生了 MARC Ⅰ 格式。1966 年 9 月第一次生产出试验磁带，开始向 16 个参加馆发行试验机读目录磁带。

1967 年 1 月，美国国会图书馆延长 MARC 试验计划，并邀请英国国家图书馆参与实验，要求新设计的格式不仅要适用于英美两国，而且要便于在其他国家推广。1968 年 6 月 MARC 试验结束，并推出了 MARC Ⅱ 格式。MARC 试验计划结束以后，美国国会图书馆决定自己集中编制和发行机读目录记录，并将其命名为 LCMARC，1969 年初正式发行。MARC Ⅱ 格式（也被称为 LCMARC）设置了 999 个字段，著录格式的设置都参考了 AACR1 和 ISBD。同年，美英两国申请 ISO 标准。美国国家标准学会和国际标准组织 ISO 分别于 1971 年和 1973 年认可了 MARC Ⅱ 格式，对应的 ISO 标准号为 ISO 2709。1973 年美国图书馆协会成立 MARC 咨询委员会，与美国国会图书馆、其他图书馆共同维护修订 MARC Ⅱ 格式。

1982~1994 年，LCMARC 改名为 USMARC。1994 年 12 月起，美国国会图书馆、加拿大国家图书馆和大英图书馆开始联合推动三国机读目录格式的整合与一体化，1995 年研制 MARC 与 SGML（standard generalized markup language，标准通用标记语言）的结合。2000 年推出 MARC21，2002 年美、加、英签署了《MARC21 格式的发展和出版物协议》。在后来的不断修订和发展中，美国的机读目录与 ISO 2709 差别越来越大。

1995 年，美国国会图书馆开始尝试把 ISO 2709 格式的 MARC 数据转换为可直接在互联网上应用的数据，先后推出 SGMLDTD 和 XMLDTD，2002 年推出的轻量级应用 MARCXML，是目前通用的 XML（extensible markup language，可扩展标记语言）格式 MARC。MARCXML 采用记录集—记录两个层次，一个 XML 文件可以包含多条记录，既可表达一般的检索结果集，也可表达 FRBR 关系。在推出 MARCXML 后，美国国会图书馆还提供了一套在 MARC21 记录与 XML 格式间转换的工具，便利 MARCXML 的应用。在适用于 MARC21 的 MARCXML 推出之后，丹麦国家图书馆致力于开发 MarcXchange，这是适用于各种 MARC 的 XML 格式。在由美国国会图书馆接任 MarcXchange 的维护机构后，2008 年它正式成为国际标准 ISO 25577。因为 MARC 书目记录基于"载体表现"，不能有效地表达其上位的"内容表达"及"作品"，仅仅把 2709 格式改成 XML 格式不能解决这一问题，需要对平面、线性的 MARC 做根本性的改变。

Tennant 在 2002 年就说"MARC 必须死",但是他所提出的以 FRBR 为出发点、由 LC 和 OCLC（Online Computer Library Center,联机计算机图书馆中心）这样的机构承担、重新设计编码标准的设想,至今尚无实施的迹象[①]。

2011 年 5 月,美国国会图书馆经过研制推出了《书目框架》的关联数据模型草案,于 2012 年 11 月正式推出了 BIBFRAME 格式,同时发布了功能需求和用例。BIBFRAME 是以 RDA 为基础,美国国会图书馆设想以 BIBFRAME 取代 MARC21,以实现基于语义网的书目关联数据发布。不过目前还是以 MARC21 为主。

2.1.5　美国图书馆检索点规范控制的历史和发展

检索点规范控制是在美国著名图书馆学家卡特的规范控制思想基础上发展起来的。20 世纪 20 年代,规范控制开始引起图书馆界和编目界的关注,经过近一个世纪的发展,规范工作的理论、方法和技术都日趋成熟和完善。

卡特,美国图书馆协会创办人之一,曾先后任职于哈佛学院图书馆、波士顿公共图书馆和福布斯图书馆。1876 年卡特在其《字典式目录规则》一书中提出:"在著者目录卡片上,采用著者的全称形式,并在附注中注明著者的各种名称形式及已查阅的资料。"但该观点在当时并未引起图书馆界的足够重视。1922 年,美国纽约州立图书馆的费洛斯（Dorcas Fellows）在其《编目规则:图解》（Cataloging Rules: With Explanations and Illustrations）一书中描述了规范记录的建立、规范检索点、各种参照款目及参考来源等问题,较为明确地论述了规范档的建立、管理和维护问题[②]。20 世纪初虽然已经有人开始关注和研究规范控制的问题,但其重要性还未引起图书馆界和编目界的高度重视。

20 世纪 60 年代开始,美国研制 AACR,其内容包括著录部分和标目规范档部分。1966 年美国国会图书馆研制成功 MARC Ⅰ,加快了国际信息资源的共享,书目数据库建设的标准化和检索点的规范性问题逐渐引起业界关注。1974 年,美国国会图书馆开始发行书本式的《美国国会图书馆名称标目及参照》（Library of Congress Name Headings with References）。1976 年,该馆发布《规范记录的 MARC 格式》（Authorities: MARC Format）预印本。1979 年,出版了《名称规范累积本》（缩微版）。1981 年,美国正式推出《规范记录的 MARC 格式》第一版。据此建立起来的美国国会图书馆规范档,实际是由美国国会图书馆和全国协调编目工作组（National Coordinated Cataloging Operation）[原名名称规范合作项目（Name Authority Cooperative Project）]共同建设的。1999 年,美国国会图书馆网络发展与 MARC 标准部推出《MARC21 规范数据格式》（MARC21 Format for Authority Data）[③]。

[①] 胡小菁,李恺. MARC 四十年的发展及其未来[J]. 中国图书馆学报,2010,36（2）:83-89.
[②] 姚敏. 编目规范工作的实践和思考——以名称规范为例[J]. 图书情报,2018,（1）:88-90.
[③] 段明莲. 信息资源编目（第二版）[M]. 北京:北京大学出版社,2008;姚敏. 编目规范工作的实践和思考——以名称规范为例[J]. 图书情报,2018,（1）:88-90.

2.1.6 《资源描述与检索》RDA 的产生和发展现状

《资源描述与检索》即 RDA，是 AACR2 的升级版本，由美国、英国、加拿大及澳大利亚联合编制，是信息描述内容标准和检索点规范标准的合体，其目的在于满足数字环境下资源描述与检索的新要求，成为全球信息资源描述与检索标准。它采纳了 FRBR、FRAD、FRSAD，趋向于发展成为更加"原则"的规则。

RDA 产生的原因主要有两个：一是网络环境下编目工作新的概念模式《书目记录的功能需求》和《规范数据功能需求》的出现，使编目规则也要适时地做出修改；二是 AACR2 的不适应性，其规则不能完全适用内容和载体交叉的资源，特别是不断涌现的数字资源，这些都对现有编目规则提出了新的挑战。

1997 年，JSC 举办的"AACR 原则与未来发展国际会议"，提议将 AACR2 进一步国际化，扩展到更广的范围内使用。2004 年，JSC 的主管机构 COP 宣布编制 AACR3。2005 年，出于对 AACR3 可以成为超越图书馆界的世界性规则的期望，AACR3 被更名为 RDA，计划于 2009 年完成编制。2008 年成立了 RDA/MARC 工作组，RDA 要考虑 MARC 的特点，MARC21 修订时以 RDA 为指导。2008 年 5 月至 2010 年 12 月，美国国会图书馆与国家医学图书馆、国家农业图书馆对 RDA 进行联合测试。2011 年 6 月，RDA 测试报告发布。2010 年 6 月，联机版"RDA 工具套件"（RDA Toolkit）正式发布，标志着 RDA 的正式诞生，同年 11 月，RDA 活页印刷本出版。2013 年 3 月 31 日，是美国国会图书馆 RDA 实施切换日（Day One），全部采用 RDA 编目。

RDA 将规范数据也纳入其中，即数据内容标准既包括书目数据的描述也包括规范数据的描述。RDA 原来是以 IFLA 的 FRBR 和 FRAD 为基础，2017 年发出公告，实施 IFLA-LRM 概念模型[①]。

RDA，虽然是由美英加澳等联合推出的信息描述内容标准，但正在朝国际标准发展。例如，RDA 管理机构，现名为 RDA 理事会，2018 年时已经任命了所有六大地区的代表；RDA 编辑机构，现名为 RDA 指导委员会（RDA Steering Committee，RSC），成立了三个地区的未来代表机构：欧洲 RDA 兴趣组、大洋洲 RDA 委员会和北美 RDA 委员会。2017 年底，中国国家图书馆研究馆员顾犇受邀成为 RDA 理事会的亚洲代表，不仅能向 RDA 编委会传达中国编目界的声音，也能进一步推动 RDA 在中国的应用。

目前，RDA 在境外应用表现出的特点主要有：①专家引领，建立 RDA 专业团队；②加强学习研究，为后期应用打好基础；③大馆引领，以点带面，逐步推广；④因地制宜，结合现状，制定实施策略；⑤网络化、国际化趋势，各种交流不可或缺；⑥克服语言障碍，降低使用成本，推广应用[②]。

---

① RDA. Implementation of the LRM in RDA. http://rda-rsc.org/ImplementationLRMinRDA.
② 周德明. RDA：从理论到实践[M]. 北京：海洋出版社，2014：149-151.

2.2 国际图联 IFLA 信息描述标准的历史与发展

2.2.1 编目原则和图书馆参考模型的历史和发展

1954 年，IFLA 成立工作小组专门研究编目条例国际化和标准化的问题。

1961 年 10 月，为了对各国的编目规则进行统一，在 IFLA 和 UNESCO（United Nations Educational, Scientific and Cultural Organization，联合国教育、科学及文化组织）的共同推动下，国际编目原则会议在巴黎召开。53 个国家和地区的代表以及 12 个国际组织参加了此次会议。会议上，弗朗西斯提出标准化思想，没有引起重视。但在此会议上，接纳了美国国会图书馆柳别茨基（S.Lubetzky）于 1953 年提出的"编目不仅要有规则，而且要有原则"的观点。该会议的一个中心议题就是商讨各国编目规则，制定出一部国际通用的编目原则。这个会议形成并发布了《原则声明》，对当时的两大编目体系即英美体系和普鲁士体系进行了折中和统一。由于各国对《原则声明》解释不一，IFLA 委托南斯拉夫的费劳拉女士草拟了原则声明的正式解释，并于 1971 年正式出版了《巴黎编目原则会议"原则声明"的注释本》。《原则声明》为制定国际通用的编目条例拓清了道路。

1990 年，IFLA 决定成立《书目记录的功能需求》（FRBR）研究组，1997 年 IFLA 通过了 FRBR 报告，1998 年，IFLA 正式出版 FRBR 最终报告。FRBR 提出"作品—内容表达—载体表现—单件"的概念模型，对文献间的衍生关系进行深层揭示。描述这些文献间关系是对书目系统的新要求。

与 FRBR 相关的还有 IFLA 出版的另两个文件：《规范数据的功能需求》（FRAD）（2009 年出版），《主题规范数据的功能需求》（FRSAD）（2011 年出版）。IFLA 于 2017 年 12 月发布了《IFLA 图书馆参考模型》（IFLA-LRM），该模型是对上述三种功能模型的融合。

IFLA 于 2016 年发布了新版《国际编目原则声明》，致力于建立能适用于在线图书馆目录和其他领域可用的、能够指导各国编制自己编目规则的新的基本原则声明[①]。

2.2.2 《国际标准书目著录》（ISBD）的发展[②]

1969 年，人们认识到信息资源共建共享体制的建立，以及信息编目手段的现代化发展，必须要开展文献著录标准化。同年，IFLA 在丹麦哥本哈根召开了"国际编目专家会

---

① 王松林. 中文编目与 RDA[M]. 北京：海洋出版社，2014.
② 顾犇. 《国际标准书目著录》及其最新发展[J]. 国家图书馆学刊，2006，(3): 56-60；孙更新，张燕飞. 《国际标准书目著录（2011 年统一版）》的新变化——纪念 ISBD 发表 40 周年[J]. 图书情报知识，2013，(6): 62-69.

议",与会者对文献著录需要统一标准的思想达成了共识,决定制定一套文献著录的国际标准:《国际标准书目著录》,并成立了专门工作组负责起草工作。经过几年的努力,1974年,ISBD(M)(专著)的第一标准版出版,并被翻译成多种文字。1977年ISBD(G)总则出版,随后其他规则陆续出版。

- 《国际标准书目著录(总则)》,简称ISBD(G),1977年初版,1992年版,2004年版;
- 《国际标准书目著录(专著)》,简称ISBD(M),1974年初版,1987年版,2002年版;
- 《国际标准书目著录(连续出版物)》简称ISBD(S),1977年初版,1987年版,2002年出版《国际标准书目著录(连续性资源)》,简称ISBD(CR),取代ISBD(S);
- 《国际标准书目著录(地图资料)》,简称ISBD(CM),1977年初版,1987年版;
- 《国际标准书目著录(非书资料)》,简称ISBD(NBM),1977年初版,1987年版;
- 《国际标准书目著录(印本乐谱)》,简称ISBD(PM),1980年初版,1991年版;
- 《国际标准书目著录(古籍)》,简称ISBD(A),1980年初版,1991年版;
- 《国际标准书目著录(分析著录)》,简称ISBD(CP),1982年初版,1988年版,2002年版;
- 《国际标准书目著录(计算机文件)》,简称ISBD(CF),1990年,1997年出版《国家标准书目著录(电子资源)》,简称ISBD(ER),取代ISBD(CF)。

1981年,IFLA编目委员会成立了ISBD评估小组(ISBD Review Group),计划对ISBD的各种文本进行评估和修订。其目的是:协调ISBD的各个文本,使之趋向一致;改进样例;使得条款更适用于非罗马字符文献的编目。但这项评估工作到20世纪80年代末暂告一段落,等待IFLA的《书目记录的功能需求》(FRBR)出台。

1998年,FRBR报告出台后,ISBD评估组重新组建并恢复对ISBD的评估。针对这次评估,IFLA编目委员会要求ISBD评估组全面评估ISBD,要保证ISBD条款与FRBR"基本级国家书目记录"数据要求的一致性。在2003年柏林国际图联大会上,ISBD评估组决定成立ISBD未来方向研究组。该研究组决定,所有ISBD的统一是可行的。2004年,汤姆·德尔塞(Tom Delsey)完成了ISBD单元与FRBR属性和关系之间的映射。评估组要求研究组起草一个确定的文本,即2007年出版的ISBD的统一版预备版。之后,ISBD评估组继续在全球范围内征求修订意见,对其进行评估与修改。同时,ISBD评估组指定的资料标识符研究组(Material Designations Study Group,MDSG)也加紧工作,于2009年完成了内容形式和媒介类型项(content form and media type area)的研究。在此基础上,ISBD的统一版于2011年正式出版,增加了一个新大项:"第0项 内容形式和媒介类型项",去除了原来第1大项中的"一般资料标识"。

2011年最新ISBD完成之日,也是新的修订计划启动之时。IFLA编目组《2011—2013年战略计划》,确立了继续修订ISBD的目标。实现其目标的具体任务包括:对ISBD统一版的修订意见进行评议,加深对ISBD和FRBR之间关系的理解,提高ISBD与其他编目规则的一致性,兼容目前电子与语义网环境下用于数字和非数字化目录中的管理元数据，等等。

2.2.3 机读目录格式 UNIMARC 的产生和发展

自美国首先研发出 MARC 后，许多国家也开始研发自己国家的 MARC。各国的记录格式互不一致，根本无法互换，为资源共享带来困难。国际标准化组织 ISO 在英美呈交的 UKMARC 和 LCMARC 的基础上，于 1973 年颁布了国际标准《文献工作——文献目录信息交换用磁带格式》（ISO 2709-1973）[1]。然而，各国研发的 MARC 虽然都是以国际标准 ISO—2709 为蓝本，但具体数据元素标识和内容选取上存在很大差别，给全球书目数据交换带来困难。在此情况下，非常需要研发出一种格式作为各国 MARC 格式目录交换的中介。

1972 年 IFLA 布达佩斯年会上，IFLA 编目委员会和自动化委员会共同成立了内容标识符工作组（IFLA Working Group on Content Designators），由美国 MARC 设计者艾弗拉姆担任主席。美国 MARC 发展的核心人物艾弗拉姆曾经是美国国家安全局程序员，1965 年她进入美国国会图书馆并任信息系统专家办公室的系统分析员。第一次机读目录副本会议后，她和两位同事一起，从计算机处理角度分析编目数据，于 1965 年 6 月提交《标准化机读目录记录建议格式》。报告提出了机读记录的内容、数据表达方式、定长与变长字段，成为设计 MARC 格式的基础。其后她开始领导 MARC 试验项目，MARC 磁带正式发行后，她又领导 MARC 发行部，并开始"回溯转换试验项目"。艾弗拉姆先后推动 MARC 成为美国国家标准 Z39.2（1971 年）和国际标准 ISO—2709（1973 年）。艾弗拉姆 2006 年逝世，《华盛顿邮报》《纽约时报》等美国主流媒体发表了纪念文章，称她为变革图书馆、使图书馆现代化者[2]。艾弗拉姆主持开发 UNIMARC，为了使机读书目数据能够在不同机构的 MARC 格式之间进行交换，工作组制定了一套标准的内容标识符，适用于所有类型的资源。《UNIMARC：通用 MARC 格式》于 1977 年出版。

1981 年，依据新修订的 ISBD，IFLA 出版了 UNIMARC 格式第二版。1983 年出版了 UNIMARC 手册（UNIMARC Handbook），1994 年出版了手册第二版《UNIMARC 手册：书目格式》（UNIMARC Manual：Bibliographic Format），随后于 1996 年、1998 年、2000 年、2002 年和 2005 年出版了其修订版。第三版《UNIMARC 手册：书目格式》是 2008 年发布的，目前在 IFLA 网站上不断发布有对该第三版的修订内容。

1999 年底，IFLA 开始研制与馆藏有关的 UNIMARC 格式标准。这项工作是在 2000～2003 年开展的，2003 年发布了一份供全世界审查的最终草案。该标准在 2004 年 PUC 会议上接受意见，在 2005 年和 2006 年举行的 PUC 会议上引入了一些变化，于 2006 年 12 月首次出版，2007 年进行了更正。2007 年出版了《UNIMARC 手册：馆藏格式》（UNIMARC Manual：Holdings Format）。

1997 年 IFLA 常设委员会任命了一个工作组，研制 UNIMARC 分类格式，旨在对分

---

[1] 李蓓. MARC 的发展及其应用[J]. 高校图书馆工作，1997，(2)：51-53.
[2] 胡小菁，李恺. MARC 四十年的发展及其未来[J]. 中国图书馆学报，2010，36(2)：83-89.

类数据进行管理和权限控制，2000 年发布了《简明 UNIMARC 分类格式》。

自 1999 年开始，IFLA 发布了一系列的 UNIMARC 使用指南。

总的来说，20 世纪各国确定 MARC 格式时，更多地基于本国编目实践的独特性。USMARC、UKMARC 及 UNIMARC 是 MARC 格式设计的三种范本，除了少部分国家直接采用，大多数国家都根据这三种格式开发本国的 MARC 格式。

UNESCO 也于 1974 年组织制订了国际情报界书目信息交换格式《UNISIST 机读书目著录参考手册》，1983 年又组织制订了《共同通讯格式》（Common Communication Format，CCF），以便国际图书情报界各系统之间交换书目数据。

2.2.4 检索点规范控制的历史和发展

20 世纪 70 年代，规范控制特别是书目数据库建设的标准化和检索点的规范化问题在世界范围内受到高度重视。1974 年，UNESCO 批准了"国际书目控制计划"，提出国家书目机构负责确定本国个人或团体责任者名称的规范形式，并建立本国个人和团体责任者的名称规范表（Authority List）[1]。

1977 年，IFLA 的世界书目控制国际办事处（UBC International Office）提出计划拟定有关编制规范文档的原则及工作规程，以便于国际规范信息的交换，包括讨论并制定国际规范系统的技术规程、开发供规范数据交换用的 UNMARC 格式、研究和开发有效交换规范数据的方法三项工作。这项计划得到 IFLA 编目部和当时的机械化部的认可，之后成立了一个国际规范系统工作组。

1983 年，IFLA 成立 UNIMARC 规范格式领导小组，开始研制系列 UNIMARC 规范格式标准。1984 年，IFLA 出版《规范款目与参照准则》（Guidelines for Authority and Reference Entries，GARE）（第 1 版），2001 年发布第 2 版，规范范围包括个人、团体和作品/内容表达，有 3 种款目形式，规定了规范系统的结构，包括所用元素、排列顺序和前置标识符，但未规定标目、参照、附注等的实际形式，这些信息由国家书目机构及编目规则决定，遵循 IFLA 的其他文件。自此，国际规范系统工作组完成了使命。IFLA 旋即进入规范格式的开发工作。1984 年，IFLA 完成了《UNIMARC 规范格式（草案）》，并于 1985 年、1987 年、1988 年三次修订完成。1991 年，IFLA 推出 UNIMARC 规范的第一版：《UNIMARC 规范：通用规范格式》（UNIMARC/Authorities：Universal Format for Authorities）。2001 年，IFLA 推出了 UNIMARC 规范的第二版：《UNIMARC 手册：规范格式》（UNIMARC Manual：Authorities Format）。2009 年，IFLA 推出了 UNIMARC 规范的第三版：《UNIMARC 手册：规范格式第三版》（UNIMARC Manual：Authorities Format 3rd edition）。2009～2019 年，IFLA 不断在其网站上发布了更新内容。参考《规范款目与参照准则》和《UNIMARC 规范》各种版本，世界各国编目规范工作也积极开展起来。

---

[1] 杨玉麟. 信息描述[M]. 北京：高等教育出版社，2004.

2.3 中国信息描述的历史与发展

中国信息描述的发展历史，可以划分为古代和近现代两大时期。古代时期的信息描述以目录学为指导，主要针对图书进行分类和编目，注重目录辨章学术、考镜源流的作用。近现代时期的信息描述，吸收和借鉴国外信息描述理论和方法，除注重文献的内容分类外，还注重文献内容特征的主题标引，注重文献的外在特征描述，注重编目成果即目录的报道、检索和管理功能。

2.3.1 中国古代图书编目的发展历史[①]

在中国古代，文献编目主要就是对图书分类编目。

商朝时期，即公元前17世纪至公元前11世纪，存在大量文献。商朝人将这些文献排列成一定次序，给出相应编码，然后编成简单的编码目录。这是目前我国可查找到的最早的图书文献目录形式。

春秋时期，公元前500年左右，孔子在教授弟子期间，对六经提出了自己的见解，并和他弟子一起，将这些见解著录在六经各篇之前，被后人称为"序"，这些序是简单的内容摘要，因此也被后人称为文献编目内容提要的雏形。

汉朝时期，公元前26年，光禄大夫刘向等整理校雠宫廷藏书，涉及先秦至西汉时期的图书。每校对完一本书，刘向都摘要叙述全书要点，写成"叙录"送呈皇帝阅览。后来刘向将各书的"叙录"汇集成《别录》，成为图书摘要工具。刘向过世后，其子刘歆在《别录》基础上，删除提要，保留图书其他书目信息，并对这些书目进行分门别类，形成了《七略》。这是我国第一部综合性的分类法，因为分类下有图书目录，所以也同时是分类目录。《七略》将图书分为六大类（略），"略"下分若干"家"，"家"下按作者时代先后著录图书。由于《别录》《七略》早佚，对它们的了解主要是借助东汉初期班固以《七略》为蓝本编制的《汉书·艺文志》。班固（公元32~92年）所编制的《汉书·艺文志》，对每种书的著录内容都包括书名、篇卷数、责任者姓名、责任者介绍、解题、辨伪或简短提要等。这些内容已经与现代编目内容很接近。

南北朝时，文学家兼目录学家王俭（452~489年）任秘书丞时，领校国家藏书。他依照《七略》的体例，编撰齐国图书总目《七志》，并在此开创了纪传体目录之先例。

唐朝时期，魏徵（580~643年）等编撰目录《隋书·经籍志》，采用先著录书名后

[①] 高红著. 编目思想史[M]. 北京：北京图书馆出版社，2008；汤玉麟著. 编目思想史[M]. 北京：高等教育出版社，2004；杨玉麟. 信息描述[M]. 北京：高等教育出版社，2004；吴枫主编. 简明中国古籍辞典[M]. 长春：吉林文史出版社，1987；刘建明主编. 宣传舆论学大辞典[M]. 经济日报出版社，1993.

著录著者形式，自此先书名后作者在很长一段时间成为我国图书目录的基本著录形式。另外，该志还增加了著录图书真伪、残缺等内容。

宋朝时期，宋仁宗认为《唐书》浅陋，下诏重修，公元1054～1060年，前后参与重修的有欧阳修、宋祁、范镇、吕夏卿等多人，最后在欧阳修主持下完成。《新唐书志》改变了之前以书名为主的著录方法，采用以作者为主的著录。宋代以后，刻书业兴旺，除了官刻之外，私刻和坊刻非常普遍，质量差异也很大，人们开始重视版本。南宋藏书家尤袤（1127～1194年）编撰了私家藏书书目《遂初堂书目》，这也是我国最早的版本目录，开创了著录版本之先河。

明朝时期，明代著名藏书家和目录学家祁承㸁（1563～1628年）编撰了《澹生堂藏书目》，采取分析与互见著录方法，同书而卷册版本有异者，以"又"字另著录一条。

清朝时期，由皇帝乾隆钦定和督办、纪昀总纂的官修书目《四库全书总目》（1781年）问世，共200卷，是我国现存的最大的一部传统目录书。《四库全书总目》基本包括了清乾隆以前我国重要的古籍，分为著录书和存目书两大部分，著录书部分录收《四库全书》的著作，有3 461种（79 307卷）；存目书收录《四库全书》之外的著作，有6 793种（93 551卷）。在编撰体例上，主要包括作者简介、历代书目著录情况、成书过程、内容评述、价值评判、常见版本等，被誉为中国古典目录学方法的集大成者。该书目对各种著作尽量做必要的叙述和评论，因而也被视为清代规模最大的解题书目。

清末民初，光绪二十四年（1898年）维新变法时，主张启迪民智，提倡西学，仿效西方国家，设立公共图书馆，同时西方目录学对我国也产生了积极影响。设立的众多公共图书馆，为了让读者快速地在书目中定位到相关书籍，图书编目内容开始标明作者、出版社、出版地、出版时间、版次、开本、主要内容等相关项目。到20世纪上半叶，英美发展的卡片目录开始传入我国。

纵观我国古代文献编目的发展特点，主要表现在：注重分类目录的编制，重视提要的撰写，重视版本的考核，重视题名和作者的揭示，描述内容在逐渐丰富，主要是书本式目录。编目学者都是目录学专家，同时也是历史学家或文学家，注重"考镜源流，辨章学术"。

2.3.2 中国现代信息描述的历史和发展

1957年，我国成立了全国第一中心图书馆委员会，开始了统一编目发展时期。1979年8月，我国建立了全国文献标准技术委员会第六分委员会，开始了信息描述标准化发展时期。以下按照三个阶段介绍我国现代信息描述的发展历史。

1. 分散发展时期——1957年之前

清末民初时，我国图书馆开始西学东渐，重视编目的理论和方法，并出版了多部编目工具。当时出现了两大派别的中文图书编目法：一是完全仿照西文图书以著者款目为主的编目规则（以1921年杜定友所编《中国旧书登记、分类编目方法》为代表）；二是以坚持中文目录传统，同时又参考西文图书编目法的编目规则（以 1928 年刘国钧所编《中文图书编目条例》为代表）[1]。具体包括：

1921 年，杜定友主编《中国旧书登记、分类编目方法》油印本。

1923 年，查修在中国发表了最早的编目方面的论文。

1925 年，杜定友主编《世界图书分类法》。

1926 年，杜定友出版我国最早的图书编目法专著《图书目录学》。

1928 年，刘国钧发表《图书目录略说》。

1928 年，刘国钧历时 5 年编制出版《中文图书编目条例草案》，发表在《图书馆学季刊》，该草案被视为我国第一部自编的中文文献著录条例，北平图书馆、金陵大学图书馆、河南省图书馆等均采用此条例。

1929 年 1 月，中华图书馆协会第一次年会明确编目发展的目标和步骤。

1933 年，桂质柏编写《国立中央大学图书馆西文图书编目法》，提出了著录西文文献的专门规则。

1935 年，在《中文图书编目条例草案》基础上，《国立中央图书馆编目规则》（刘国钧主编），出台以书名为主要款目[2]。

1936 年，国立北平图书馆和中央图书馆发行印刷目录卡片，供全国图书馆采用，进行全国统一编目工作的尝试。

1946 年，金敏甫发表专著《图书编目学》，提出文献编目理论体系框架，将文献编目学作为一门分支学科。

1957 年，执教于北京大学图书馆学系的刘国钧先生等三人所编《图书馆目录》一书出版，详细讲述编目理论和方法。

概括来讲，在 1957 年之前，我国图书馆的编目工作基本处于各自为政状态，自编编目条例，或采用《美国图书馆协会著者、书名款目编目规则》等。

2. 统一编目时期——1957 年至 1979 年 8 月[3]

1957 年，国务院科学委员会下设图书小组，并在同年批准了《全国图书协调方案》。方案提出建立中心图书馆和编制全国图书联合目录是两大首要工作。同年，根据该方案，全国中心图书馆委员会成立，并建立了全国第一中心图书馆委员会，其下建立有全国图书联合目录编辑组，附设于北京图书馆内，专门从事协调、编辑全国联合目录事宜。全国联合目录编辑组有 15 人，主要由北京图书馆、中国科学院图书馆、清华大学图书馆、中国医学科学院图书馆、北京师范大学图书馆、北京大学图书馆学系等单位组成。据不完全统计，1958~1959 年两年中全国共编制有 95 种联合目录。1958 成

---

[1] 黄俊贵. 中国文献编目规则的继承与发展[J]. 国家图书馆学刊, 2005,（2）: 2-8.
[2] 黄俊贵. 中国文献编目规则的路向[J]. 现代图书情报技术, 1995,（4）: 25-29, 33.
[3] 吴稌年, 顾烨青. 1950 年代的中国图书馆事业：跃进再跃进，服务广开展，研究难深入（1957~1959）（一）[J]. 高校图书馆工作, 2015, 35（4）: 74-83, 93; 吴稌年, 顾烨青. 1950 年代的中国图书馆事业：跃进再跃进，服务广开展，研究难深入（1957~1959）（二）[J]. 高校图书馆工作, 2015, 35（5）: 62-70; 吴稌年, 顾烨青. 1950 年代的中国图书馆事业：跃进再跃进，服务广开展，研究难深入（1957~1959）（三）[J]. 高校图书馆工作, 2015, 35（6）: 81-86.

立了中文图书提要卡片联合编辑组，编制发行全国出版新书的铅印卡片，供全国各图书馆购用。卡片是以书名为基本款目，分别著录有责任项、出版项、附注项、内容提要、分类号、统一书号及发行号码等信息。编目组还编制了《中文图书提要铅印卡片著录条例》。

1958 在全国第一中心图书馆委员会领导下，全国西文图书目录卡片联合编辑组即西文图书统一编辑组在北京成立，并由中国科学院图书馆代管[①]。同年，在北京图书馆主持下，筹备成立了俄文图书联合编目组。北京图书馆，1958 年编制了本地化的西文编目规则即《西文图书编目暂行条例（草案）》；1959 年底以油印本形式发布了《北京图书馆图书著录条例（草案）》；1961 年编制出版了《西文普通图书著录条例》（中国科学院图书馆出版社出版），这是我国第一部西文图书编目条例，融合了 1949 年的《美国图书馆协会著者、书名款目编目规则》和《美国国会图书馆著录条例》[②]。

1974 年，北京图书馆成立统编组，恢复了编制和发行中文统编卡片的工作，并重新制定了《中文图书著录条例》。该条例后经反复修订补充为《中文普通图书统一著录条例：试用本》，于 1979 年正式出版，1981 年又出版了第 2 版。该条例是中国正式出版的第一部统一的中文文献著录规则，在文献著录的国家标准制定以前，我国文献编目领域普遍采用该条例。该条例仍以书名而不是以著者作为著录标目，保留了我国图书著录的传统项目，即解题（提要项）；在著录方法上，继承了我国图书著录传统方法，包括互见法（即附加著录法）、别出法（即分析著录法）和引见法（即参照法）[③]。

1975 年，刘国钧教授发表了《马尔克计划简介》论文，首次将 MARC 机读目录介绍到国内。

3. 标准化发展时期——中文著录规则的发展

1979 年北京图书馆等单位组成了"北京地区机读目录研制协作组"，开始研究《文献目录磁带格式》。

1978 年中国标准化协会成立，并于 1979 年 4 月加入 ISO。我国各行业各领域的标准化工作开始大面积实施和展开。1979 年 11 月 28 日，经国家标准总局批准，全国文献工作标准化技术委员会（现名为全国信息与文献标准化技术委员会）在无锡成立大会上正式成立，其中第六分委会是目录著录分委员会（后改称文献著录分技术委员会），专门负责文献著录标准化工作。自此，我国文献编目工作开始走向全国性标准化发展阶段。

1979 年全国文献工作标准化技术委员会成立大会主要有三个议程，其中第三个议程是讨论文献目录著录标准和文献目录磁带格式，会议就北京图书馆标准化小组提出的《全国目录著录标准》（草案）、《文献目录磁带格式》（草案），以及中国科学技术情

[①] 李致忠. 中国国家图书馆馆史：1909—2009[M]. 北京：国家图书馆出版社，2009.

[②] 阎立中. 《西文文献著录条例》的出版和西文编目工作的展望[J]. 图书馆学通讯，1986，(1)：46-48；蔡丹，罗翀. 中国国家图书馆西文编目规则的嬗变与开新[J]. 国家图书馆学刊，2019，28（5）：26-33.

[③] 周尔旦. 试评《中文普通图书统一著录条例（试用本）》[J]. 图书馆学研究，1982，(4)：61-65，119.

报研究所提出的《情报检索刊物中题录的著录格式》(修订稿)、《关于我国科技文献交换磁带格式建议》(初稿)进行了热烈讨论,对今后标准的制定原则和方法提出了很多建设性建议[①]。

第六分委员会成立后,本着"认真研究,积极采用国际标准"的方针,参照《国际标准书目著录(总则)》,组织全国文献工作机构积极制定和实施一系列文献著录国家标准,该系列为GB3792,具体包括:《文献著录第1部分:总则》(GB/T 3792.1—1983,1983年7月2日发布,1984年4月起实施);《普通图书著录规则》(GB/T 3792.2—1985,1985年1月31日发布,同年10月起实施);《连续出版物著录规则》(GB/T 3792.3—1985,1985年2月12日发布,同年10月起实施);《非书资料著录规则》(GB/T 3792.4—1985,1985年2月12日发布,同年10月起实施);《档案著录规则》(GB/T 3792.5—1985,1985年5月10日发布,1986年1月起实施);《地图资料著录规则》(GB/T 3792.6—1986,1986年6月19日发布,1987年1月起实施);《古籍著录规则》(GB/T 3792.7—1987,1987年1月3日公布,同年10月起实施);《乐谱著录规则》(1991年5月征求意见稿)。在这期间,即1989年7月,我国出版了《国际标准书目著录(ISBD)译丛》,用于全面复审和修订文献著录国家标准。20世纪90年代,正式开始复审修订GB/T 3792系列国家标准。因此,上述这些规则除《档案著录规则》外,均对应当时的ISBD总则和分则,很多是非等效采用。2006~2012年,全国信息与文献标准化技术委员会第六分委员会识别与描述分技术委员会,组织国内编目专家对我国文献著录规则系列进行修订,陆续出版各分册著录规则的修订版,同时增补《电子资源著录规则》和《信息资源的内容形式和媒体类型标识》[②]。

文献著录系列规则并没有标引部分,在实际指导图书馆文献著录方面存在不足。1996年,全国情报文献工作标准化技术委员会和中国图书馆学会推荐使用的《中国文献编目规则》由广东人民出版社出版。第一编为著录法,包括总则、普通图书、标准文献、科技报告和学位论文、古籍、金石拓片、地图资料、乐谱、录音资料、影像资料、静画资料、连续出版物、缩微资料、计算机文档、多层次著录、分析著录等;第二编是标目法,包括款目的构成及其表示、标目范围、标目名称、标目参照等;附录为名词术语解释。该规则是我国正式出版的第一部动员全国专家、集众家之长于一身的文献编目规则,以当时ISBD最新版为编撰依据,并参考《英美编目条例第二版(修订本)》等编目规则,覆盖各类型文献著录及其标目规范,可操作性强[③]。

2002年,国家图书馆牵头、国内图书馆界众多专家共同参与,依据我国国家标准《文献著录》(GB/T 3792)的原则和框架,开始编制《中国文献编目规则(第二版)》,2005年4月由北京图书馆出版社(现改名为国家图书馆出版社)正式出版。《中国文献编目规则(第二版)》着力处理好三个关系:既遵循ISBD精神、参考AACR2做法,又要体现中国文献编目特色及民族目录传统;既坚持整个编目规则体系的一致性,又要考虑各文

---

① 马顾. 全国文献工作标准化技术委员会成立[J]. 国家图书馆学刊, 1979, (4): 82.
② 宋文, 朱学军. 《资源描述》国家标准及对我国信息资源描述标准体系的思考[J]. 数字图书馆论坛, 2016, (12): 21-27.
③ 罗健雄. 中国文献编目规则[J]. 情报资料工作, 1996, (1): 18.

献类型的特殊性；既坚持标准规则的强制性，又保持适当的灵活性[①]。

4. 标准化发展时期——西文著录规则的发展

20世纪80年代，北京图书馆编目部组织编写《北京图书馆西、俄文图书编目条例》，解决近20年没有修订外文编目条例的问题。该条例分为西文和俄文两部分，其中西文部分基本参照1961年出版的《西文普通图书著录条例》，但增加了按ISBD（M）著录卡片目录格式的说明[②]。当时，我国图书馆学界曾就我国的西文文献编目规则是自己创编还是"洋为中用"有过争论。为此我国编目界分别于1980年和1983年召开了专题学术讨论会。

1983年，全国高校图书馆工作委员会和全国文献工作标准化技术委员会第六分委员会共同举办"西文编目标准化和自动化研讨会"，这是我国西文编目工作由传统编目迈向现代化编目的重要转折点[③]，会议决定我国西文编目应积极采用AACR2和ISBD，尽快编制我国的西文文献著录规则。1985年初，中国图书馆学会在北京召开《西文文献编目条例》编订工作会议，确定以ISBD和巴黎国际编目原则会议发表的"原则声明"为依据，参考AACR2，同时考虑我国西文编目工作的实际和我国机读目录的发展情况来编辑。1985年8月，《西文文献著录条例》正式出版。新条例在著录项目的设置、项目顺序、标识符号规则上与ISBD保持一致，在检索点规则上与AACR2基本一致，继续保留"主要款目"概念。该条例可谓是AACR2在我国的本地化产品，奠定了之后我国西文编目条例的基础。20世纪90年代，全国大中型图书馆基本都采用该条例，实现了西文文献著录的标准化[④]。

进入21世纪后，文献的内容和形式日益多样，编目自动化及网络化发展迅速，原有编目条例已难满足编目发展的需求。2003年，由国家图书馆牵头编写的《西文文献著录条例（修订扩大版）》正式出版，这是对1985年版《西文文献著录条例》的一次全面修订。其编制体例及内容基本参照AACR2。目前，西文文献著录开始向与RDA吻合方向发展。

5. 标准化发展时期——机读目录的发展

1975年，刘国钧教授发表《马尔克计划简介》一文，第一次向我国图书馆界较为全面地介绍美国国会图书馆研制、发行的西文图书机读目录——MARC。他当时还将图书、期刊、地图的MARC款式说明书第四版译成中文，后来又发表了《用电子计算机编制图书目录的几个问题》，提出在我国建立机读目录的设想。刘国钧教授的工作，对我国西文图书机读目录的研制起到了先驱作用。同年，曾民族和高崇谦将日文《情

[①] 黄俊贵. 中国文献编目规则的继承与发展[J]. 国家图书馆学刊, 2005, (2): 2-8; 富平. 继承与变革——谈《中国文献编目规则》的修订[J]. 国家图书馆学刊, 2005, (2): 9-14.
[②] 蔡丹, 罗翀. 中国国家图书馆西文编目规则的嬗变与开新[J]. 国家图书馆学刊, 2019, 28 (5): 26-33.
[③] 林明. 我国西文编目工作的一件大事——修订《西文文献著录条例》的回顾[J]. 国家图书馆学刊, 2004, (1): 16-20.
[④] 中国图书馆学会《西文文献著录条例》编辑组. 西文文献著录条例[M]. 北京: 中国图书馆学会, 1985: 3; 岳青. 《西文文献编目条例》编订工作会议在京举行[J]. 图书情报工作, 1985, (3): 46; 颜可彦. 西文文献编目发展简述[J]. 河南图书馆学刊, 1993, (1): 33-35.

报管理》杂志中的"计算机和它的应用"讲座译出,以《电子计算机在情报工作中的应用》为书名出版,对我国图书情报部门研制计算机的应用软件起到了推动作用。1978年初,南京大学数学系情报检索教研室首先进行了编制西文图书机读目录的尝试,第一次用计算机打印成书本目录。同年,朱南发表《利用MARC II 机读目录系统建立书目数据库共享情报图书资源的探讨》,首次提出引进MARC磁带,用以建立我国西文图书书目数据库的设想。1979年,沈迪飞发表《谈谈我国图书馆应用计算机的起步问题》,总结了他们应用计算机试编书目数据库的经验,提出由图书馆界与图书进口公司协作,引进美国国会图书馆发行的LCMARC磁带,从编制西文图书目录卡片与书本联合目录着手,逐步建立我国西文图书的书目数据库。1979年夏,联合国开发署在北京举办图书情报部门应用计算机的讲座,美国国会图书馆的夏特朗先生和丁子锦教授详细介绍了美国国会图书馆研制机读目录的工作和经验教训。受这次会议的启发,1979年底,北京图书馆、中国科学院图书馆、北京大学、清华大学、中国人民大学和中国图书进出口公司六单位的负责人决定成立"北京地区研究实验西文图书机读目录协作组",1980年春该协作组正式成立,开始订购LCMARC磁带[①]。同年,我国颁布了《信息交换用汉字编码字符集》(GB 2312—1980),此标准等效于ISO 2709—1973。1981年协作组研制成功利用LCMARC磁带编制西文图书目录的模拟系统,接着又试验成功用计算机自编数据编制"北京地区西文新书联合通报"。从此,我国西文编目计算机化的研究工作进入一个新的发展阶段。此后,有条件的图书馆相继购进各种类型的计算机,利用国外市售的二次文献的磁带、光盘,摸索建立各自的西文文献数据库[②]。目前,出于对书目数据来源的考虑,外文数据编目主要采用MARC21[③],并结合我国文献和用户需求特点进行修改。

我国中文文献的著录,普遍采用中文的机读目录格式,统称CNMARC(China MARC),且CNMARC是以UNIMARC为蓝本[④]。1982年,中国科学院西文期刊联合目录项目启动会议在武汉召开,会议决定用计算机处理书目信息并建立联合目录数据库。研究项目组参考UNIMARC格式制定数据格式,由于历史发展的局限性,对UNIMARC进行了较大简化;1986年我国翻译出版IFLA的UNIMARC;1987年项目进入二期,对MARC有了比较完整和深入的认识,开始真正完全采用UNIMARC格式。1988年,国家图书馆基于UNIMARC制定《中国机读目录通讯格式》(China MARC Format),此后国内一些大型图书馆开始采用CNMARC编制书目数据[⑤]。2016年以后,作为国家标准的系列CNMARC陆续出版,如《中国机读书目格式》(GB/T 33286—2016)和《中国机读馆藏格式》(GB/T 36068—2018)。

---

① 陈源蒸. 北京地区西文图书机读目录研制进展[J]. 图书情报工作, 1983, (5): 1-6, 41.
② 颜可彦. 西文文献编目发展简述[J]. 河南图书馆学刊, 1993, (1): 33-35.
③ 胡小菁, 李恺. MARC四十年的发展及其未来[J]. 中国图书馆学报, 2010, 36(2): 83-89.
④ 顾犇. UNIMARC在中国以及《UNIMARC手册:规范格式》中文版的出版[J]. 图书馆杂志, 2014, 33(10): 108-112.
⑤ 宋文, 朱学军. 《资源描述》国家标准及对我国信息资源描述标准体系的思考[J]. 数字图书馆论坛, 2016, (12): 21-27.

6. 标准化发展时期——资源描述的发展[①]

2012~2018年，国家图书馆、上海图书馆等遵循认识RDA、解析RDA和应用RDA的科学规律，陆续推出了《RDA：从理论到实践》、《资源描述与检索》中译本和《RDA全视角解读》等专著，为RDA的推广普及开创先河，同时国家图书馆和中国高等教育文献保障系统（China Academic Library & Information System，CALIS）多次举办大型全国性培训，努力将RDA的先进理念转化为科学的编目条例。依据相关的国际经验，实施RDA是一个复杂的系统工程，其中最重要的一环是编制适合馆情的RDA本地政策声明。2017年底，《国家图书馆外文文献资源RDA本地政策声明暨书目记录操作细则》（简称《国图RDA政策》）正式出版，并于2018年1月1日作为国家图书馆外文编目的新规则开始使用，这标志着RDA在国家图书馆本地化的开启。2018年底，Aleph 500也完成了RDA化的系统切换，RDA记录在数据关联、检索点丰富和读者友好度方面的优势在联机公共目录检索系统（Online Public Access Catalog，OPAC）上得以体现。鉴于国家图书馆在RDA研究和实践领域取得的硕果，国际RDA管理机构RDA理事会（RDA Board）于2017年底正式邀请我国国家图书馆成为RDA亚洲地区国家机构代表，任期三年。

随着国际书目著录标准的发展变化，我国书目著录标准应该如何跟上新的发展趋势，更新现有系列书目著录国家标准，被提到全国信息与文献标准化技术委员会的议事日程上。2012年，全国信息与文献标准化技术委员会组织召开ISBD统一版专家研讨会，来自国家图书馆、中国科学技术信息研究所、中国科学院文献情报中心、北京大学图书馆、清华大学图书馆、北京大学信息管理系、武汉大学信息管理学院等机构的17位专家对ISBD的统一版、RDA进行分析对比，就如何研制我国新一代文献著录标准等关键性问题进行深入讨论。会议一致决定启动我国文献著录规则统一版的研制，并将此标准命名为《资源描述》。2012年底，《资源描述》国家标准批准立项。由于ISBD的统一版与RDA在范围和内容体系上有很大不同，我国《资源描述》标准是遵循ISBD的统一版体系还是遵循RDA的体系，成为《资源描述》标准研制前的关键问题。全国信息与文献标准化技术委员对这个带有方向性的关键问题非常重视。2013年6月25日，全国信息与文献标准化技术委员会在中国科学技术信息研究所召开"资源描述国家标准项目启动会"。会上成立了以乔晓东（中国科学技术信息研究所，总工/研究馆员）为主任的标准制订指导组和以曾建勋、宋文（国家科学图书馆研究馆员）为正副组长的标准制订工作组，胡小菁（华东师范大学图书馆）作了"RDA现状及应用前景"的学术发言，顾犇（国家图书馆）作了"ISBD统一版的现状及应用前景"的学术发言，并进行了中国文献著录标准方向的学术讨论。会议讨论决定：由于ISBD的统一版和RDA第三章关于实现层的著录规则主要是在继承传统著录规则的基础上发展而来，为保持与国内图书馆文献著录实践的一致性，实现平稳过渡，《资源描述》国家标准拟遵循ISBD的统一版的体系和条款，同时参考和适当引入RDA第三章实现层的描述规则。

[①] 蔡丹，罗翀. 中国国家图书馆西文编目规则的嬗变与开新[J]. 国家图书馆学刊，2019，28（5）：26-33；宋文，朱学军. 《资源描述》国家标准及对我国信息资源描述标准体系的思考[J]. 数字图书馆论坛，2016，（12）：21-27.

《资源描述》国家标准从2013年6月正式启动，截至2016年6月完成报批稿，历经3年时间。

《资源描述》适用于书目机构对各类型资源的描述，包括图书、连续出版物、集成性资源、电子资源、图像、地图资源、乐谱、录音录像资源、古籍、拓片、手稿、学位论文等。

《资源描述》提供各种书目应用中可能需要的最大范围的描述信息的描述规范，因此包括对多种书目应用场景所需要的最基本数据元素，但这些元素，只有其中的少部分是属于描述必备元素，如题名；部分元素是有则必备元素，如版本说明；大部分元素是可选的。

《资源描述》标准将标识符、描述用文字、信息源等内容统一归入总则，每个描述大项在标准文本中为独立的章节。标准总共分14个部分，分别是：目的和范围、规范性引用文件、术语定义、总则、内容形式和媒介类型项、题名和责任说明项、版本项、资源类型特殊项、出版生产和发行项、载体形态项、丛编和多部分单行资源项、附注项、资源标识号和获得方式项、附录。《资源描述》标准增加第0项（内容形式和媒介类型项），置于各描述项最前面，对各种资源类型的内容形式和媒介类型进行统一描述。

《资源描述》标准在条款设计方面，按照适用于全部资源类型的条款进行安排。当一般条款不足以表达专门类型资源的描述需求，或根据专门类型资源的特点需要专门的规则时，将在一般条款下给出专门的描述条款。标准的术语发生较大变化，将"著录"改为"描述"；将"单元""著录单元"改为"元素"或"描述元素"；将"文献"用"资源"代替，使得标准的用语与FRBR、ISBD的统一版及RDA的专业用语保持一致，使得面向未来各类资源类型时有统一的描述。同时，接受RDA思想，更加减少人为规定，如著者的头衔可按照原文照录，作者多于3个时，由描述单位决定描述著者个数等。

2.3.3 中国检索点规范控制的发展历史

我国规范控制的研究和实践工作起步较晚，20世纪80年代开始着手建立规范文档，并制定相应的机读格式和编制规则。1985年，中国图书馆学会出版的《西文文献著录条例》简要阐述了如何选取和确定检索标目、统一题名、参照款目等内容，以及参照记录的著录形式[1]。随后，自1989年开始，在文化部的资助下，我国开始对规范控制进行研究。

中国国家图书馆先后出版了一系列编目规范工作规则文件：1991年依据IFLA的《规范款目与参照款目准则》和《UNIMARC/规范格式》，结合我国编目实际，主持制定了《规范数据款目著录规则：草案》；1995年正式成立"名称规范组"，从事名称规范的理论研究，制定《中文图书规范数据款目著录规则》[2]。

---

[1] 姚敏. 编目规范工作的实践和思考——以名称规范为例[J]. 图书情报, 2018, (1): 88-90.
[2] 孙更新. 我国图书馆规范工作的现状及发展对策[C]//第一届全国文献编目工作研讨会. 2006.

在机读目录格式上，我国出台的标准或规则分别有：1992 年的《中国机读目录通讯格式》，1995 年的《中国机读规范格式：使用本》，1999 年的《中国机读规范格式使用手册》《中文图书名称规范数据款目著录规则》《中文图书主题规范数据款目著录规则》[①]。2002 年文化部颁布行业标准《中国机读规范格式》（WH/T 15-2002），等效采用 IFLA1991 年的《UNIMARC 规范》（UNIMARC Authorities），起草单位为国家图书馆。2004 年和 2005 年，国家图书馆又分别组织编写出版了《新版中国机读目录格式使用手册》《MARC21 规范数据格式使用手册》。

目前我国中文文献编目检索点的选取和表述的规范主要依据 2005 年《中国文献编目规则（第二版）》中的"标目法"，编制机读形式的规范文档主要依据《中国机读规范格式》（WH/T 15-2002）。国家标准《中国机读规范格式》还在制定当中。

本章思考题

1. 国外古近代信息描述的关键发展事件有哪些？
2. 机读目录格式发展历史是什么？
3. 信息描述检索点规范控制的起源和发展历史是什么？
4. 我国信息描述的历史发展概况是什么？
5. 国际图联 IFLA 的编目原则的发展历史是什么？
6. 国际图联 IFLA 的图书馆参考模型的发展历史是什么？

[①] 杨玉麟. 信息描述[M]. 北京：高等教育出版社，2004；叶继元. 信息组织（第 2 版）[M]. 北京：电子工业出版社，2015：21.

3 中文信息内容描述方法及卡片格式运用

ISBD 从原则上规定了信息描述的内容及内容项目描述的顺序。各国还需要根据 ISBD 制定适应于本国信息描述的标准，规范描述的内容和描述的格式。

3.1 中文信息描述内容标准和卡片格式标准概述

3.1.1 GB/T 3792 系列标准

目前我国发布的国家标准资源描述系列，是中文信息描述内容标准与卡片格式标准。最新发布的《信息与文献 资源描述》（GB/T3792-2021）是主要描述标准，但它所替代的《文献著录》系列还处于现行标准状态。两者大部分内容一致，部分内容有调整。因此本书对它们的内容统一介绍，在不同的地方进行说明。例句主要来源国家图书馆馆藏目录中的著录数据和本章所采用标准文中的例子。

目前，《文献著录》系列标准有以下几部分。

● 第 1 部分　文献著录第 1 部分：总则（GB/T 3792.1—2009）（2009 年 9 月 30 日发布、2012 年 2 月 1 日开始实施。采用 ISBD（G）：2004 ISBD 总则，但为非等效采用，修订过程中参考了 ISBD：2007《国际标准书目著录》统一版[1]）。

● 第 2 部分　普通图书著录规则（GB/T 3792.2—2006）。

● 第 3 部分　文献著录第 3 部分：连续性资源（GB/T 3792.3—2009）。

---

[1] 书蠹精的博客.《文献著录总则》国家标准发布[EB/OL]. http://blog.sina.com.cn/s/blog_495d62640100hm83.html，2010-03-04.（注：国家图书馆顾犇老师的博客）

- 第 4 部分　文献著录第 4 部分：非书资料（GB/T 3792.4—2009）。
- 第 6 部分　测绘制图资料著录规则（GB/T 3792.6—2005）。
- 第 7 部分　古籍著录规则（GB/T 3792.7—2008）。
- 第 9 部分　文献著录第 9 部分：电子资源（GB/T 3792.9—2009）。

另外，原来的第 5 部分：档案著录规则（GB/T 3792.5—1985）已被废止，由《中华人民共和国档案行业标准档案著录规则》（DA/T 18—1999）替代；原来的第 8 部分：乐谱，改为现在的第 9 部分：电子资源。

GB/T 3792 是制定和修订专门文献描述规则的基础。规定了文献描述项目、各个描述项目的所有元素及其排列顺序、描述用标识符、描述信息源、描述用文字和描述项目细则等。本总则的规范性引用文件包括 GB/T 3469 标准和 GB/T 12406 标准。

目前，国家标准《文献类型与文献载体代码》（GB/T 3469—1983）已被废止，现行有效的是 2013 年发布的《信息资源的内容形式和媒体类型标识》（GB/T 3469—2013）。GB/T 3469—2013 是根据 2011 年发布的 ISBD 的第 0 项"内容形式和媒介类型项"修改的，改动非常大。实际上目前的《文献著录》系列标准使用的依然是 1983 年版的 GB/T 3469—1983。

GB/T 12406 标准的名称为《表示货币和资金的代码》，目前最新版本是 2008 年版 GB/T 12406—2008。

3.1.2　《中国文献编目规则（第二版）》

我国之前出版的很多信息描述类教材，多以《中国文献编目规则（第二版）》为介绍主体。由于《中国文献编目规则（第二版）》是 2005 年出版的，早于 ISBD 最新版，以及现行有效的《文献著录》（GB/T 3792）系列标准，故本章节介绍中文信息内容描述标准和方式时，主要基于现行 GB/T 3792 系列标准，《中文文献编目规则第二版》仅用作参考。

《中国文献编目规则（第二版）》，曾被全国情报文献工作标准化技术委员会、中国图书馆学会推荐使用。包括两大部分，第一部分是著录法，第二部分是标目法。

第一部分著录法，是根据当时的 ISBD 和《文献著录》系列标准编制，对描述各类文献时的著录项目及顺序、著录用标识符等做出了统一的规定。

第二部分标目法，规定了检索点确定的方法和表述的格式，提供各类名称标目、题名标目的规范形式，以产生完整的书目款目，并通过规范控制，实现书目的检索功能与汇集功能。这部分主要借鉴当时的 ICP 及 AACR2 中的标目法。

3.1.3　卡片格式标准

针对卡片或书本式著录格式，我国同 IFLA 以及其他国家一样，并没有发布独立的专门标准，而是在信息描述内容标准中，结合内容标准给出卡片（或书本）的描述格式标准。

《文献著录第 1 部分：总则》给出了各种类型文献总体的卡片或书本式著录格式，图 3-1 和图 3-2 所示格式分别为该总则规定的书本式著录格式和卡片式著录格式。

```
正题名 [一般文献类型标识]= 并列题名 ： 其他题名信息 / 第一责任说明 ： 其他责任说明.–版本说明 / 与本
版有关的责任说明.–文献特殊细节.–出版发行地 ： 出版发行者， 出版发行日期（印制地 ： 印刷者， 印刷日期）
文献数量及特定文献类型标识 ： 图及其他形态细节 ： 尺寸 + 附件. –（丛编正题名 / 责任说明， 国际标准连续
出版物号 ： 丛编编号. 分丛编题名） 附注标准编号（限定词） ： 获得方式和 / 或价格
```

图 3-1　书本式著录格式

```
正题名 [一般文献类型标识] = 并列题名 ： 其他题名信息 / 第一责任说明 ： 其他责任说明. – 版本说明 / 与本
版有关的责任说明. – 文献特殊细节. – 出版发行地 ： 出版发行者， 出版发行日期（印制地 ： 印刷者， 印刷日期）
　　文献数量及特定文献类型标识 ： 图及其他形态细节 ： 尺寸+附件. – （丛编正题名 / 责任说明， 国际标准连
续出版物号 ： 丛编编号. 分丛编题名）
　　附注
　　标准编号（限定词） ： 获得方式和 / 或价格
```

图 3-2　卡片式著录格式

在卡片格式中，采用 ISBD 所规定的各种标识符号。GB/T 3792 规定，各种标识符号在使用时，逗号（,）和下圆点（.）在其后面置一空格，其他的都需要在前后各置一空格（单字节）。在后面描述具体著录格式时，不再一一说明空格要求。

书本式著录格式和卡片式著录格式差别并不大，本书以下仅介绍卡片式著录格式，简称卡片格式。

各种类型文献的卡片格式差异不大，在具体项目选择和描述上有部分不同，如普通图书的描述没有文献特殊细节项。这些不同将在后续介绍各种类型文献描述时具体介绍。另外，最新国家标准《信息与文献 资源描述》没有给出如图 3-1 和图 3-2 所示的卡片格式，但用文字描述了卡片格式，取消了"一般文献类型标识"，在正题名上方一行增加"内容形式和媒介类型"；将"文献特殊细节项"改称为"资源类型特殊项"。

3.1.4　适用于各类型资源描述的一般规定

我国《文献著录》采用总则和分则的形式，对适用于各类型文献的著录规定，集中在《文献著录第 1 部分：总则》。《信息与文献 资源描述》将各项规则整合在一起。

1. 描述项（著录项目）和元素（著录单元）

1）含义

描述项，即著录单元（element），是指书目信息的一个特定单元并且形成书目著录

的一个著录项目的一部分。可以是一个词、短语或一组字符。例如，正题名，第一责任者，出版年等等。

元素，即著录项目（area），用以揭示信息资源形式特征和记录事项，包括题名和责任说明项、版本项、资源类型特殊项、出版发行项、载体形态项、丛编项、附注项、资源标识号与获得方式项，各个项目又包括对其特定内容的说明。遵照 ISBD 的规范，给出的各描述项及这些描述项所包含的元素主要内容如下：

在"题名和责任说明项"上方增加如下内容：

内容形式和媒介类型

内容形式

同一媒介类型的其他内容形式

不同媒介类型的其他内容形式

内容限定

其他内容限定

媒介类型

题名和责任说明项

    正题名

    一般文献类型标识（采用《文献著录》系列标准时）

    并列题名

    其他题名信息

    责任说明

版本项

    版本说明

    与本版有关的责任说明

    附加版本说明

    附加版本说明相关的责任说明

资源类型特殊项

    数学数据（地图资源）

    乐谱格式说明（乐谱）

    编号（连续出版物）

"出版发行项"整体内容修改为以下：

出版、生产和发行项

    出版、生产和/或发行地

    出版、生产和/或发行者

    出版、生产和/或发行日期

    印刷或制作信息

载体形态项

    资源数量

    其他物理细节

尺寸
　　附件说明
"丛编项"整体内容修改为以下：
丛编和多部分单行资源项
丛编或多部分单行资源的正题名
丛编或多部分单行资源的其他题名信息
与丛编或多部分单行资源相关的责任说明
丛编或多部分单行资源的国际标准号
丛编或多部分单行资源内部的编号
附注项
"标准编号与获得方式项"整体内容修改为以下：
资源标识号和获得方式项
资源标识号
识别题名（连续性资源）
获得方式
上述项目和单元的排列，是针对卡片格式，前后顺序不能改变。
2）描述项和元素的必备性或重复性
对特定信息资源的描述，并不需要也不可能描述所有描述项或描述项中的所有元素，但有些著录项目或著录单元则是必须描述的，因此，现在的各种标准都会明确规定哪些描述项和元素是必须描述的，即具有"必备"性。
同时，有些描述项或元素不能重复出现，有些则可以。因此，各种标准也会明确规定出各描述项或元素是否可重复描述，即是否具有"可重复"性。
3）多层次描述
1983年版的文献著录总则，在附录B中给出了"分层次著录（参考件）"，在2009年版时对应部分改为"（资料性附录）多层次著录"（multi-level description），不过内容没有变化。《信息与文献 资源描述》将其改为"多层次描述"。
多层次描述的对象是多部分组成的文献，第一层次是对这个整体进行描述，第二及其余各层次分别对各部分书目信息进行描述。

2. 描述信息源和描述用文字

描述信息源（source of information）：是指资源描述时所选用的信息源，包括首选信息源和规定信息源。各种文献类型的首选信息源和规定信息源，都在该系列标准各部分的描述规则中进行了具体规定。

（1）首选信息源（main source of information）。是指描述时优先先用的书目信息。对所有类型文献来讲，都是以文献本身为首选信息源，如果本身信息不足时，可参考所描述对象本身之外的参考信息源，但其内容要用方括号"[ ]"括起。有些类型文献还有一些具体的规定。

（2）规定信息源（prescribed source of information）。规定信息源是指每一个描述项

或元素所取信息的来源。对各种信息资源的描述不仅要依据首选信息源，而且各个描述项的描述需依据规定信息，因为受编文献不同部位记载的信息有时存在着差异。根据首选信息源规定的顺序选取文献信息，可确保文献描述的一致性。每一描述项均有制定的规定信息源，并按优先顺序排列。凡取自规定信息源以外的信息，包括编目员自拟的内容，都需要被置于方括号"[ ]"内，同时在附注项注明来源。

（3）描述用文字。描述用文字是指编制书目数据或者规范数据时采用的文字。基本思想是"照录"，即按照规定信息源上的文字（数字除外）形式描述，如果规定信息上的信息有错，《文献描述第1部分：总则》规定将正确的文字描述其后并置于方括号"[ ]"内，在附注项内进行说明；《信息与文献 资源描述》将其作为印刷错误对待，对非题名的错误信息照录后其后填写"[原文如此]"，对题名的错误信息照录后将正确的文字描述在附注项内。对描述用文字的一些具体规定包括：

● 基本著录信息包括题名和责任说明项、版本项、出版发行项和丛编项，应按照信息源中的语言和/或文字著录。被修改的部分应使用与著录内容相同的语言和/或文字，置于方括号"[ ]"内。现有设备无法照录的图形及符号等，可由编目员改为其他形式的相应内容，置于方括号"[ ]"内。

● 一般文献类型标识、载体形态项、附注项、资源标识号与获得方式项的描述，除附注项中关于文献原题名及引用部分一般应按文献本身的文字描述外，均采用编目机构所选用的文字描述。

● 版次、出版日期、数量、尺寸、价格等数字一般用阿拉伯数字描述。

● 采用非汉语描述相关内容时，按其文字书写规则描述。

3.1.5 描述详简级次与描述必备内容

我国 GB/T 3792 并没有规定描述详简级次，但《中国文献编目规则》制定了这个描述详简级次。《中国文献编目规则（第二版）》规定了主要项目和选择项目，并依据这些主要项目和选择项目的详简程度来划分描述的详简级次。

（1）《中国文献编目规则（第二版）》规定的主要项目和选择项目。

主要项目包括：题名和责任项的正题名和第一责任说明；版本项的版本说明；文献特殊细节项；出版发行项的第一出版地、出版者及出版年；载体形态项的数量及特定文献类型标识、尺寸、附件；丛编项的丛编正题名、丛编号；重要的附注（如电子资源正题名来源）；标准编号。

选择项目则包括主要项目之外的所有标准或规则中规定的其他著录项目。

（2）《中国文献编目规则（第二版）》规定的描述详简级次分为三级。

简要著录级次：只著录上述提及的主要项目。

基本著录级次：著录全部主要项目，并著录部分选择项目，各组织机构根据需要自选。

详细著录级次：著录全部著录项目。

（3）《中国机读书目格式》规定的必备内容项。

所有类型资源的描述都有的必备字段：记录头标区、001 记录标识号、100 通用处理数据、200 题名与责任说明（仅$a 正题名是必备）和 801 记录来源；

各类型资源的描述有其自己专门的必备字段。

3.1.6　一般文献类型标识与内容形式和媒介类型

《信息与文献 资源描述》（GB/T 3792—2021）采用 ISBD 统一版的内容形式和媒介类型标识，但在《文献著录》系列标准中依然使用的是《文献类型与文献载体代码》（GB/T 3469—1983），各图书馆的机读目录也还保留着一般文献类型标识项，因此，本小节对"一般文献类型标识"和"内容形式和媒介类型"分别进行简略介绍。

1）一般文献类型标识描述的基本方法

《文献著录第 1 部分：总则》规定：一般文献类型标识通常用编目机构选用的文献类型的规范术语，著录于正题名或无总题名文献的第一个题名之后，置于方括号"[ ]"内。同时还规定，由编目机构确定是否选用该内容著录。该总则并没有规定具体使用的一般文献类型标识的标准，但指出，必要时可部分或全部引用 GB/T 3469。1983 年版的《文献类型与文献载体代码》给出的文献类型及其代码如表 3-1 所示。

表 3-1　《文献类型与文献载体代码》（GB/T 3469—1983）的文献类型及其代码

代码	含义	代码	含义
M	专著	EB	电子公告
C	论文集	MT	磁带
N	报纸	DK	磁盘
J	期刊	CD	光盘
D	学位论文	OL	联机网络
R	技术报告	DB/OL	联机网上数据库
S	标准	DB/MT	磁带数据库
P	专利	M/CD	光盘图书
A	专著、论文集中析出的文献	CP/DK	磁盘软件
Z	其他未说明的文献类型	J/OL	网上期刊
DB	数据库	EB/OL	网上电子公告
CP	计算机程序		

过去图书馆对不同载体类型文献多分开著录，这项内容经常被省略。目前图书馆多采用集中著录，非常有必要著录这项内容。

【例 3-1】：软件安全开发生命周期 [专著]

【例 3-2】：红楼梦 [缩微品]：　经典插图评点本

由于我国现行的标准并没有强制性，同时标准也很多，因此文献类型的中文文字表示方式有出入，如对于"图书"，《文献类型与文献载体代码》（GB/T 3469—1983）的文献类型标识是"专著"，我国国家图书馆采用的是"图书"。

2）ISBD 的"0 内容形式和媒介类型项"

"0 内容形式和媒介类型项"是 ISBD 新增加的内容项目，用来描述资源内容表现形式，以及承载该内容的载体类型。其规定信息源是资源本身。描述格式分别为：

- 内容形式（内容限定）： 媒介类型
- 内容形式（内容限定；内容限定）： 媒介类型
- 内容形式. 内容形式（内容限定）： 媒介类型
- 内容形式（内容限定）. 内容形式（内容限定）： 媒介类型
- 内容形式（内容限定）： 媒介类型+内容形式（内容限定）： 媒介类型

其中，冒号"："前后各空一格，小圆点"."后空一格。

"内容形式"（content form）是信息描述所必备内容（mandatory），其类型包括：数据集（dataset）、图像（image）、运动（movement）、多内容形式（multiple content forms）、音乐（music）、实物（object）、其他内容形式（other content form）、程序（program）、声音（sounds）、口述（spoken word）、文字资料（text）。

"内容限定"（content qualification）表示所描述资源的类型规范（specification of type）、运动规范（specification of motion）、维度规范（specification of dimensionality）和感官性质规范（sensory specification）四个方面，是有则必备类（mandatory if applicable）。其中，运动、维度两项内容仅用于内容形式是"图像（image）"的描述。具体包括：

- 类型规范：制图型（cartographic），记谱型（notated），表演型（performed）
- 运动规范：动态（moving），静止（still）
- 维度规范：2 维（2-dimensional），3 维（3-dimensional）
- 感官性质规范：听觉（aural），味觉（gustatory），嗅觉（olfactory），触觉（tactile），视觉（visual）

"载体类型"（carrier type）是信息描述必备项目，反映了储存媒介的格式和载体的存放以及要求表示、观看、运行资源内容的中介设备的类型。主要包括："音频（audio）、电子（electronic）、缩微（microform）、显微（microscopic）、多媒体（multiple media）、其他媒介（other media）、投影（projected）、立体（stereographic）、无媒介（unmediated）、视频（video）"。这里"无媒介"是指"不需要中介设备的媒介"。

【例 3-3】：图像（运动；3 维）： 视频

（注：图像属于内容形式，运动、3 维属于内容限定，视频属于媒介类型）

这里引用 ISBD 的例子[①]，帮助理解"0 内容形式和媒介类型项"的运用：

【例 3-4】：ISBD 中的描述内容形式和媒介类型项的例子：

---

① 国际图书馆协会与机构联合会编. 顾犇翻译. ISBD 国际标准书目著录（2011 年统一版）[M]. 北京：国家图书馆出版社，2012.

Text（visual）： unmediated
Remembrance of things past / marcel proust；translated by C.K.Scott Moncrieff……

上述例子中，"Text（visual）： unmediated"表示内容形式是"文本"，内容限定是"视觉"，媒体类型是"无媒介"。放在题名和责任者说明上部。注意，这个时候已经不再使用"题名和责任说明项"中的"一般文献类型标识"。

3）我国《信息与文献 资源描述》（GB/T 3792—2021）相关规定

《信息资源的内容形式和媒体类型标识》（GB/T 3469—2013）是遵循 ISBD 的统一版的项"0 内容形式和媒介类型"，结构模式同 ISBD，目前其内容包含在《信息与文献 资源描述》（GB/T 3792—2021）并被后者所取代。具体的内容形式、内容限定和媒介类型，见表 3-2。

表 3-2 《信息与文献 资源描述》的内容形式、内容限定和媒介类型

内容形式	内容限定	扩充内容限定	媒介类型
数据集，图像，动作，音乐，实物，程序，声音，话语，文本，多种内容形式，其他内容形式	类型限定：测绘型，记谱型，表演型； 运动限定（内容形式为图像时使用）：动态，静态； 维数限定（内容形式为图像时使用）：二维，三维 感官限定：听觉，味觉，嗅觉，触觉，视觉	图书，报纸，期刊，手稿，会议文献，学位论文，专利文献，标准文献，技术报告，古籍，拓片 （注：国内编目机构可根据自身需要选择使用，也可自行扩充上述内容限定词）	音频，电子，缩微，显微，投影，立体，视频，多媒介，其他媒介，无媒介

3.2 中文普通图书的内容描述要求及卡片格式

本小节内容主要依据《信息与文献 资源描述》《文献著录第 1 部分：总则》和《普通图书著录规则》，同时参考《中国文献编目规则（第二版）》。

3.2.1 普通图书及其描述概述

这里主要介绍一下普通图书描述的一般规定和主要概念。

1）一般规定

普通图书的范围：这里所指的普通图书是指 1912 年及以后出版的现代汉语图书，以及现代版古汉语图书。1911 年及以前出版的出版物为古籍，其专门的著录规则是《古籍著录规则》（GB/T 3792.7）。这里所指的普通图书，还包括多卷书（multi-volume monograph），即同一著作分若干卷（册）出版的图书。《普通图书著录规则》规定，少数

民族语文图书的著录可以参照使用。

卡片格式：普通图书卡片格式见图3-2，但没有其中的"文献特殊细节项"。

首选信息源：首选信息源的选择应当是：单卷出版物应选择题名页，如果是复印本应是附有复印说明的题名页；多部分出版物的各部分均有一个题名页时应选择第一部分的题名页；当没有适用于整个出版物的题名页，但其包含的每种著作均有其自己的题名页时，这些题名页共同作为一个信息源；出版物没有题名页时，选择代用信息源作为代题名页，要选择信息最详尽的来源作为代题名页，出版物本身来源应优先于出版物之外的来源；对于非罗马文字的出版物，版权页提供有最完整的书目信息，且题名页位置的内容太少时，应首先选择版权页为代题名页。

规定信息源：常用的规定信息源如表3-3所示。

表3-3 普通图书各描述项的规定信息源

描述项	规定信息源
题名和责任说明项	题名页（代题名页）
版本项	题名页、版权页、资源的其余部分
出版、生产和发行项	版权页、题名页、资源的其余部分
载体形态项	整个资源
丛编项	题名页、版权页、封面、资源的其余部分
附注项	任何信息源
资源标识号与获得方式项	版权页、出版物其余部分
内容形式和媒介类型	资源本身或任何随附的材料或容器

2）主要概念

题名页（title page），通常出现在文献的开始，反映该文献和其所含作品最详尽的书目信息，通常具有最完整的题名信息、责任说明和全部或部分的出版说明。通常题名页只有一页，但当出现在题名页上的著录单元，不重复地分布在多页上时，这些页一起被看作为题名页。

代题名页（title-page substitute），当资源没有题名页时，将包含有题名页通常所含信息的页、页的一部分或其他组成部分作为替代的题名页，如版权页、封面等。

版权页（copyright page）：出现在题名页之后或出版物末尾处、封底、容器等位置有关其出版发行和制作或印刷情况的说明，有时还有其他书目信息，包括有关题名的信息。

题上信息（avant-titile）：修饰、补充正题名的其他信息，出现在正题名规定信息源的上方。

附件（accompanying material）：出版物主体部分所附的并与其一起使用的任何资料。

丛编（series）：一组相互关联的单独出版物，每种出版物除了有自身的正题名外，还有一个适用于整组的总题名，即丛编正题名。各单独出版物可能有编号，也可能没有编号。

3.2.2　题名和责任说明的描述

对所有在编文献，题名和责任说明大项都是必备的，不可重复。更具体些，是指其中的"正题名"元素是必备的。

1. 概述

1）题名的类型

普通图书的题名的类型及含义如下：

题名（title），对图书来讲也即书名，根据所在位置可分为：封面题名、题名页上题名、书脊题名等。大多数图书的这些题名是相同的，个别图书有不同的情况。

正题名（title proper），是普通图书题名页或代题名页上出现的题名。正题名包括后面提到的各种交替题名。对分辑、补编、分丛编或部分的题名而言，正题名可以由共同题名（或主丛编题名）、从属题名和从属题名标识组成。

交替题名（alternative title），是指当题名页的正题名由两个或两个以上部分（每一个部分都有独立题名的形式）组成时，交替题名是其中居于"又名"或其他等同词之后的题名。

总题名（collective title），是两种或更多种单独著作整合作为一个整体时的一个总的题名。

共同题名（common title），是指一组相关资源共同使用的题名部分。这些资源还都有自己单独的分辑题名。共同题名和分辑题名一起共同标识某种资源。

分辑题名（section title），是用于识别一组具有共同题名的相关资源中的一个组成部分的专有题名。分辑题名需从属于共同题名，共同来标识一种资源。

从属题名（dependent title），其本身不足以识别一种资源，需要附加在共同题名或主要资源题名或主丛编题名之后才能识别该资源的题名。例如，副刊题名、增刊题名、地图系列的各张题名等。

并列正题名（parallel title proper），是指规定信息源上出现的、对应于正题名的另一种语言和/或文字的题名。并列正题名的规定信息源是题名页和版权页。

题上信息（avant-title），题名页或代题名页上、出现在出版物正题名上方、说明正题名的其他题名信息。

其他题名信息（other title information），是指从属于题名的一个单词、短语或一组字符，对相关题名进行限定、解释或补充。

2）责任者及其责任方式说明

责任说明（statement of responsibility）：对著作的知识内容或艺术内容的创作或实现负责或有贡献的任何个人、团体或与其职能相关的名称、短语或字符组。

第一责任说明（first statement of responsibility）：具有几种不同责任说明时，按排版顺序或有时按著作责任的重要程度首先出现的著作责任方式。

其他责任说明（other statement of responsibility）：具有几种不同责任说明时，除第一责任说明以外的责任说明。

与本版有关的责任说明（statement of responsibility relating to the edition）：参与新版文献的修订、编辑、插图等再创作的责任者及其责任方式。

责任方式（type of responsibility）：责任者对文献内容进行创造、整理的方式。

团体（corporate body）：由一个特定的名称标识的任何组织或一组个人和/或组织。它也包括有名称的临时小组或事件，如会议、讨论会、代表大会、探险、展览、节日、博览会等。团体的典型例子有协会、机构、公司、政府机构、团体和会议。

3）卡片目录描述项和描述用标识符一览表

题名和责任说明项完整卡片格式为："正题名[一般文献类型标识] = 并列题名：其他题名信息/第一责任说明 ； 其他责任说明"。当采用《信息与文献 资源描述》标准时取消"一般文献类型标识"元素。其中，

- 正题名基本著录信息段落开始位置，必备，不可重复；
- [一般文献类型标识]紧随正题名后，方括号中，选择使用，不可重复；
- 并列题名，前置等号"="，有条件使用，可重复；
- 其他题名信息，前置冒号"："，有条件使用，可重复；
- 第一责任说明，紧随题名内容后，前置反斜杠"/"，必备，不可重复；
- 其他责任说明，前置分号"；"，可重复；
- 同种责任方式的多个责任者之间用逗号"，"分开。

【例3-5】：百十回全评石头记 [专著] / （清）曹雪芹著 ； 张之补著 ； （清）脂砚斋， （清）畸笏叟评 ； 唐孝方， 闫震补评

2. 正题名的描述

正题名除了有一般的正题名外，还有交替题名、合订题名（无总题名）。正题名是必备内容，因此需要编目人员采用各种方法找出正题名。以下归纳描述正题名需要注意的事项。

（1）遵循照录原则，也即按照题名规定信息源上的题名方式逐字照录，题名中有语法关系的标点和起标点符号作用的空格也应照录。为了避免标识符号混乱：原文献中的[ ]和…分别描述为（）和——。

【例3-6】：戴敦邦画说红楼梦， 大观奇缘 [专著]

（2）遵循准确原则，即当规定信息源正题名有误、不完整，或者有其他情况时，在照录后，《信息与文献 资源描述》要求在附注项说明正确的；《文献著录》系列标准的规定是在照录正题名后，用方括号"[ ]"括起，同时在附注项中说明补充的情况。

（3）正题名冗长时，照录，但可在附注项描述简要题名，省略条件和描述方法主要有：规定的信息源中若正题名冗长，可在不失题名原意前提下，省略非主要信息，用省略号"……"表示，并在附注项中进行说明。

【例 3-7】：四年制初级中学实验课本化学第一册教学参考书 [专著]

（4）正题名由共同题名与分辑（册、章、节）题名标识和（或）分辑（册、章、节）题名组成，两个都需要描述。卡片格式中，描述顺序和标识符号是：共同题名. 分辑（册、章、节）题号, 分辑（册、章、节）题名。

【例 3-8】：丝绸之路西域文献史料辑要. 第一辑. 242-251, 新疆古代文书·吐鲁番卷 [专著]

（5）交替题名是指在规定信息源上出现的、由两个部分组成的正题名的第二部分，逐字照录。卡片格式中，根据原题名的信息，交替题名前用"，又，""，或，""，又名，""，一名，""，原名，""，or，"中的一种进行连接。

【例 3-9】：红楼梦，又名，石头记

（6）若在规定信息源上同时出现多部文献的题名而无总题名时，《普通图书描述规则》规定：题名超过三个只著录第一个，其后用省略号"……"表示；未被著录的其他题名在附注项中进行说明；题名为两个或三个时，第一位责任者的著作题名按照规定信息源中的题名顺序依次著录，属于同一责任说明的第二、第三个题名前用分号";"标识；属于不同责任说明的题名依次著录其所属的责任说明，在第二、第三个题名前用圆点"."标识。《信息与文献 资源描述》则规定描述主要作品题名，无主要次要之分时描述所有题名。

【例 3-10】：真腊风土记 [专著] /（元）周达观著 ；夏鼐校注. 西游录 /（元）耶律楚材著 ；向达校注

3. 并列正题名和其他题名信息的描述

并列正题名，是指正题名的另一种语言和/或文字的题名。卡片格式的要求是：在正题之后放置并列正题名，并列题名前用符号等号"="；多个并列正题名之间用逗号"，"隔开，每个并列正题名前都前置等号"="。并列正题名的规定信息源是题名页和版权页。

【例 3-11】：软件安全开发生命周期 [专著] = The security development lifecycle：SDL：a process for developing demonstrably more secure software

【例 3-12】：星空图鉴 [专著] = 101 merveilles du ciel qu'il faut avoir vues dans sa vie

其他题名信息，是指除了上述题名外的题名，主要是指从属于文献正题名或并列题名的副题名或其他题名说明文字，如表达图书内容范围、著作体裁、编辑方式、图书的卷数、章回数等。要注意，如果正题名后的信息是指附录、或说明译自某种文字、或说明写作材料来源及根据、或说明图书出版发行特点（如内部发行）等，这些内容不作为"其他题名信息"，如果需要可以放在附注项中说明。在卡片格式中，其他题名信息的前缀符号是冒号"："。一个出版物可能会有多个其他题名信息，每个之前都加冒号"："。

【例 3-13】：红楼梦 ： 经典插图评点本 [专著]

【例 3-14】：服装文献书目索引 [专著] ： 1949～1992

【例 3-15】：人体解剖图 [专著] ： 内分泌系统 ： 局部解剖

4. 一般文献类型标识、内容形式和媒介类型的描述

《普通图书著录规则》中使用"一般文献类型标识",《信息与文献 资源描述》使用"内容形式和媒介类型"。

《文献著录第1部分：总则》和《普通图书著录规则》都规定采用 GB/T 3469 规定的文献类型标识。GB/T 3469—1983《文献类型与文献载体代码》规定普通图书的文献类型标识是"专著"。

在卡片格式中,《普通图书著录规则》规定一般文献类型标识是放在正题名之后,用方括号"[ ]"括起。《信息与文献 资源描述》规定：内容形式和媒介类型单独放在题名上一行,描述为,文字资源（视觉）：无媒介。

【例 3-16】：采用标准《普通图书著录规则》

红楼梦 [专著]： 经典插图评点本

【例 3-17】：采用标准《信息与文献 资源描述》：

文字资源（视觉）：无媒介

红楼梦：经典插图评点本

5. 责任说明的描述

责任说明主要包括文献的各类主要责任者姓名及其责任方式。

在卡片格式中,责任说明紧跟在题名之后,前置符号是反斜杠"/"。首先描述第一责任说明的责任者和责任方式,再依规定信息源上的顺序描述其他责任说明的责任者和责任方式,每种责任说明的前置符号是分号";"。每种责任方式有多个著者时,用逗号","隔开。其中,反斜杠和分号前后各空一格,逗号后空一格。具体描述规则主要有：

（1）以"三"为界,即若同一种责任方式的责任者在三名及三名以内,全部著录,责任者名称之间用逗号","隔开；若多于三名,则仅著录第一名责任者并在其后加"[等]",其他责任者名称可在附注项中说明。（注：这是《普通图书著录规则》的规定,《信息与文献 资源描述》表示由资源描述机构自定描述数目。）

【例 3-18】：三名以内：

红楼梦 [专著]： 经典插图评点本 / （清）曹雪芹,（清）高鹗著

【例 3-19】：多于三名：

装备管理信息系统开发及应用 [专著] / 凌海风 [等] 编著

（注：在附注项中说明,编著者还有苏正炼、孙志丹、陈海松）

（2）如果有多种不同责任方式,则从第二种责任方式开始,每种责任方式的第一位作者前面加前置符号分号";"；每种责任方式中若有多位责任者,这些责任者名称之间用逗号","隔开。

【例 3-20】：红楼梦 [专著]： 全本美绘详注版 [专著] / （清）曹雪芹,（清）高鹗著 ； 王静雨改编

（3）中国清代以前的个人责任者,按原题如实描述,取自规定信息源上的朝代名称

可在其姓名前描述，并用圆括号"（）"括起。见【例3-18】【例3-20】。

（4）外国个人责任者，按原译汉语文原题如实描述。取自规定信息源上的国别简称可在其姓名前描述，并用圆括号"（）"括起；著者姓名前载有原文时，按原文顺序如实描述于原译汉语文姓名之后，并用圆括号"（）"括起。

【例3-21】：管理信息系统 [专著] = Experiencing MIS /（美）戴维·克伦克（David M. Kroenke），（美）兰德尔·博伊尔（Randall J. Boyle）著； 冯玉强等译

（5）责任者的责任方式依原书所题描述。若原书未载明，应根据著作类型选定，因为是编目员补充的，所以应该用方括号"[ ]"括起。

【例3-22】：新编大学基础英语教学参考书.3[专著] /（英）Kate A. Leigh 原著 ；《新编大学基础英语》改编组 [改编]

（6）僧人责任者，一般按原题法名描述。在著者姓名前不仅要冠国别或朝代，还要冠"释"字，并置于圆括号内。

（7）规定信息源中的责任者，其职位、学位、职称、出身、籍贯等说明地位身份的信息，一般不予描述，但出现在主要信息源且作为识别责任者不可缺少的称呼或贵族封号等，应照录。（注：这种规定目前图书馆界正在改变，倾向尽可能全著录。）

3.2.3　版本说明项的描述

版本（edition），是指采用直接接触、照相复制或其他方法，实际上是由同一原始输入而产生、并由同一机构或个人发行的一种出版物的全部复本。包括所描述对象的版次，如第一版、第二版；以及除印刷外的其他制版方式，通常包括文字"版"或"本"字样，如"新一版"、"修订本"。

版本说明项是一大项，包括版本和与之相关的责任说明。其卡片格式为：.--版本说明 / 与本版有关的责任说明 = 并列版本说明 / 并列责任说明. 附加版本说明 / 责任说明。具体描述规则主要有：

（1）如果版本说明属于题名的组成部分，应在题名部分描述，不在版本说明项重复描述。翻译作品原版的说明描述在附注项。

【例3-23】：包含在题名中的版本说明：
白洋淀纪事 [专著] ：　全新修订无删减版

【例3-24】：在附注项中著录的版本说明：
Bobby's new apartment [专著]
培生英语·阅读街青少版 1

（2）各个版本说明均应按文献中出现的形式如实描述。版本有用数字表示的，也有用文字表示的。文字表示的，按照规定信息源照录。例如，原题中的修订版、新一版、1999年版、2004 revision 等，都是照录。对于用数字表示的，出现了不同的规定：2009年出台的《文献著录第1部分：总则》（GB/T 3792.1—2009）规定是可以保留"第"字，也可省略"第"字；在这之前出版的《中国文献编目规则》（第二版）（2005年）和《普

通图书著录规则》（GB/T 3792.2—2006）都规定应省略"第"字。《信息与文献 资源描述》则规定按原样照录。

【例 3-25】：图书馆学基础 [专著] / 吴慰慈主编. – 第 2 版

（3）应著录于版本说明项的版本说明包括：

● 与版本说明有关的文字：如"增订版""活字本泥活字""第 2 版""新 1 版"等；
● 文献制版类型：省略常见的铅印、胶印方式，其余制版方式，如油印本、刻本、影印本、晒印本、缩印本等。
● 说明所描述对象内容特点的文字：如通俗本、节本、缩写本、校对本、改写本、原文本、全本、选本、普及本、农村版、少年版、试用本、初级本等。

在描述时需要注意：文献包括两种及以上制版类型时，可以仅描述主要的，也可以同时描述多种，如影印与晒印本；版权页原题版次有误，应如实描述，并在附注项说明。如果版本信息不是来自规定信息源，用方括号括起。

【例 3-26】：三字经文献汇编. 8 [专著] / 韩宝林编. -- [影印本]

（4）附加版本说明是描述某版本内的子版本的区分说明、内容差异说明或版本说明的其他表示形式。卡片格式中，是用逗号将附件版本说明和版本说明隔开。对于复印本，还应在附注项说明复制依据（出处）。

【例 3-27】：. -- 新一版， 增订本。

【例 3-28】：复印版的复制依据在附注项中说明：

（民国）兴仁县志 [专著] / 冉晟修；张俊颖纂；贵州文库编辑出版委员会 [编] . -- [影印本]

（注：在附注项中注明，一九六五年贵州省图书馆复制油印本）

（5）其他说明的描述：并列版本说明，是指另一种语言或文字形式版本说明，当所描述的图书有多种不同语言或文字形式时，该说明可重复描述；与版本有关的责任说明的描述，包括非第一版的责任人，是该版文献的责任人，常见的有审定者、修订者、插图者、编辑者、作序者、订补者等等，描述方式同第一责任者作者，最多描述三人；与版本有关的其他责任说明的描述，包括与该版本有关的其他责任说明。版本说明有误的，如实照录，并在附注项说明。

【例 3-29】：中国书史简编 [专著] / 刘国钧著. -- 1982 年版 / 郑如斯订补

3.2.4　出版、生产和发行的描述

出版、生产和发行，是指与信息资源相联系的各种出版、制作、发行、发布活动。该项是一个大项，卡片格式中，该项描述在版本项后面，格式为：--出版或生产或发行地：出版或生产或发行者名称，日期（印刷地：印刷者，印刷年）。

1. 出版发行地和出版发行者的描述

为了叙述方便，本章用"出版发行"作为"出版、生产和发行"的简称。主要描述

规则有：

（1）按照规定信息源给出的名称如实照录。发行地和发行者名称后要分别加上"[发行地]"、"[发行者]"字样。

（2）规定信息源未标明出版地城市名称时，可描述已知的城镇名称并置于方括号中。对于不为人所熟知或可能有相同地名的出版发行地，应在出版发行地后附加其上级行政区名称或国别。同时，若附加的上级行政区或国别是取自规定信息源，则加圆括号"( )"；如果取自其他信息源，则加方括号"[ ]"。无法获得的，推测的名称后加问号"？"并都放在方括号中；无法推测的分别标注"[出版地不详]""[出版者不详]"等。

（3）"二"界线：《普通图书著录规则》规定，规定信息源中若出现了多个出版发行地或出版发行者，则：①若是两个，则两个都描述；②若是三个或三个以上时，则仅描述第一个并在其后加"[等]"字，其余的可在附注项中进行说明。卡片格式中，第一个出版发行地前面是大项符号". --"，第二个出版发行地前则用前置符号分号"；"；无论第一个还是第二个出版发行者，其前面都加前置符号冒号"："。《信息与文献 资源描述》取消了"二"限制，描述全部。

【例3-30】：. -- 北京 ； 香港 ： 三联书店

【例3-31】：. -- 广州 ： 花城出版社 ； 香港 ： 三联书店香港分店

（4）出版地或发行地、出版者或发行者有多种文字时，应描述与正文语言和/或文字相同的，如这一规定不适用，则选用编目语言和/或文字，或根据版式或顺序描述。

（5）原题出版发行地、出版发行者有误，《信息与文献 资源描述》规定要如实照录，并在附注项说明；《普通图书著录规则》则规定，除如实著录外，应将正确名称著录其后，并用方括号"[ ]"括起，或在附注项说明。

【例3-32】：. -- [出版地不详] ： [出版者不详]

【例3-33】：. - [阳原] ： [阳原县档案史志局]

（6）同时充当责任者的出版者，依然要描述出版者全称，不可简单描述为"著者""编者"等。当出版者和发行者不详，而印刷者又兼有出版者或发行者职能时，可将其作为出版者描述。如果资源的出版发行和物理制作是结合进行的，地点和时间相同，则将对这些职能负有责任的个人或团体名称作为出版者名称描述。

2. 出版发行日期的描述

对出版发行日期的著录，主要规则有：

（1）文献题有出版日期，不描述发行日期；未标明出版日期，可描述发行日期，并在其后方括号"[ ]"内注明"发行"字样。

（2）出版发行日期按文献原题纪年著录。公元纪年的出版发行日期一律采用阿拉伯数字描述。原题为非公元纪年时，按文献中出现的纪年形式描述，同时在其后描述对应的公元纪年，并用方括号"[ ]"括起。卡片格式中，出版发行日期采用前置符号逗号"，"。

【例3-34】：. -- 北京 ： 科学出版社， 2020

【例3-35】：. -- ：新民學院，民國30年[1941]

（3）如果出版发行日期适用于两个或所有出版发行者，则描述于最后的出版发行者之后。

【例3-36】：. -- 广州 ：花城出版社 ；香港 ：三联书店香港分店， 1983

（4）集中描述跨年度出版的多卷（册）文献，应描述最初及最终出版年，中间用符号"–"连接。尚未出版齐全的多卷（册）文献，一般先描述第一卷出版年，后加"–"，待出版齐全后再描述最终出版年。

【例3-37】：. -- 北京 ：科学出版社， 2017–2019

（5）文献没有标明出版日期，可描述版权日期或发行日期。描述版权日期时需在年代前加上"版权"的缩写字母"c"或在版权日期后描述"版权年"字样，置于方括号内，以便与正式的出版日期相区别；若均未标明，可推测著录，用问号"？"或用连字符加问号"-？"标识，置于方括号内。

【例3-38】：，c2020（或：，2020 [版权年]）

（6）出版日期有误，《信息与文献 资源描述》规定应如实照录并在附注项说明；《普通图书著录规则》则规定应照录，在其后方括号内描述正确的出版日期，或者在附注项说明。

（7）文献题中均未有出版发行内容，可描述印刷内容（印刷地、印刷者、印刷日期）。文献的出版发行事项记载齐全，并兼有印刷地、印刷者、印刷日期，必要时，可将后者描述于出版发行事项之后，置于圆括号"（）"内。例如，（重印）。

【例3-39】：. --北京 ：高等教育出版社， 2010（2019重印）

3.2.5 载体形态信息的描述

载体形态信息，描述的是文献数量、文献类型标识、其他物理细节、尺寸和附件。载体形态信息的描述是可选择内容，但一般图书馆都选择描述。卡片格式中，载体形态项是另起一行的一个大项，因为在段落开头所以省略大项符号，格式为：特定资源类型标识（数量）：图及其他物理细节说明；尺寸 + 附件说明（附件数量；附件的其他物理细节；附件的尺寸）。

1. 特定资源类型标识（数量）的描述

普通图书的特定资源类型标识（数量）主要是页数、张数或帧数。数量用阿拉伯数字描述于特定资源类型标识之前。数量单位应视不同资源类型而定，计量单位按国家有关标准执行。

如果所描述文献的页数有多个数量编码系统，通常按照文献编码系统的先后顺序依次描述其页数，用逗号","隔开。编码系统比较复杂的单行本图书，中文图书常描述为1册。以图为主的散页图片或挂图，以"张"或"幅"计算。

【例3-40】：X， 660页

【例3-41】：1册

多卷书、丛书整套描述时，单独编码的描述其总卷（册）数；连续编码的，首先描述所编文献的总卷（册）数，紧接随后在圆括号内描述其总页数。单独著录的多卷（册）书、分卷（册）页数连续编码时，描述其起讫页码。

【例 3-42】：3 册（1200 页）

【例 3-43】：101-200 页

2. 图及其他物理细节、尺寸和附件的描述

1）图及其他物理细节

普通图书的图及其他物理细节包括：图，图表。也可具体描述为：肖像、照片、彩图、图版、纹章、摹真、地图、乐谱、折图。如果一部图书内含多种类型的载体形态信息，可用"图"统称。其他物理细节第一元素项的前置符号是冒号"："，如果其他物理细节有多个细节项需要描述，从第二个起，前置符号是逗号"，"，也就是说多个其他物理细节项之间用逗号"，"隔开。

【例 3-44】：20 页 ： 彩图 ； 23cm

【例 3-45】：17，240 页 ： 图，照片 ； 18cm

题名已明确为图的文献，如"图解""画册""图册"等，本单元不再重复描述，书中表格也不予描述。

2）尺寸

很多图书的版权页给出的是开本信息，开本是以印刷用纸全张幅面为计算单位，裁切成多少小张，就称为多少开本，如图 3-3 所示。描述图书尺寸，需要遵循以下规则：

● 将开本信息换算成 cm（厘米）；
● 一般只描述高，且逢小数进 1，用单位 cm；
● 如果高是宽的 2 倍或以上，或高度小于宽度，用"高×宽"形式；
● 凡是小于 12cm 的小开本，其尺寸可直接描述为"袖珍本"；
● 尺寸不一的多部分资源，相差未及 2cm 者，应著录较大尺寸；超过 2cm，应著录最小与最大，两者之间用连字符"-"表示。

【例 3-46】：2 册（445 页）； 32cm

【例 3-47】：130 页 ： 彩图 ； 19cm×22cm

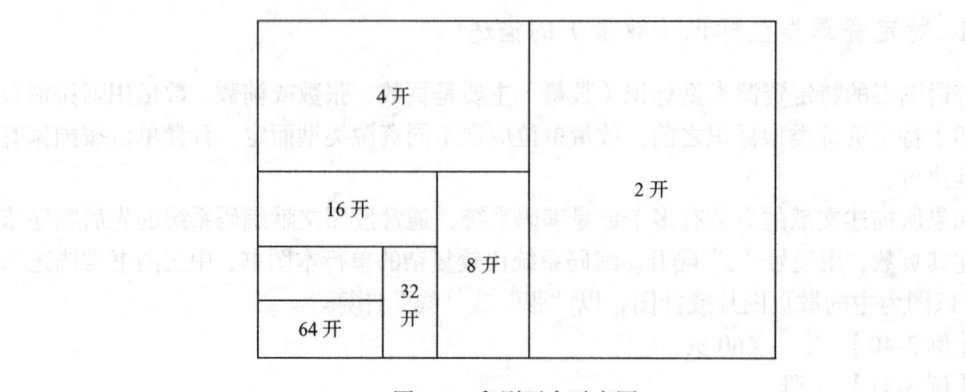

图 3-3 印刷开本示意图

由于印刷用纸全张幅面有多种规格，因此换算稍微复杂些，表 3-4 给出了开本与厘米（cm）的换算。

表 3-4　图书的开本与厘米（cm）的换算

印张规格/mm	开本/开	尺寸（图书高度）/cm
880×1230	16	30
787×1092	16	25
850×1168	大 32	20
787×1092	32	19
787×960	小 32	19
787×1092	44	17
787×1092	60	16
889×1194	64	14

3）附件

附件是与文献主体相关但载体上分离的附属资料，如随书光盘。早期，很多图书馆将纸质图书附带的磁盘或光盘单独组织，独立描述；近几年多将它们和主体文献一起描述。

附件的补充说明，应著录在附件后面的圆括号"（）"内。

【例 3-48】：83 页：彩图；21cm＋1 光盘

【例 3-49】：8 页：图；21cm＋1 学习手册（32 页）

3.2.6　丛编信息的描述

图书馆对丛编可以作为一个整体来著录，也可以对丛编中每本书进行单独描述。当进行单独著录时，可用丛编项描述丛编信息，包括：丛编的各级题名、责任者、有关的丛编编号。

卡片格式中，丛编项是个大项，紧跟载体形态项之后，之前需要添加大项符号。一般格式结构为：. --（丛编正题名/责任说明，国际标准连续出版物号；丛编编号. 分丛编题名）。

具体著录规则主要有：

（1）丛编正题名与并列正题名的描述：丛编正题名是指在编文献上出现的丛编题名。丛编的名称类型有丛书、丛刊、集刊、读物、大全、文库、系列等，英文为 series，library，lecture，readers 等。按照规定信息源上的题名如实照录。一种资源属于两种或两种以上丛编时，应依次描述。卡片格式中，其格式是分别用圆括号括起。普通图书的各部分内容分属不同丛编时，对这些丛编信息不予描述，但可在附注项说明。并列丛编题名或并列分丛编题名参照正题名的并列正题名的描述规则。

【例 3-50】. --（乔峰·健安体系丛书）

【例 3-51】. --（刘宝红供应链实践者丛书）（华章经管）

（2）分丛编标识、分丛编名、丛编编号（卷标识）的描述：有些图书的丛编是嵌套的，即同时有丛编和分丛编；也有的丛编是有分册的，给予了分册序号，即丛编编号；也有的还有分丛编标识。这些都需要按照其在出版物上的出现形式描述，但对编号一律采用阿拉伯数字形式代替原题形式。若分丛编题名是可独立识别的题名，也可将分丛编题名描述于丛编项，将主丛编项描述于附注项。

【例 3-52】: . -- （再生医学丛书 ； 8）

【例 3-53】: . -- （万有文库. 百科小丛书）

【例 3-54】: . -- （中国现代文学史资料汇编. 乙种，中国现代作家作品研究资料丛书）

【例 3-55】: . -- （王力全集 ； 第一卷）

（3）丛编责任说明：一般不描述，必要时可在丛编项内反映。责任者人数比较多时，按照"题名和责任说明"中责任者描述规定。

【例 3-56】: . -- （工业文化通识丛书 / 彭南生，严鹏丛书主编）

【例 3-57】: . -- （贵州文库 / 顾久总纂）

（4）丛编国际标准连续出版物号（International Standard Serial Number，ISSN）：丛编分散描述时，ISSN 号著录在丛编项内，集中描述时 ISSN 号描述在资源标识号与获得方式项内。若丛编正题名是由共同题名和从属题名构成时，可将共同题名的国际标准编号描述在附注项内。

3.2.7 附注信息的描述

附注信息是指那些不适合在其他描述项描述的内容，它补充描述作品的形态、内容、检索点等各个方面。一般采用自由行文方式。由于大多数附注信息描述不是必备内容，因此，各机构规定的附注信息描述内容详简不一。

附注信息描述的一般规则主要有：

（1）附注中使用的标识符原则上与相应的描述项和元素一致。引用文字用引号。有多个附注时，附注的描述顺序应与各描述项目的顺序一致。卡片格式中，每一条附注可另起行分段描述或连续描述。如每一条附注都另起行分段描述时，可省略项目分隔符号；如每一条附注都连续描述时，则各条附注之间均以大项符号隔开。

（2）凡是在前面描述项目描述中的信息是取自规定信息源之外的，都应在附注项注明。凡未在其他描述项目中描述，但被书目使用者认为重要的信息，都可描述在附注项。

（3）正题名出现以下情况应在附注项进行相应描述：所描述的文献为译作、转译本、抽印本、转印本、影印本、改编本等时，在附注项应注明其依据的原作题名及有关情况；同一文献各信息源的题名不同时应在附注项注明不同的题名；正题名与文献正文语言和/或文字不同或正文有一种以上语言和/或文字时应在附注项说明；经考证增补的题名附注，一般表达方式为："题名据……增"；题名发生变更附注，一般表达方式为："本书原名：……"；其他语言和/或文字题名和其他题名信息附注。

【例 3-58】：百十回全评石头记 [专著] / （清）曹雪芹著 ；张之补著 ；（清）脂砚斋，（清）畸笏叟评 ；唐孝方，闫震补评本书采用脂本（前80回）与张之先生所补《红楼梦新补》（后30回）合为110回本，首次还曹雪芹先生和读者以较为接近原稿之面貌。

【例3-59】：英国Pearson Education培生教育出版集团授权出版据原书第2版译出。

（4）责任说明附注：没有在题名责任说明项出现的其他责任者及其责任方式。

【例3-60】：编著者还有：张春荣、陈绍红、陈赞育

（5）内容附注：注明文献中重要的目次、索引、参考书目等。资源标识号与获得方式项附注：注明有关文献限定出版发行等情况。提要或文摘附注：注明文献的提要、简介、文摘等情况。图书各个组成部分分属不同丛书的，在附注项内说明。其他附注：除上述附注内容外，凡是编目机构认为有必要补充说明的内容。

【例3-61】：一九六五年贵州省图书馆复制油印本

【例3-62】："十二五"普通高等教育本科国家级规划教材／安晓灿总主编

3.2.8 资源标识号和获得方式的描述

资源标识号和获得方式项包括的项目有：标准号、限定说明、获得方式和价格。卡片格式中，该项在附注项后另起一行描述，一个完整的格式为：国际标准编号/统一书号（限定信息）：获得方式和/或价格（附加说明）。

普通图书的国际标准编号，是指国际标准书号（1987年以后）或统一书号（1952～1987年），一般印在图书版权页和封底下端。

1956年2月，文化部出版事业管理局颁发《全国图书统一编号方案》，给所出版图书进行编号，即统一书号，是一组由图书分类号、出版社代号和序号组合而成的数码。现在与刊号一起统称为统一书刊号（union books and serials number，UBSN）。

从1987年1月1日开始，我国采用国际标准书号即ISBN号，这也是每种书的唯一标识符。2007年1月1日之前，ISBN号由10位数字组成，包括四大部分：国家或地区或语言代号、出版者号、书序号和校验码，四个部分之间用"-"连接。我国的代号是"7"。2007年1月1日起，采用新版ISBN号，在原来10位数前加上3位欧洲商品编号的图书产品代码"978"。

限定信息，通常是出版社名称、出版物装订形式，或国际标准书号与整套文献或特定卷册关系的说明。常用的是出版物装订形式，如"精装""线装"等。

获得方式和/或价格，是说明通过什么方式获得以及价格多少。如果是通过正常市场采购的，通常省略"获得方式"内容，直接写价格。价格前要有货币代码，遵循的是国家标准GB/T 12406《表示货币和资金的代码》，采用3位数字表示，如人民币（Chinese Yuan，CNY）、港元（Hong Kong Dollar，HKD）、欧元（European Dollar，EUR）、美元（United States Dollar，USD）等。

附加说明，通常是对获得方式或者价格进行说明，如说明是全套的价格。

【例3-63】：ISBN978-7-5658-3459-2（精装）：CNY46.00

【例3-64】：一个完整例子（采用标准《信息与文献 资源描述》）：

文字资源（视觉）：无媒介

星空图鉴 = 101 merveilles du ciel qu'il faut avoir vues dans sa vie / （法）埃马纽埃尔·博杜安著 ； 张俊峰译. -- 北京 ： 新星出版社， 2018

244 页 ； 22cm. --（新经典文库 ； 1297）

据原书第 2 版译出．巴黎迪法国际版权代理

ISBN978-7-5133-2870-8（精装）：CNY128.00

【例 3-65】：一个完整例子（采用标准《普通图书著录规则》）：

（民国）兴仁县志 [专著] / 冉聂修 ； 张俊颖纂 ； 贵州文库编辑出版委员会 [编] . -- [影印本]. -- 贵阳 ： 贵州人民出版社， 2019

3 册（1176 页）；24cm. --（贵州文库/顾久总纂）

一九六五年贵州省图书馆复制油印本

ISBN978-7-221-15020-2 （精装）：CNY453.00

3.2.9 多层描述

卡片格式对文献之间关系的描述很少，主要在多卷书和丛书的记录中有相应描述规定。

多层描述的规范，用来描述包含多部分的文献，其整体部分和各组成部分之间的关系。具体规定是：针对包含多组成部分的文献进行多层描述，每一层次的元素、描述顺序和标识符都是相同的，和前面所讲述的各著录内容一致。各层次相互重复的某些描述内容可以省略。当一个组成部分的题名前冠有分辑标识时，二者之间用冒号":"分隔。

多层描述的格式是：内容形式和媒介类型：

整套文献正题名 = 并列正题名 ： 其他题名信息 / 第一责任说明，其他责任说明. -- 版本说明 / 与本版有关的责任说明. -- 出版地 ： 出版者，出版日期（印刷地：印刷者，印刷日期）. -- 文献数量及特定文献类型标识 ： 及其他物理细节 ； 尺寸. -- 附注. -- 标准编号（限定词） ： 获得方式和/或价格

第二层次分辑标识：第二层次正题名 = 并列正题名 ： 其他题名信息 / 第一责任说明 ； 其他责任说明. -- 出版日期. --文献数量.--获得方式和 / 或价格

第三层次分辑标识:第三层次正题名 = 并列正题名 ： 其他题名信息 / 第一责任说明 ； 其他责任说明. -- 文献数量. -- 获得方式和 / 或价格

【例 3-66】：采用标准《信息与文献 资源描述》

文字资源（视觉）：无媒介

新农村建设文库 / 宋寿海，张克复主编. -- 兰州 ： 甘肃文化出版社， 2008- 册 ； 21cm

农民科学素质教育丛书

现代设施农业技术 / 邱仲华， 邱云慧编著. -- 14 282 页 ； 21cm. -- CNY13.00

高效养猪技术 / 刘孟洲， 滚双宝编著. -- 268 页 ； 21cm. -- CNY12.00

农村沼气问题解答 / 刘富勤编著. -- 14 282 页 ； 21cm. -- CNY13.00
……

3.3 中文连续性资源的内容描述要求及卡片著录格式应用

本小节内容主要依据《信息与文献 资源描述》《文献著录第 1 部分：总则》和《文献著录第 3 部分：连续性资源》。

连续性资源的描述方法及卡片格式，大多数与普通图书相同。以下主要介绍普通图书描述中没有或者与普通图书描述规则不同的内容。

3.3.1 连续性资源及其描述概述

1. 连续性资源介绍

1）连续性资源的含义及范围

连续性资源的范畴有：

- 连续出版物
- 没有明确终止日期的集成性资源
- 持续出版时间有限但按期或带有各部分编号连续发行、具有连续出版物其他特性（如出版频率）
- 连续出版物的复制品
- 有限性集成资源（如某国际运动会网址）

相应的术语解释分别为：

连续性资源（continuing resource），是一种在发行时间上没有明确终止日期的资源，包括连续出版物和不断更新的集成性资源。

连续出版物（serial），是一种具有接续关系的、以独立的卷期或部分以定期或不定期的方式发行的连续性资源，通常带有编号，但无明确的终止日期。

集成性资源（integration resource），是通过更新进行增补或修改的一种书目资源，其更新部分并不离散于原资源，而是与原资源整合为一体。集成性资源既可以是有限性资源，也可以是连续性资源。集成性资源的例子包括更新的活页/散页、更新的网页和更新的数据库等。

2）连续出版物概述

连续出版物是图书馆收藏和描述的主要文献，其类型多样。每一种连续出版物都有统一的题名、统一的装帧形式。按出版特征划分，连续出版物可以划分为期刊（也称"杂志"）、报纸、年度出版物，以及成系列的报告、会刊、会议录等。其中，期刊是连续出版物的主要形式。

连续出版物的出版频率，有定期和不定期两类，以定期为主。定期连续出版物具有固定的出版频率，常用的刊期名称有：年刊（Annual）、半年刊（Biannual）、双年刊（Biennial）、双月刊（Bimonthly）、双周刊（Biweekly）、日报（Daily）、双周刊（Fortnightly）、月刊（Monthly）、季刊（Quarterly）、半年刊（Semiannual）、半月刊（Semimonthly）、三日刊（半周刊）（Semiweekly）、周刊（Weekly）。不定期连续出版物常出现在连续出版物创办初期，学术团体的学报、报告、汇刊、会议录、通讯等多为不定期的连续出版物。

连续出版物，按载体形态类型划分，可以划分为印刷型、缩微型和机读型等。目前机读型的电子期刊已经非常普及，甚至有不少仅有机读型（主要是网页版）而无印刷版。印刷型连续出版物，基本上都是由印刷型转换过来的。

3）相关概念

对连续性资源进行描述，需要先掌握一些常用的术语。

编号（numbering）：连续性资源连续各期或各部分的标识。对期刊来讲，主要是用ISSN号。

频率（frequency）：连续出版物发行的间隔时间，如每天、每周、每月、每年。

期（issue）：组成连续出版物的各个接续部分中的一部分。

识别题名（key title）：由 ISSN 网络中心分配给连续性资源的唯一性标识题名，必须与其 ISSN 号连接使用。多数的识别题名就是资源的正题名。

2. 首选信息源、描述文字与卡片著录内容项目

连续性资源的首选信息源是其资源本身，若资源本身信息不足，可参考其他信息源。

1）连续出版物的描述依据

连续出版物包含了本题名下出版的所有卷期，因此与普通图书明显不同，有些信息是分布在各个卷期上的，如连续出版物的编号，并且这些信息可能会发生变化，因此连续出版物的描述必须确定哪期或哪部分为描述依据。目前《文献著录第 3 部分：连续性资源》确定著录依据是：

- 本题名下的第一期或第一部分；
- 无法获得本题名下第一期或第一部分时，应以获得的最早发行的一期或一部分著录，但应在附注项说明；
- 资源类型特殊项中"编号"的特定描述依据是：每种标识系统的起始和/或终止期；
- 载体形态项和丛编项的特定描述依据是：全部期；
- 附注项和编著编号与获得方式项的特定描述依据是：全部期或资源以外的信息。

2）集成性资源的描述依据

集成性资源的描述依据是当前更新后的集成性资源的整体，特殊的情况是：

● 出版发行或制作日期的描述依据：起始和/或最后更新后的整体；

● 附注项和资源标识号与获得方式项的描述依据：不同时期更新后的信息或资源以外的信息。

3）首选信息源

印刷型连续性资源的首选信息源是题名页，当缺少题名页时，选择代题名页为首选信息源。代题名页依序选择：①分析题名页、封面、卷端、标头、编辑说明页、书末出版说明；②其他正文前书页、封套及主页题名处的相关信息；③前言、序言、目次、正文、附录等；④连续性资源以外的任何参考源（如书目、出版者目录等）。

需要注意的是，有些连续性出版物，如果题名页位置的那页是半题名页，或仅有书法形式的正题名，或只有西方语言的题名和/或出版信息，且书末出版说明有完整的书目信息时，该页不作为题名页，而将书末出版说明作为代题名页。

对于非印刷型连续性资源，按照其媒介形式对应的描述规则进行描述。

4）规定信息源

连续性资源各个描述项的规定信息源如下：

● 题名和责任说明项：题名页或代题名页；

● 版本项：题名页、版权页、目次页、书末出版说明或其他书页；

● 编号：连续性资源整体，国家书目；

● 出版发行项、载体形态项：连续性资源整体；

● 丛编项：丛编题名页、分析题名页、封面、卷端、标头、编辑说明页、书末出版说明、连续性资源的其余部分；

● 附注项、资源标识号与获得方式项：任何来源。

同普通图书描述，规定信息源外的描述信息置于方括号"[ ]"内，并在附注项说明。

5）描述用文字

与普通图书基本相同。汉字简繁体的选择，原则上依据资源正文的文字特征，连续性资源若在出版的过程中发生变化，以描述正题名的卷期正文为依据。

连续性资源的卷标识为"vol."，期标识为"no."，尺寸单位为"cm"。

6）卡片描述内容项目

与普通图书描述相比，在著录大项上，连续性资源描述比图书的描述多了一个"资源类型特殊项"，其内容包括"编号"和"其他特殊资源类型专门数据"。

3. 连续性资源另行描述的原则及主、次要变化识别

与普通图书相比，连续性资源在连续出版过程中其某些特征会发生变化，如刊期发生变化或题名发生变化等。这就引发了在何种变化状况下需要另行描述，何种变化状况下不需要另行描述。需要另行描述的情况，实际上等于原来的连续性资源和现在的连续性资源已不是同一个作品。

1）连续性资源另行描述的原则

当连续性资源特征发生的变化为主要变化时，就需要把变化后的连续出版物作为一个新的作品另行描述，当这些变化为次要变化时，不另行描述，将变化情况在附注项注明。

2）连续出版物的主、次要变化规定

连续出版物的主要变化，一般是指：①题名、版本说明的变化导致题名、版本说明的含义或主题内容发生改变；②正题名为通用术语如年度报告、通讯等时，与连续出版物有关的团体名称更改；③ISSN 发生了变化；④物理载体发生了变化，如从纸本刊改为电子刊。例如，期刊《地球科学：武汉地质学院学报》改为《地球科学：中国地质大学学报》等。

连续出版物的次要变化是指：①ISSN 没有更改，且题名信息的变化和版本说明的变化都很微小，没有改变原有题名的内容和主题。②如果 ISSN 改变，但题名和版本说明没有发生任何变化，也作为次要变化。③如果无法确定题名或版本的改变是主要变化还是次要变化，按次要变化处理。例如，《文博》的 ISSN 号发生改变；《××师大学报》改名为《××师范大学学报》等。

3）集成性资源的主、次要变化

集成性资源的主要变化，一般是指：①版本说明发生变化且导致资源的内容或范围发生变化；②物理载体发生变化；③几种资源合并为一种或者一种资源分成多种资源。

集成性资源的次要变化，一般是指除上述情况外，其他任何描述信息的变化均为次要变化，不需要作为新资源另行描述。但是需要对原来的描述进行修改以反映新的变化，如题名若发生变化，则将著录题名更新为最新的题名。

3.3.2 题名和责任说明项的描述特点

由于连续性资源题名与责任者本身有其特殊性，这里主要介绍因这些特殊性带来的与普通图书著录不同或者后者没有涉及的编目规定。

1. 题名信息的内容描述要点

（1）如果题名中含有逐期改变的日期或编号，省略日期或编号，如果被省略的日期或编号在题名之中或之后，则省略的位置用省略号"…"代指，如果在题名之首，不加省略号。

（2）如果正题名中还有任何说明先前题名、被吸收题名等的文字，描述时直接省略，在附注中注明其与其他连续性资源的关系。例如，题名页上信息是"中外问题 即社会新闻"，则在正题名位置描述"中外问题"，在附注项中描述"继承：社会新闻"。

（3）当规定信息源中同时存在正题名的简称和全称时，将全称作为正题名，将简称作为其他题名描述。当规定信息源仅有正题名简称时，将简称作为正题名，如果在其他信息源上出现题名的全称或展开形式，可在附注项著录题名的全称或展开形式。

（4）正题名由共同题名和从属题名组成时，先描述共同题名，再描述从属题名标识和/或从属题名。如果正题名有其他题名信息或责任说明时，这些信息应描述在共同题名之后，然后再描述从属题名标识和/或从属题名。

【例 3-67】：北京大学学报． 哲学社会科学版 [期刊]

（5）题名中任何用数字或文字描述的带有年期的标识都应著录在编号项。这种情况主要出现在按年度出版的一些工具书或总结报告中，如年鉴、年报等。这时候需要将题名中的年份放在编号中。例如，《文献著录第 3 部分：连续性资源》上给的例子："中国外科年鉴. 2016"，描述时，正题名仅描述"中国外科年鉴"，在"资源类型特殊项"的编号位置著录"2016"。不过，目前年鉴是采用图书出版，获得的是书号 ISBN，所以图书馆更多是按照图书来描述，这时年号会作为题名一部分描述。

【例 3-68】：中国外科年鉴. 2016 [专著]

（6）当所著录的连续性资源包含多个连续性资源，且各自有自己的题名页和编号时，应当对每个连续性资源进行分别描述，并在附注项注明它们之间的关系。将在 3.3.7 对连续性资源沿革关系的描述进行详细介绍和举例。

（7）其他题名信息原则上应予以描述，过于冗长的在描述时可以省略中间或结尾部分，但不得失去其信息含义，省略部分用省略号"…"表示，可在附注项说明。

（8）正题名的变异题名，无论是否出现在规定信息源，都仅在附注项描述。

（9）当责任说明、出版发行说明或与其他描述项（如版本说明）相关的信息在语法上是其他题名信息的组成部分时，按照其他题名信息描述。见【例 3-69】。

（10）其他题名信息若发生变化，如果之前已经描述在题名和责任说明项中，对于连续出版物，则应在附注项说明这种变化；对于集成性资源，则应在题名和责任说明项中描述更新后的，如果重要则同时在附注项说明这种变化。

【例 3-69】：情报资料工作 ＝ Information and Documentation Services ： 中国社会科学信息学会学报 ： Journal of Chinese Information Society of Social Sciences

副题名曾为：中国社会科学信息学会会刊

2. 一般文献类型标识、内容形式和媒介类型的描述

《文献著录第 3 部分：连续性资源》规定，用通用的术语，表示连续性资源所属于的较为宽泛的文献类别。例如，电子资源/集成性资源/报纸/期刊等。根据《信息与文献 资源描述》，纸质连续性资源的内容和媒介类型描述为：文字资源（视觉；期刊）：无媒介。

【例 3-70】：中国图书馆学报 [期刊]

3. 责任说明的内容描述要点

（1）通常将连续性资源主办机构作为主要责任者，对此责任者，可以选择描述或不描述。

（2）当题名中包含了责任实体名称，如"××大学学报"，则不再将该责任实体名称作为责任说明进行描述。但如果题名中的责任实体名称是简称或首字母缩写形式，其全称可作为责任说明进行描述。

（3）对于不断更新的活页/散页资料，若有必要可以描述个人编辑说明，如描述主编。

（4）连续出版物责任说明中的个人或团体名称如果在后续卷期中增加或删除且这种变化不需作为新资源另行描述，应在附注项说明增加或删除的个人或团体名称。

（5）集成性资源责任说明中的个人或团体名称在后续更新中发生了变化，应描述最新变化的个人或团体名称，先前的在附注项说明。

【例 3-71】：图书馆学报 [期刊] / 中国图书馆学社编辑出版委员会

【例 3-72】：病毒学报 = Chinese Journal of Virology [期刊] . -- 北京 北京市宣武区迎新街 100 号（邮编 100052）： 该刊编辑部， 1985-

（注：在附注项中描述，主编曾为朱既明）

3.3.3 版本项的描述特点

连续性资源的版本类型，具体包括：
- 描述版本名称和/或版次的说明：如，联合版，第 2 版，重印版，全年累积版等；
- 地区版本说明：如，北京版，上海版，国际版，海外版等；
- 读者对象版本说明：如，普及版，学生版等；
- 特殊内容版本：如，农业版，工业版等；
- 特殊版式或外形的版本：如，大字印刷版、缩微印刷版、盲文版等；
- 文种版本：如，朝文版，蒙文版等
- 时间版本：如，上午版，下午版，星期日版等

【例 3-73】：北洋学报 [缩微品] / 北洋官报总局. -- 发行拷贝片

与普通图书不同的是，"修订版"在连续性资源中如果是描述有规律的修订或频繁更新的说明，如每半年修订一次，则不作为版本内容描述，而作为附注项内容。另外，专业版本说明是作为从属题名描述。

【例 3-74】：北京大学学报，医学版 [期刊]

3.3.4 资源类型特殊项的描述特点

不同于普通图书的描述，连续性资源的描述项中有资源类型特殊项，包括编号和其他特殊资源类型专门数据。编号是指连续出版物的卷、期、年、月等编号。编号项不适用集成性资源。其他特殊资源类型专门数据，是指所描述的资源，即连续性资源，同时也属于其他类型时表征其他类型资源的专门数据，如地图连续出版物，比例尺就是地图

的专门数据。

卡片格式中，资料类型特殊项作为一个大项著录在出版项后，内容项比较全的格式为：. --第一期的编号（第一期的日期）-最后一期的编号（最后一期的日期）；新编号序列的说明，第一期的编号-最后一期的编号。

描述编号时，需要注意以下事项（与普通图书不同之处）：

（1）编号应按原题形式与顺序描述，但数字一律以阿拉伯数字形式描述。卷、集以"v."标识，期、册以"no."标识，如果在大项首位时，第一个英文字母应大写。

（2）连续出版物以编号或日期识别，应描述第一期的编号或日期和最后一期的编号或日期，若尚在出版，最后一期的编号或日期空缺。

【例 3-75】：. -- 1936-1985 ； . -- V.1， no.1-

（3）连续出版物以编号和日期标识，第一期上的编号和日期都应予以描述，日期描述于编号后的圆括号内；如果是以年代替卷，则编号描述在日期之后，若是一卷（期）跨年度或跨月出版，应在两个年份或月份之间用斜线"/"表示。

【例 3-76】：. -- V.1， no.1（1982， 1）-

【例 3-77】：. – 1971 / 72， no.1-

（4）另行描述产生的新连续出版物，其编号和（或）日期应是本题名下最开始一期（若尚在继续出版，最后一册的编号或日期空缺）。

【例 3-78】：. -- V.6， no.4-

（注：从第 6 卷第 4 期起改名，标识系统未变）。

（5）若一种编号系统包括多个编号和/或日期标识，则将所有的编号和/或日期标识都描述于本项。不同的编号和/或日期之间用空格、等号、空格（＝）隔开。

【例 3-79】：. -- V.6， no.1（1995， 6， 20）- = 1995， no.1- = 总 20-

（6）若连续出版物开始采用了新的编号序列，但正题名未变，则新序列的编号描述于第一个序列的编号之后，两者之间用分号"；"隔开，分号前后加一个空格。如果新序列前带有诸如"新""新辑"等标识的说明性文字，则将其描述于编号之前，并用逗号隔开。

（7）第一期无标识，可描述为"[no.1]"。如果后续期上也没有编号信息，也可以描述一个年代标识如"[2019]"。

（8）出现在规定信息源的"创刊号"应视为一种编号系统，如实描述。若除规定信息源外还有日期标识，日期描述在创刊号之后并放在圆括号中；创刊号以后的编号按新的编号序列处理；除了"创刊号"标识外，同时还另有一个或多个其他的编号和/或日期标识的，应将不同的标识都描述于本项。

（9）附注项有关编号的内容通常包括：总期号相关的试刊可作为一种标识系统描述；试刊如不计算在总期号内，则仅在附注项中说明；复刊的连续出版物，本项仍按继续出版形式描述，休刊、复刊情况在附注项说明；无法确定起始年、卷的连续出版物，可描述大概的日期或卷、期。由编目人员推算的日期加问号"？"，置于方括号"[ ]"内等。

【例 3-80】：1983 年创刊的《农业图书馆》，于 1985 年停刊，1989 年复刊改名为《农业图书情报学刊》；后者于2019年改名为《农业图书情报》，其编号著录分别如下：

记录1：农业图书情报学刊 [期刊]．-- 1989， no.1（1989， 2）-2003， no.6（2003，12） = 总 1-90V. 15， no.1（2004， 1）-v.30， no. 12（2018，12，5） = 总91-270

记录2：农业图书情报 [期刊]．-- V.31， no.1（2019，1，5）- = 总271-

记录3：农业图书馆 [期刊]．-- 创刊号（1983，12）-1984，no.2（1984） = 总1-3

（10）其他特殊资源类型专门数据，这里包括乐谱格式说明和数学数据（测绘资料）。描述连续性乐谱资源时，先描述特殊乐谱格式，再描述连续出版物的编号信息。例如，描述连续性地图资源时，先描述地图资料数学数据项，包括比例尺、投影、坐标和二分点信息，然后再描述连续出版物的编号信息。重复使用大项符号。

【例3-81】．-- 总谱和分谱．-- No.1-

【例3-82】．-- 比例尺 1：650， 000．-- 2019-

3.3.5 出版、生产和发行项的描述特点

本项描述连续性资源的出版说明事项。描述要点主要有：

（1）若描述的是摹真复制品或其他照相、缩微或数字复制品，则在此项描述它们的出版说明，原件的出版说明描述在附注项。若描述的是集成性资源，在出版发行项描述第一次和/或最后一次更新的日期，其他日期可在附注项说明。连续出版物的出版发行项和其描述规则与普通图书基本相同。

（2）连续出版物的出版发行地，在其规定信息源经常以比较详细的形式出现，因此也常常在描述时描述的出版发行地比较详细。

【例3-83】．-- 香港 香港湾仔庄士敦道181号大有大厦24楼A室 ： 国际医药出版社， 2003- [2004]

（3）出版发行地、出版发行者若发生变化，对于连续出版物，则可将后续期变化的名称描述于附注项，如果描述的期刊以现在采购的期刊为主，则将现在的出版发行者著录在出版发行项，将之前的出版发行者描述在附注项；对于集成性资源，变化的名称著录于出版发行项，原出版发行地或发行者可在附注项说明。

（4）出版发行者在不产生歧义的前提下，按原题描述。原题为"本（该）刊编辑部"时，应将刊名展开描述，若有上级机构，前面冠以上级机构名称。

【例3-84】．-- 北京 北京市宣武区迎新街100号（邮编100052） ： 《病毒学报》编辑部， 1985-

（注：原题名页上出版发行者是：该刊编辑部）

（5）出版发行日期描述：①连续出版物出版日期描述第一期和最后一期的出版年，中间用连字符（-）连接，如 1999-2004；尚在出版的，第一期后加一个连字符即可。如果这些日期是来源于规定信息源之外的，则要放置于方括号内。如果无法获得这些日期则省略，有关的信息可以著录在附注项。②对于集成性资源，可获知的该资源最早的年份作为起始出版年描述，可获知的该资源终结的年份描述为终止出版年。③对于更新活

页/散页文献，应将该版本、修订本等第一次出版的年份描述为起始出版年，对于已经停止更新的散页文献，应描述出现在首选信息源上的终止日期。如果能够获知最后一次更新的日期，则也应当予以著录。例如，1990—1995[1999 最近一次更新]。

（6）连续性资源上出现不同立法的纪年，应全部描述，并以空格、等号、空格"＝"隔开。出版发行日期无法获得，可描述版权日期或印制日期，并在日期后圆括号内注明版权、印刷或录音。例如，2019（印刷），2019（版权），2019（录音），等等。

3.3.6　载体形态项和附注项的描述特点

连续性资源有丛编的不多，但如果有丛编内容则应描述，描述方法同普通图书丛编项的描述，这里不再重复。

（1）载体形态项的描述特点

连续性资源的载体形态项包括文献总数、插图、尺寸（报纸一般著录开本）和附件等元素，其中文献总数和尺寸是必备的元素。结构形式同普通图书的。

如果所描述的连续性资源已经停刊，则数量和特定文献类型标识按总期数描述，用阿拉伯数字表示；如果依然在出版或者虽然停止但不能确定其数量时，则省略不描述。

特定文献各类型标识主要有：

● 印刷型连续出版物：视情况分别使用"vol."和"no."，前者表示"卷"、后者表示"期"；

● 活页或散页，应描述为"活页"或"散页"，在其前可以加特定文献类型说明，如（盲文散页）；

● 非印刷型连续性资源参照 GB/T 3792 相关部分的规定，如缩微平片、幻灯片等。其他物理细节说明、尺寸和附件的描述方法同普通图书。

【例 3-85】：16no．　有统计表　；　26cm

【例 3-86】：8v．　插图，部分彩色　；　30cm+幻灯片（彩色　；　5×5cm）

【例 3-87】：308no．　；　26cm+每期带有征订目录

（2）附注项的描述特点

连续性资源附注内容非常丰富，包括出版周期、题名与责任说明附注、连续出版物沿革附注、版本附注、期标识附注、出版发行附注、载体形态附注、丛编附注、索引附注；同时还包括馆藏附注，特别是需要描述本馆收藏及缺失卷期的情况等。在卡片格式中，这些附注内容单独一行或多行用自由文本描述。需要注意的是，出版频率附注作为连续性资源的第一附注。

另外，特别要注意，当所描述的题名信息来自代题名页或其他信息源（描述非印刷型资源时）时，需要在附注项说明。对于电子版连续性资源，任何情况下正题名的来源都需要在附注项注明。

【例 3-88】：季刊，本馆有：No.1（1990—）

【例 3-89】：题名取自盘面标签

【例 3-90】：2009 年改为半月刊；之前 1996-1980 年为双月刊，1997-2008 年为月刊
【例 3-91】：月刊；曾由中国微生物学会出版；尺寸曾为 26cm，后改为 28cm；主编曾为：朱既明。

3.3.7 连续性资源沿革关系的描述特点

连续性资源的突出特点是，其出版发行不是一次性的，是随时间而连续不断出版发行的。连续性资源在生存时间长河中很有可能会出现一些主要变化，需要按新的资源进行描述。3.3.1 小节给出了连续性资源另行描述的原则及主、次要变化识别，这里主要介绍变化后的连续性资源之间的沿革关系的描述。目前我国的描述规则是将这些关系描述在附注项中（当采用卡片格式时这些内容是放在附注项，当采用机读书目格式时这些内容是放在专有的数据字段里）。

（1）对继承与被继承关系的描述。继承与被继承关系是指连续性资源更名前与更名后形成的两种资源之间的关系。卡片格式中，在改名后的连续性资源的款目附注项中用导语："继承：《××××》"，在改名前的连续性资源的款目附注项中用导语"改为：《××××》"。

【例 3-92】：《现代图书情报技术》2017 年改名为《数据分析与知识发现》，这两种题名的期刊都被甲馆收藏并进行了描述：

记录 1：数据分析与知识发现
继承：现代图书情报技术
记录 2：现代图书情报技术
改为：数据分析与知识发现

（2）对合并关系的描述。卡片格式中，在合并后的连续性资源的记录附注项中用导语："由《××××》与《××××》合并而成"；在合并前的连续性资源的记录附注项中用导语："与《××××》合并而成《××××》"。也可以在附注说明中增加更多信息，如合并时间。

【例 3-93】：1983 年创刊的《农业图书馆》，于 1985 年停刊，1989 年复刊改名为《农业图书情报学刊》；后者于 2019 年改名为《农业图书情报》：

《农业图书馆》记录附注项：1989 年（本刊）与《农业科技情报工作》合并而成《农业图书情报学刊》

《农业图书情报学刊》记录附注项：1989 年由《农业图书馆》与《农业科技情报工作》合并而成

《农业图书情报》记录附注项：继承：2019 年继承《农业图书情报学刊》

（3）对分成、分出关系的描述。卡片格式中，在分离前的连续性资源的附注项中用导语："分成：《××××》、《××××》与《××××》"；在分离后的连续性资源的附注项中用导语："部分继承："。

【例 3-94】：《林化科技》分成了《林产化学与工业》与《林化科技通讯》：

《林化科技》记录附注项：分成：1981年分成《林产化学与工业》和《林化科技通讯》

《林产化学与工业》记录附注项：部分继承：《林化科技》的一部分

《林化科技通讯》记录附注项：部分继承：《林化科技》的一部分

（4）当所描述的连续性资源是从另外一种连续性资源中分出的且原来连续性资源依然用原名出版时，在附注项描述这种分自关系，卡片格式中导语为"分自："；原来连续性资源的描述，其附注项描述这种分出关系，卡片格式中导语为"分出："。如有需要，可以描述这种分自或分出的时间。

【例3-95】：1985年从《历史档案》中分离出《民国档案》：

《民国档案》记录附注项：分自：1985年从《历史档案》分出

《历史档案》记录附注项：分出：1985年分出《民国档案》

（5）对吸收、并入关系的描述。当所描述的连续性资源在出版发行过程中吸收了其他连续性资源，但自己的题名并没有改变，这种关系是吸收关系，在卡片格式附注项说明这种吸收关系，导语为"吸收："，可以同时描述吸收的时间。被吸收到其他资源的连续性资源，从该资源角度是并入关系，附注项描述这种并入关系时，用导语："并入："，可以同时描述并入的时间。

【例3-96】：2002年《山东医科大学学报.社会科学版》并入《山东大学学报.社会科学版》

《山东大学学报.社会科学版》记录附注项：吸收：2002年吸收《山东医科大学学报.社会科学版》

《山东医科大学学报.社会科学版》记录附注项：并入：2002年并入《山东大学学报.社会科学版》

3.3.8　资源标识号和获得方式项的描述特点

描述方法基本同普通图书著录，主要差别在标准号类型上。

连续出版物的资源标识号主要以国际标准连续出版物号ISSN为准，如果没有ISSN号，则描述国内统一刊号。如果是内部期刊，则描述内部期刊刊号。

ISSN号是以《美国国家标准识别号：连续出版物》为基础，1975年由国际标准化组织制订为国际标准，目前ISSN由设在法国巴黎的ISDS（International Serials Data System，国际连续出版物数据系统）中心管理。该编号是以ISSN为前缀，由8位数字组成。8位数字分为前后两段各4位，中间用连接号相连，格式如下：ISSN××××-××××。我国于1985年建立了ISSN中国分中心（设在北京图书馆即现在的国家图书馆），负责中国期刊ISSN号的分配与管理。

国内统一刊号以GB 2659所规定的中国国别代码"CN"为识别标志，由报刊登记号和分类号两部分组成，前者为国内统一刊号的主体，后者为补充成分，其间以斜线"/"隔开，结构形式为：CN报刊登记号/分类号。

【例3-97】：一个完整的例子（采用标准《信息与文献 资源描述》）：
文字资源（视觉；期刊）：无媒介
中国图书情报科学 ＝ Chinese Journal of Library and Informatics . -- 2003，no.1（2003，7）-[2004，no.12（2004）] . -- 香港 香港湾仔庄士敦道181号大有大厦24楼A室： 国际医药出版社，2003-[2004]
[2v.]；30cm
根据2004，no.1描述
ISSN：1727-6381：赠阅

【例3-98】：一个完整的例子（采用标准《文献著录第3部分：连续性资源》）：
中国图书馆学报　[期刊] ＝ Journal of Library Science in China. -- V.17，no.1（1991，1）-＝ 总77-. --北京 北京市文津街7号（邮编100802）： 书目文献出版社，1991-
ISSN：1001-8867：CNY2.50（1991）：CNY6.00（2001）：CNY26.00（2012）

3.4　中文电子资源的内容描述要求及卡片著录格式应用

本小节内容主要依据《信息与文献 资源描述》《文献著录第1部分：总则》和《文献著录第9部分：电子资源》。

3.4.1　概述

电子资源（electronic resource），是由计算机控制（包括需要使用计算机外部设备）的资料，在编目中，根据存取特点和访问方式划分，可分为直接访问/本地访问电子资源和远程访问电子资源两大类。

1）相关概念

访问（access）：获得电子数据资源和程序的一种方法。有直接访问/本地访问、远程访问之分。直接访问（direct access）/本地访问（local access）是指通过接入计算机设备或外围设备的物理载体（如，磁盘/光盘、磁带或盒式磁带等）获取电子资源的一种方法。远程访问（remote access）是指通过计算机网络访问服务器上存储的电子资源的方法。

记录（record）：在内容及用途上可作为一个识别单元的一组词、数字、符号或它们的组合。

使用文档（documentation）/附属文档（accompanying documentation）：随同电子资源一起发行的、用以描述如何启动、操作、维护电子资源和计算机系统的说明信息，通常以手册或指南形式出现，可以是电子型或印刷型。

物理载体（physical carrier）：可存储数据、声音、图像、程序等的物理介质。部分电子资源的物理载体由存储介质和塑料或金属盒组成。磁带盒等外壳是资源的组成部分。

制作者（producer）：对电子资源的生产负有经济或管理责任的个人或团体。

2）与普通图书描述的主要区别项

按照 ISBD 的九大项，电子资源的描述与普通图书的描述，描述项目相同，但在具体描述细节上有不少差异。例如，电子资源的责任说明类型繁多；文献类型标识比较特殊；附注项需要注明电子资源使用的环境和访问的方式等。

3）首选信息源

这里先介绍描述电子资源的几个关键概念。

- 题名屏（title screen）：出现在显示器或屏幕上的题名信息，通常显示在资源的第一帧或打开的帧面；
- 标签（label）：贴在或系在电子资源容器上，含有与其出版者或制作者的所有产品或一些产品相关联的品牌或商标名称的纸质等的说明；
- 容器（container）：放置电子资源，在物理形态上与所装电子资源分开的包装物。例如，磁盘或光盘的盒子或文件夹。但不包括磁带的外壳。

与其他资源的描述一样，电子资源描述的首选信息源也是其本身，具体来讲主要包括以下部分。

第一，首选电子资源内正式出现的信息。由于电子资源的很多真实信息需要经过读取才能获得，因此描述的首选信息源是首选电子资源内正式出现的信息。这样，那些需要经过处理才能可读的电子资源，如压缩文件，则应将其处理后变为可读形式来获取描述所用信息。电子资源内正式出现的信息包括：电子资源题名屏、主菜单、程序说明、首先显示的信息、包括"主题"行在内的文件头标、主页、编码的元数据（如：文本编码初始标识）等。电子资源物理载体或其标签也是描述信息的重要来源。当上述各信息源中的信息差异较大时，应优先选择能提供最充足或最完整信息的信息源。

第二，如果无法处理成可读形式，则需要从外部资源获取可描述用的信息。当需要从外部获取描述用信息时，如缺少信息源或无可用电子资源读取设备，应按下述优先顺序选择其他信息源：

- 与该电子资源配套的印刷型或联机使用文档、其他附属文档（如：出版者的信）；
- 容器只有一个集合题名时，优先使用容器标签上的信息；
- 由出版者、发行者等发布的印刷于容器上的信息。

第三，若电子资源在物理形式上分为两个或两个以上的部分组成时（如由一个光盘和视盘组成），首选信息源应优先选用适合资源整体并且包含一个总题名的信息来源。

第四，上述的信息源均不能提供所需的信息时，作为描述信息源的优先顺序为：其他已出版电子资源的描述信息（如书目数据库、评论）；其他信息源。

4）规定信息源

各描述项规定信息源为：

- 题名和责任说明项、版本项、出版发行（等）、丛编项这四个描述项的规定信息源依次是首选信息源、使用文档、容器或其他附件；
● 载体形态项、附注项、资源标识号与获得方式项这三个描述项的规定信息源是任何来源。

3.4.2 题名和责任说明项的描述特点

电子资源题名和责任说明项的描述与普通图书基本相同，仅在一些细节上有所差异。以下仅列出有差异的或者电子资源更常见的描述要点。

（1）电子资源有时会出现无正题名的状况，描述时：如果包含的多个独立作品有各自的题名，著录方式同普通图书；否则，编目员可自拟正题名，使用与电子资源内容相同的语言和/或文字编写；电子资源无语言和/或文字等时，可由编目员自拟题名并在附注项说明。自拟题名需要置于方括号"[ ]"内。例如，[信息素质教育系列片]。

（2）当电子资源只显示一段文字而无总题名时，应以完整或删节的形式抄录这段文字。删除的整个短语或句子不用删节号表示，缩略的短语或词则要用删节号"…"表示。抄录语句的顺序取决于语句的内容特征、版式和打印格式。这段文字的重要内容，如产品或机构名称，事项的名称、地点和日期，应予保留。上述内容的附加信息或其他方面的内容可著录于附注项。例如，国家宪法良，则国强；宪法不良，则国弱。强弱之点，尽在宪法[电子资源]。

（3）标点符号的用法由书目机构根据需要描述，但应避免使用 GB/T 3792 中具有特殊功能的符号和空格的组合。

（4）电子资源正题名的出处很多，因此无论电子资源正题名来自何处，都必须在附注项描述正题名的信息源。例如，在附注项注明：题名取自题名屏幕。

（5）在规定信息源以外的信息源上出现的其他题名信息，一般可描述于附注项内，对识别电子资源有重要意义时，可描述于相对应的正题名或并列正题名之后，并置于方括号"[ ]"内。例如，氧气的制取[电子资源] ： [教材]。

（6）根据《文献著录第 9 部分：电子资源》，电子资源的"一般文献类型标识"是"电子资源"。实际工作中，有图书馆采用复合类型标识方法，即在"电子资源"标识之后加上其他表示所描述对象的类型标识，中间用圆点隔开。例如，红楼梦 [电子资源. 图书]。根据《信息与文献 资源描述》，电子资源的内容形式和媒介类型有多种，如"文字资源（视觉）：电子""程序：电子"。

（7）电子资源的责任者类型很多，包括直接创作者（如文本的作者、编者、编译者、翻译者、插图作者、作曲者等）、间接创作者（如软件创作所依据的原著作者），以及改编者、开发者和设计者等，他们的工作包括电子资源内容的创作和实现（如游戏设计者），也包括对特定资源内容和特定资源类型的特殊责任者（如测绘数据的项目总监、录像片导演、授课教师等）。

（8）责任说明可由描述作品的知识贡献或其他重要事项而无具体责任者名称的短语组成。可由表明个人或团体任务的名词或短语及名称构成。例如：一组程序设计人员和老师。

（9）出现在规定信息源上的团体的职能不明确且不能从所著录的电子资源或其他地方获取时，该名称不描述为责任说明，可描述于附注项。责任说明不明确时，在必要时可附加说明词，并置于方括号"[ ]"内。例如，李雯［收集］。

3.4.3 版本项和资源类型特殊项的描述特点

电子资源版本（edition），是指根据同样的输入信息制作并且由同一个或一组机构或个人发行的所有复本，如单用户版、多用户版、网络版等。

（1）相比较普通图书，电子资源的版本类型很多，如单用户版、多用户版、网络版、学习版、演示版、正式版、公用版、家庭版、测试版、1.0版、3.0版、中文版、光盘版等。随着网络资源的不断丰富，电子资源版本类型还会不断增多。

（2）电子资源中知识或艺术内容出现明显变化（包括增补和删节）、编程语言/文字上具有明显差异、电子资源的效能发生升级或改良等变化，为使电子资源与其他机器和操作系统兼容而对编程语言/文字或操作系统做出修改时，就构成一个新版本。

（3）若电子资源无版本说明，但之后出现新的版本，则编目员可对该电子资源自拟版本说明并置于方括号"[ ]"中。例如，[2018版]。

（4）与电子资源版本说明相关的术语包括"版次"（version）、"级"（level）、"发布"（release）、"更新"（update）等，但这些术语不能作为一个新版本的可靠依据。其中，版次用来反映电子资源的各种变化，要用阿拉伯数字形式。同时，物理载体类型的不同（如从磁盘到盒式磁带）、物理载体尺寸的不同（如从14cm磁盘改为9cm磁盘）、文件打印格式的不同[如ASCII（American Standard Code for Information Interchange，美国标准信息交换代码）与Post Script]、系统相关格式的不同（如IBM与Macintosh）、字符代码、块密度或记录密度的不同、输出介质或显示格式的不同（如远程访问电子资源被复制到软盘和光盘上），都不构成新版本。

（5）有关版本说明的信息，有的需要描述在版本项，有的则不描述在版本项但可以选择在附注项进行描述。①电子资源具有与资源各部分有关的多个版本说明时（如交互式多媒体作品），应在版本项描述与整个资源有关的版本说明，其他版本说明可描述于附注项；②更新频繁的远程访问电子资源，其版本说明可以省略，但应在附注项做适当说明；③出现在附件上的版本说明，只有当该信息标明适用于电子资源时才能视为电子资源的版本说明而描述在版本项；④说明性短语对识别版本有必要时，可作为附注版本说明描述于版本说明之后。需要注意，作为版本说明的其他类型的数字或以拼写形式出现的数字用阿拉伯数字代替。

【例3-99】：汉语大词典 [电子资源] . —光盘 1.0 版， 单机版

（6）电子资源上正式说明它属于某版本中的一版或相当于初次定名版本的一版的说明是附加版本说明。

【例3-100】：测试版， 第四版

资源类型特殊项并不适用于电子资源的描述，但当本部分描述的资源是 GB/T 3792 其他类型资源时，则使用相关部分的文献特殊细节项的条款描述，如连续性资源的资源类型特殊项条款。

3.4.4　出版、生产和发行项及载体形态项的描述特点

1. 出版、生产和发行项的描述特点

国家标准《文献著录 第 9 部分：电子资源》（GB/T 3792.9—2009）明确指出："在应用国家文献著录标准的背景下，所有远程存取的电子资源被认为是出版了的。"这里，"出版发行"是个广义的概念，覆盖了与资源相联系的所有类型的出版、制作、发行和发布活动。

电子资源出版发行项的描述基本上同普通图书的。但电子资源出版发行项不仅描述出版发行活动，还描述那些与电子资源的物理生产相联系的数据，如数字复制生产活动。如果一个个人或团体兼有出版、制作、发行等活动及物理生产活动，或者如果无法确定其是从事出版、制作、发行活动还是仅仅从事物理生产活动时，按出版、制作、发行等给予说明。若所描述的电子资源是数字化复制品，复制品的出版和制作说明描述在出版发行项，原件的出版和制作说明应描述于附注项。规定信息源上无出版发行地及出版发行者时，可描述生产地、生产者及生产日期并置于圆括号"（）"中。如果电子资源没有出版发行者，则出版发行项描述内容为电子资源发布地。

【例3-101】: -- [出版地不详]：[出版者不详]，2016（北京：360 数据系统）

2. 载体形态项的描述特点

载体形态项适用于描述本地存取的电子资源物理载体的形态特征，编目机构也可以用其描述远程访问的电子资源。

（1）当电子资源包含多种物理载体形态时，如包含不同的载体类型（如盒式磁带和光盘）或不同的尺寸大小（如 12cm 光盘和 9cm 软盘）或不同的输出介质或显示格式，应对每种物理载体形态都描述。

（2）描述数量和资料类型标识时，如果有特殊格式标识，可描述于特定资料类型标识之后，并置于圆括号内；远程访问的电子资源，若资源数量信息已知或认为对目录用户重要，可以描述。如果方便获得，可以描述适当级别的总文件大小（字节、千字节、兆字节等），并置于圆括号内；一种电子资源包含多种载体类型时，其内容应连续排列。例如，1U 盘（USB flash disk）；2 光盘，2 磁盘，2 磁带。

（3）描述其他物理细节时，若电子资源有两种或两种以上的颜色时，使用"彩色"或其他语种的相应词语描述颜色特征，也可罗列三种特定颜色。显示或产生颜色所需的硬件要求（如色卡、彩色显示器）应描述于附注项；有声音或能产生声音的电子资源，应著录"有声"或其他语种的相应词语。产生声音所必需的条件（如合成器、声音输入组件）则描述于附注项。

【例3-102】：1光盘（CD-ROM）： 有声， 彩色

（4）电子资源实体的尺寸以"cm"（厘米）为单位描述，不足1cm时按1cm计算。所著录的尺寸是物理载体本身的尺寸，软盘袋或软盘盒等容器的外部尺寸不需描述。磁盘、光盘或磁带卷应描述其直径；磁带卷的尺寸有必要时可描述其高度和宽度；芯片条著录其外表高度；卡式磁带的尺寸不同于标准尺寸10cm×7cm时，应描述其高度和宽度，磁带宽度不同于标准宽度4mm时，应描述其宽度。

【例3-103】：1光盘（CD-ROM）： 有声， 彩色 ； 12cm

（5）使用容器发布的电子资源，不管是否有附件，可著录容器的尺寸，前置"容器"或其他语种的相应词语说明，也可省略该说明。

【例3-104】：3盘盒式磁带 ： 彩色， 有声 ； 容器， 15cm×11cm×14cm

（6）电子资源是由多个具有不同尺寸的物理载体组成时，可描述其最小尺寸和最大尺寸，并用连字符"-"连接。

【例3-105】：6磁盘 ： 彩色 ； 8-19cm

（7）附件说明可以按电子资源上出现的词语或适当的特定资料标识描述。远程访问的电子资源如果不描述载体形态，有关附件的说明可描述于附注项。附件说明之后可描述附件的简短物理描述，并置于圆括号"（）"内。附件也可单独描述，或采用多层次描述方法描述。

【例3-106】：1光盘（CD-ROM）： 有声，彩色 ； 12cm+附操作手册（19页；17cm）

3.4.5 附注项的描述特点

描述电子资源时，附注内容会比较多。

（1）正题名的来源必须描述。一般正题名来源处有题名屏、容器、主页、编目员自拟等。容器上的名称如果不作为正题名，也可以在附注项进行附注。例如，"题名取自题名屏幕；容器上的标签是中国科学委员会"。

（2）系统要求附注和访问方式附注是电子资源特有的附注内容。在卡片格式中，该项内容放在附注项内容的首位。本地访问的电子资源必须在附注项中记录作为电子资源使用条件的系统要求。以"系统要求："为固定导语。系统要求包括一个或多个技术说明，卡片格式中，则按照下面给出的技术说明顺序分别列出这些技术说明，每个技术说明的前置标识符是分号"；"：

- 机器名称、型号和/或数量
- 内存量
- 操作系统名称
- 软件要求（包括程序语言）
- 外部设备
- 硬件（内部）附件
- 字符集

【例3-107】：系统要求： 128M内存； 40G以上硬盘配置

（3）如果电子资源由多个不同物理载体组成时，可分别说明其系统要求，也可由编目机构概括说明每一物理载体的系统要求。例如，一个电子资源包括视盘和电子磁盘，其卡片目录的附注项中描述：视盘的系统要求：……；电子磁盘的系统要求：……。

（4）远程访问电子资源，一般应以"访问方式:"或其他语种相应词汇为固定导语。卡片格式中，访问方式附注作为第二附注描述，列在系统要求附注之后，无系统要求附注时，访问方式附注可作为第一附注。例如，访问方式：www；本资源需在网络环境下并获取相应访问账号方可使用。

（5）电子资源的特性、范围、艺术形式、用途或语言，以及其他描述项目未说明的电子资源特性、范围、艺术形式、用途或语言等应在附注项说明。例如，交互式娱乐游戏。

（6）版本说明的来源不同于题名的来源时，应当在附注项进行说明。远程访问电子资源，应在附注项说明电子资源内容更新的情况，如更新频率、更新方式、最新更新日期等。电子资源数据内容覆盖日期、数据收集日期、不单独描述的补编文件和附件的日期，也都应在附注项内进行说明。例如，数据收集日期是2019年10月-12月。

（7）与其他资源关系（书目历史沿革）的附注。所描述的电子资源与其他资源可能存在多种关系，如是其他电子资源重新发行的版本，或是其他资源的数字化版本等，这些关系都应在附注项内进行说明。如果是复制件，需要在附注项说明该资源是一种复制件，说明原资源的题名（当不同时）、出版地和出版者等。例如，本电子资源是纸质图书的数字化复制件。

（8）其他附注：电子资源的内容列表及索引、插页等方面的附注。对于视听资源，可著录各部分的播放时间；标准号与获得方式的附注：如限量出版或发行等未在标准号与获得方式项描述的相关信息；应对描述数据时电子资源被浏览的日期进行附注说明；可对电子资源及其容器、所附文字材料上的有关说明进行附注描述；对电子资源使用和适用对象的附注说明，和/或使用限制说明；标识号的附注：除了国际标准编号[ISBN、ISSN、ISRC（International Standard Recording Code，国际标准音像制品编码）]以外的相关的号码；本地制定的文件名、资源内容从其他信息源拷贝日期的附注等。例如，描述所依据的主页日期是：2019-12-31。

3.4.6 资源标识号和获得方式项的描述特点

电子资源的获得方式或价格依据实际描述，如非卖品、赠品、租借等，或者价格。限定说明描述在圆括号中，如"（限国内访问）"。

与普通图书相比，电子资源有时有多个标准编号。当一份电子资源是由多种物理载体构成，或者有多个出版、生产者或发行者，这时该电子资源往往有多个标准编号，如果这些标准编号都在规定信息源上出现，则应都描述，且先描述在编电子资源的编号，再描述其他编号。电子资源同时记载整套和部分著作的国际标准编号时，先描述整套著作编号，后描述部分著作编号。第二及以后的编号著录前都要有前置的大项符号". --"。

【例 3-108】：ISBN 978-7-900222-65-7 ：CNY29.90（含书）. – ISBN 978-7-121-05072-5（配书）

【例 3-109】：一个完整例子（采用标准《信息与文献 资源描述》）：

文字资源（视觉）：电子

细胞生物学数字课程 ： 中英文双语 / 叶军主编. -- 北京 ： 高等教育出版社 ： 高等教育电子音像出版社，2019

1 光盘（CD-ROM）：有声，彩色；12cm

本资源依托高等教育出版社有限公司数字课程云平台开发，需网络环境支持，并获取相应访问账号

ISBN 978-7-89510-548-5 ： CNY100.00

3.5　地图资源的内容描述要求及卡片著录格式应用

本小节内容主要依据《信息与文献 资源描述》《文献著录第 1 部分：总则》和《测绘制图资料著录规则》。

3.5.1　概述

1）地图资源基本知识

地图资源，在《文献著录》系列标准中称为测绘制图资料（cartographic materials），"是指按照一定的数学原理，用形象化的符号（或影像），经过科学综合，显示地球（或其他星球）表面现象的信息载体。它反映各种自然和社会现象的空间分布、组合、联系及其在时间中的变化和发展。测绘制图资料包括平面图和地形图；航空图、海图、星空图和行星图；航空、卫星或空间影像图；鸟瞰图；地（天）球仪；剖面图、地形模型；地图集等等。人们最常见的是平面地图与地图集"。

地图资源是一种特殊类型的信息资源，在绘制过程中会运用到数学法则和地图学语言。为了便于大家的阅读和理解，现摘录 GB/T 3792 中几个重要术语定义：

比例（scale）：地图资源上的距离与它们所代表的实际距离之比。

投影（projection）：运用数学原理，将弧形的球体表面相应地转换到平面上的一种方法。

图廓（outline of map）：制图区域四周所加的范围线。不仅是艺术装饰，更主要是为了注明经纬度或坐标数值，以便在地图资源上决定点的地理位置。一般分为外廓、分廓

（经纬廓）和内廓。除图形外，图廓内外通常还载有图例、比例尺、投影法、补充性质的剖面图，以及图名、责任者、出版事项等，这些亦被视为主要信息源。

幅（map）：完整地图资源的计量单位。

张（sheet）：在其一面或两面绘有或印有地图资源的单张纸、帛或兽皮等。

分切图（cuted map）：受纸张大小限定，要求印制者化整为零分若干张印制的测绘制图资料。

二分点（equinox）：黄道和天（球）赤道相交的两个点。每年有两个分点，一个在3月21号左右，视为春分（Spring equinox），一个在9月22号左右，视为秋分（Autumn equinox）。

另外，描述中有正图名、共同图名、交替图名、无总图名地图资源、并列正图名、其他图名信息、分辑图名的术语，是正题名、共同题名、交替题名、无总题名资源、并列正题名、分辑题名等的一种类型。

2）首选信息源和规定信息源

地图资源首选信息源选择的优先顺序是：资源本身，资源出版发行时带的容器，附件，资源以外信息源。地图册按照普通图书或连续性资源标准选取。规定信息源有其特殊规定：

● 图名与责任说明项、版本项、数学数据项、出版发行项、丛编项的规定信息源为图廓内外、图名页、版权页、封面、书脊、序言、题跋、出版说明等。

● 载体形态项的规定信息源为包括附件在内的整部制图资料。

● 附注项、标准书号与获得方式项的规定信息源是任何信息源。

规定信息源有多处并出现差异时，应在附注项内说明。

3）与普通图书描述的主要区别项

与普通图书描述不同的数据项主要有内容形式和媒介类型，以及资源类型特殊项即数学数据项，载体形态项的描述也有较大差异。

测绘制图的数学数据项包括比例尺说明、投影说明、坐标与二分点说明三个著录单元，其中第一项是必备，第二项如果所描述的图上有则必备，第三个是可选择使用。

3.5.2 题名和责任说明项的描述特点

1. 题名信息的描述特点

地图资源的题名，通常被称为图名。图名一般反映制图的地域范围及学科属性，如"商船用区带、区域和季节期海图""苏莱曼山-喀喇昆仑山区域地质图（1∶100万）""最新川江图说集成：二卷""关中盆地城市群环境地质图（附说明书）"等。图上题图名的地方很多，在选择正图名及著录时应遵循以下原则：

● 幅图以图廓内、外所题图名为准，折叠式幅图的图廓内、外不反映图名时，可著录折叠封面上的图名。

● 地图集以图名页上所题为准；如果地图集无图名页时，可根据封面、书脊、版权页、序言、题跋、正文卷端、出版说明上的图名进行描述。
- 主要图名页以外出现的并列图名应描述于附注项。
- 其他题名处出现的图名，如果和正图名不同，可在附注项内进行描述。

2. 一般文献类型标识、内容形式和媒介类型的描述特点

《测绘制图资料著录规则》规定，"一般文献类型标识"均著录为"测绘制图资料"，并置于方括号中放置首图名之后；《中国文献编目规则（第二版）》对测绘制图资料的文献标识推荐使用"地图"，主要考虑了本国的习惯和文字的简短问题；对于古籍类地图（也被简称为古地图），国家图书馆馆藏目录采用的是"舆图"这一传统名词。2016年发布的《中国机读书目格式》也规定使用"测绘制图资料"。《信息与文献 资源描述》规定地图资源的内容形式和媒介类型比较复杂，如纸质地图资源应描述为：图像（地图型；静态；视觉）；无媒介。

3. 责任说明的描述特点

地图资源的责任方式除了包括普通图书常用的编著等外，还主要有：制、编、绘、编绘、摹绘、雕刻、摄影等。描述规定主要有：

（1）除另有规定外，均按照信息源上的顺序和文字描述。
（2）如果责任者同时包括主编者和编辑者时，只描述主编。
（3）如果责任方式是重绘、摹制、改编、修订、汇编、翻译（译者），则应先描述原著者，再描述该责任方式下的著者。
（4）如果图中没有载明责任者，应尽量考证出来，如果无从考证时也可不著录。原题中如果有"佚名"文字，则须照录。
（5）如果测绘制图上载有关于附录、补编等的责任说明，可以将其作为责任说明的一部分进行描述，也可以在附注项中说明。

【例 3-110】：/ 郭振艺主编 ；中国香料香精化妆品工业协会，北京图集图文设计有限公司编制

3.5.3 资源类型特殊项：数学数据项的描述要点

地图资源的资源类型特殊项名为数学数据项，内容包括比例、投影、图廓坐标、二分点和年份。卡片格式中，数学数据项是在出版发行项后面的一个大项，比例是该大项第一著录项，是必备内容。卡片格式中的完整数学数据项格式为：. -- 比例；投影（图廓坐标 ； 二分点和年份）。

1. 比例的描述内容

比例是地图资源描述中十分重要的项目，不得省略。有些测绘制图资料的正图名包含了比例，如"昆明市工作区地震构造图（1：250000）"，即使这样，也需要在数学数据

项描述该图的比例。对比例的描述，应注意以下几点：

（1）尽量用阿拉伯数字表示分数式比例数，如 1：10000。如果原题上是其他方式表示，要改用规定的形式并外加方括号"[ ]"。例如：原题用文字表述或等号表述，像"1厘米代表1公里"或"1厘米=1公里"，均应描述成"[1：100000]"；若图上仅提供线段式比例时，应推算成分数式比例；此外考证所得的比例，亦描述在方括号"[ ]"中。例外是，如果中国古地图资料上原题用的是计里画方的方法表示比例一律照录，如，五十里方。

（2）如果原题中除了水平比例外，还有垂直比例，如地形模型、断面图等，同时有水平比例和垂直比例，这时两者都需要描述，水平比例在前，垂直比例在后，之间用逗号"，"隔开，同时垂直比例数前加"垂直比例尺"四个字。

【例3-111】：. -- 1：100000， 垂直比例尺 1：1000000。

（3）其他：若比例仅与图中特定部位相关时，应予以说明；一种制图资料采用两种比例时，应照录，之间用分号"；"隔开；凡制图资料上未注比例，或比例不等时，应描述"[未注比例]"或"[比例不等]"字样；星空图的比例，以毫米度形成的角比例表示。

【例3-112】：. -- 赤道外比例尺 1：1000000

2. 投影（图廓坐标；二分点和年份）的描述内容

投影（图廓坐标；二分点和年份）是地图资源特有的特征。描述规定主要有：

（1）投影的描述：图上如果载明投影法，应当予以描述，其前用前置标识符分号"；"。一些辅助说明投影法的文字，如经纬网、军事坐标网等，实属必要时，可加著于后，用"，"隔开。

【例3-113】：. -- 1：100000 ； 等积圆锥投影， 标准纬线北纬25°， 北纬47°

（2）图廓坐标的描述：图廓坐标是为了明确最大区域限度，描述在投影之后并用圆括号"（）"括起，描述顺序按照如下规范：图最西边—最东边的限度（以经度表示），图最北边—最南边的限度（以纬度表示）。经纬度的描述用度（°）、分（′）、秒（″）来表示，其前分别对应加上N、S、E、W，这几个字母分别代表北（N）、南（S）、东（E）、西（W）。两组经纬度彼此用斜线符号隔开。每边的经度或纬度与其相对应边的经度或纬度用起讫符隔开。

【例3-114】：. -- 1：2500000 ； 等积圆锥投影（W0°-W60° / N30°-N65°）

（3）对于星空图来说，将东西赤经范围和南北赤纬范围作为坐标著录：赤经用"RA"表示，其后以时（hr）、分（min）、秒（sec）标识；赤纬用"Decl"表示，其后以度（°）、分（′）、秒（″）标记；北天球用正号（+），南天球用负号（-）；赤经之间或赤纬之间用"to"相连；赤经与赤纬之间用反斜杠"/"隔开。

（4）二分点和年份的描述：二分点和年份描述在图廓坐标之后，之间用"；"隔开。二分点（equinox，简称eq.）著录在年份之前。

【例3-115】：（RA 2hr.00min. To 2hr. 30min / Decl. —30° to 45° ； eq. 1950）

3.5.4 载体形态项的描述特点

地图资源载体形态项的描述特点主要有：

（1）数量和地图资源类型标识的描述特点：地图资源的数量用阿拉伯数字著录。根据情况有的简单描述即可，有的则需有较为复杂的描述。可以简单描述的场景是：单页制图通常用"幅""张"，地图集用"页"，多卷册集中著录时用"卷"。需要复杂描述的场景是：一幅分切 n 张者，或者 1 张有 n 幅制图，需要描写为 1 幅 n 张或 n 幅 1 张；未装订的散页制图，在实际页数后，加著"函""盒"等；其他形状如立体形状的描述其相应类型标识如地球仪。例如，1 幅分切 9 张；1 个地球仪；20 页（1 函）。

（2）其他物理细节的描述特点：这里其他形态细节是指其成图的形态、色彩、制图材料等。例如，双面彩色，土布。

（3）尺寸的描述特点：有些尺寸信息描述需要添加解释性说明，主要有：如果多幅的图廓相同时，在尺寸前加注文字"每幅"；当一图多幅图廓不同时，直接描述为"图廓不等"；当一图分切数张时，应描述为"拼成若干 × 若干 cm"。例如，每幅 80×100cm；拼成 72×49cm。

（4）附件的描述特点：如果附件自身具有题名，且能脱离地图资源主体单独使用，可以对其单独描述，分别在地图资源主体的著录中，以及该附件单独的描述中的附注项进行相应说明。如果附件自身具有题名，又连续出版发行，可连同测绘制图资料主体一起做综合描述，连续出版的附件若能单独使用时，也可按上述规定单独著录。

3.5.5 其他各项的描述特点

（1）版本说明项的描述特点：地图资源版本说明的描述，基本同普通图书的描述。需要注意，除了铅印或胶印本外，其他制版类型如石印本、油印本、晒蓝本、绢绘本、绘本、刻本、拓印本、影印本、静电本、照相本等，无论图中载明与否，均应如实描述。例如，晒印本、彩绘。

（2）出版发行项的描述特点：绘本制图资料以成图年代作为出版年描述。

（3）附注项的描述特点：根据地图资源本身的特点，涉及解释的内容较多，如遥感图中有关数据的注释，星空图中有关星光度的说明，地形表示方法的说明，制图资料特定部位内容的说明，制图资料密级的说明等。

（4）资源标识号和获得方式项的描述特点：地图资源上标注有国家标准书号 ISBN 的，按照标准号描述方式描述。获得方式，如果是非购品，常用的有缴送、捐赠、交换等获得方式。限定方式主要是表示是全套价格还是单册价格。

【例 3-116】：一个完整例子（采用标准《信息与文献 资源描述》）：
图像（地图型；静态；视觉）；无媒介
大洋洲地区地质图：（1：250 万）及说明书 / 姚仲友等编. -- 北京：地质出版社，2017.6. -- 1：2500000

1幅分切9张：彩色；249×330cm
ISBN 978-7-116-10438-9：CNY500.00

3.6　中文非书资料（录音、影像、缩微等）的描述要点

以下内容主要来自或依据《信息与文献 资源描述》《文献著录第 1 部分：总则》和《文献著录第 4 部分：非书资料》。

3.6.1　概述

这里所谓的非书资料是指以声音、图像、文字等方式记录在磁性或感观材料上的信息资源，如缩微品、录音制品、电影制品、录像制品、投影制品、图形制品和模型等。

"非书资料"是《文献著录》系列标准用的名称，《信息与文献 资源描述》未使用这个统称名字。

1）基本概念

版本（edition），是由同一母本生产并由同一机构出版的一种资料的所有拷贝或复本，或指在逐级制品（拷贝）过程中在编非书资料所处的辈次，如缩微品的辈次。

缩微品（microform），还有缩微影像的各种制品（通常是感光胶片）的统称。

录音制品（sound recording），是不伴随视觉图像的声音的记录（ISBD）。我国《文献著录第 4 部分：非书资料》给的定义是：录音资源是记录有音频信号（无图像）须用录音机、电唱机、激光唱机等专用设备播放的各种制品的统称。录音资源通常由容器、标签、正文及附件组成，容器上通常载有题名、责任者、出版发行和播放时间等信息。

投影制品（visual projection），是利用透射光技术将拍摄（或绘制）后的形象重现出来的一个（或一套）二维图像的制品的统称，须用投影仪、幻灯机、阅读器、显微镜等放大设备放映。

录像制品（videorecording），是记录有视频信号的各种制品的统称，一般同时录有音频信号，须通过录像机、视盘机及与之相配套的显示设备放映。目前主要是通过电脑和网络放映，也分为无声录像资源和声像资源。无声录像资源包括图片、胶卷、幻灯片、投影片、无声影片等；声像资源包括有电影片、电视片、录音录像片、声像光盘等。

电影制品（motion picture），是拍摄有一系列连续画面，配有（或无）磁性声道，并利用高速放映产生动态效果的胶片。

图形制品（graphic），是记录有二维图像的各种制品的统称。除了立体图需要专门设备观看外，一般都可用肉眼直接观看。

实物制品（object），是人工三维制品的统称，可指一件物品，也可指多件物品的组装件。

模型（model），是实物或想象物体的立体制品，其尺寸可与原物相同，也可按比例缩放。

很多文献提到的影像资源是个总称，在机读目录中将影像资源称为"投影制品/录像制品/电影制品"。

2）首选信息源和规定信息源

非书资料的首选信息源为在编文献本身，具体情况稍微复杂些。《文献著录第4部分：非书资料》规定：①非书资料的首选信息源为在编文献本身；当非书资料的标签、容器或者附件上的信息最完整时，可选其作为主要信息源；多个信息源上的信息不同时，应依据非书资料的永久性信息源描述，如录像带的题名帧或唱片的标签。②系列非书资料集中著录时，一般选第一辑作信息源；第一辑的信息不完全可按提供信息最全者描述；信息源过于分散，可综合多个单辑信息源的信息描述。

非书资料的规定信息源主要为：

- 题名和责任说明项的规定信息源是其首选信息源。
- 版本项、出版发行项的规定信息源是其首选信息源、附件、容器。
- 载体形态项、附注项、资源标识号与获得方式项的规定信息源都是任何信息源。

3）与普通图书描述的主要区别项

与普通图书描述的主要区别在内容形式和媒介类型项、责任说明项、出版发行项、载体形态项和检索点。以下具体介绍。

3.6.2 题名和责任说明的描述要点

非书资料的题名的描述基本同普通图书的。需要特别注意的特点有：

（1）非书资料的正题名，通常是按照规定信息源所载的文字照录，但标点符号和外文大写字母除外。描述外文信息，应遵循其文字书写规则。

（2）非书资料正题名出现无法照录的图形、符号或其他内容的可能性很大，编目员应该改用相应的文字描述在方括号中，并在附注项中进行说明。例如，原题中题名"世界您好"的"界"，在题名页上是地球图形，著录时正题名则著录为：世[界]您好[录像制品]。

（3）非书资料上也可能有多个题名，可能因艺术性或其他原因不如普通图书那样容易判断出正题名。目前我国资源描述标准规定：

- 当只有一个规定信息源时，当规定信息源上出现两个或多个同一语种的题名，应按题名在信息源上的排版格式或序列选择最显著的或在前的作为正题名，如果无法判断或选择则取最全面的题名作为正题名；

- 当只有一个规定信息源时，当规定信息源上出现两个或多个不同语种的题名应选择与正文语种相同的题名作正题名，其他题名为并列题名；
- 当有多个规定信息源时，选择信息源上与正文语种相同的题名作正题名。

（4）根据《文献著录第 4 部分：非书资料》，非书资料的文献类型标识非常丰富，具体见表 3-5。当采用《信息与文献 资源描述》时，使用 3.1.6 小节给出的内容形式和媒介类型。

表 3-5　非书资料一般文献类型标识和特定文献类型标识列表

一般文献类型标识	特定的文献类型
录音制品（sound recording）	唱片（sound disc）；录音带（sound tape）；循环录音带（sound cartridge），盒式录音带（sound cassette），开盘录音带（sound reel）；声道胶片（sound track film）；开盘声道胶片（sound track film reel）
电影制品（motion pictures）	循环电影片（film cartridge）；盒式电影片（film cassette）；循环式电影片（film loop）；开盘电影片（film reel）
录像制品（videorecording）	循环录像带（videocartridge）；盒式录像带（videocassette）；视盘（videodisc）；开盘录像带（videoreel）
缩微品（microform）	开窗卡（aperture card）；缩微平片（microfiche）；缩微卷片（microfilm）；单轴盒装卷片（microfilm cartridge）；双轴盒装卷片（microfilm cassette）；缩微条片（microfilm slip）；缩微卡片（microopaque）
投影制品（visual projection）	幻灯条片（film slip）；幻灯卷片（film strip）；幻灯插片（film slide）；投影片（transparency）；立体开盘片（stereograph reel）；显微标本片（microscope slide）
全息制品（hologram）	全息影片（hologram film）
图形制品（graphic）	美术复制品（art reproduction）；闪卡（flash card）；翻页式图表（flipchart）；拼巧板（jigsaw puzzle）；照片（photograph）；图片（picture）；游戏纸盘（playing cards）；明信片（postcard）；招贴画（poster）；立体图片（stereograph card）；学习卡片（study print）；工程图（technical drawing）；挂图（wallchart）；版画（print）：木刻画（woodcut），石刻画（lithograph）；蚀刻画（etching）
实物制品（object）	立体布景模型（diorama）；模型（model）；天象仪（planetarium）
多载体非书资料（multi-media 或 kit）	构筑教具（construction set）；实验室教具（laboratory kit）；游戏器具（game）

【例 3-117】：采用《文献著录》系列标准：

远的红楼梦 [录音制品]：87 版《红楼梦》电视原声发烧大碟 / 曲丹，曾勇演唱；亚洲爱乐乐团演奏； 黄立杰指挥

【例 3-118】：采用标准《信息与文献 资源描述》：

图像（表演型；动态；2 维）：视频

红楼梦： 三十六集电视连续剧 / 欧阳奋强，陈晓旭，张莉，邓捷主演； 王扶林导演； 曹雪芹原著

【例 3-119】：采用标准《信息与文献 资源描述》：

文字资源（视觉）：缩微

红楼梦 [缩微品]： 新式标点： 删节改正 /（清）曹雪芹著； 许啸天句读

3.6.3 载体形态项的描述特点

非书资料的载体形态比较丰富，主要描述特点是：
（1）非书资料的数量及特定文献类型标识（有关技术标识或说明）主要有：
- 录音制品的有关技术标识或说明是：（其他技术标识）（播放时间）
- 录像制品的有关技术标识或说明是：（其他技术标识）（播放时间）
- 电影制品的有关技术标识或说明是：（播放时间）
- 投影制品的有关技术标识或说明是：（播放时间）
- 图形制品的有关技术标识或说明是：（数量说明）
- 缩微品的有关技术标识或说明是：（数量说明）
- 多载体非书资料的有关技术标识或说明是：（其他技术标识）

这里，其他技术标识主要包括商标名称、其他特定技术系统或格式信息等，置于圆括号中。播放时间的计量单位通常用"min（分）"、"s（秒）"标识，置于圆括号中。

【例3-120】：录音制品的：1 唱片（密纹）
【例3-121】：录音制品的：45 盒式录音带（60×45min）
【例3-122】：缩微制品的：1 盘卷片
【例3-123】：录像制品的：1 录像带（BETACAM，PAL）（30min）

（2）载体形态项的其他物理细节是表示文献其他物理特征的说明。主要有：
- 材料：非书资料的设备选用和保管技术有重要意义的材料，如"金属"。
- 极性：缩微影像中线条和字符相对于背景的明暗关系，在暗背景下显示亮的线条和字符的影像为负像，在亮背景下显示暗的线条和字符的影像为正像。
- 缩率：缩微品的缩写比例关系。
- 色彩：用"彩色""黑白"著录色彩，或者罗列三种特定的颜色。
- 感光乳剂：除了"银盐胶片"外的缩微品成像材料的乳剂名称，如"微泡胶片"。
- 声音：包括"无声"和"有声"。
- 转速：唱片以"rpm"即转/分为单位著录转速；录音带以"cm/s"即厘米/秒为单位著录转速。
- 音轨数：录音带用"磁迹"一词著录音轨数，如，33 1/3 rpm。
- 声道数：录音制品和录像制品的声道数可以用单声道、立体声、四声道来表示。
- 降噪或补偿说明：录音制品的规定信息源如果描述有降噪系统（如，杜比）和补偿说明（如，NAB）等标识，可以予以著录。
- 片基：常用的聚酯纤维素片基不用著录，其他的予以著录，如"硝酸片基"。

如果描述中需要描述上述中多个项目，各项目之间用逗号","隔开。

【例3-124】：1 盘卷片 ： 正像，1：15
【例3-125】：1 密纹唱片 ： 33 1/3 转，立体声
【例3-126】：3 激光唱片（CD）(164 min) ： 立体声， 24bit

（3）尺寸是描述其载体本身的尺寸，逢小数进一。描述卷带宽度的尺寸，采用"cm"

为描述单位；描述圆盘载体的直径，采用"cm"为著录单位，并在数量后面圆括号内写明"直径"。目前我国对录音录像或缩微制品的载体规定有标准尺寸，描述时仅描述非标准的尺寸，标准尺寸无须描述。标准尺寸主要有：标准圆盘直径尺寸为 6.3cm；标准盒式带宽度尺寸为 3.8cm。对于矩形的尺寸，通常描述其"高×宽"，单位为"cm"（厘米）；若有折叠页尺寸可在其后描述，并冠逗号。例如，80×50cm，折叠后 20×13cm。对于模型和盒装的配套资料尺寸，其单位为"高×宽×深"。若此规定不适用，可以只描述其高度或直径。

3.6.4 其他各项的描述特点

其他各项如版本项、资源类型特殊项、出版发行项、丛编项、附注项和资源标识号与获得方式项等的描述方式基本同普通图书的。特殊要求主要有：

（1）版本项：缩微品的版本说明以序数词加上量词"代"表示，当不能确定具体辈次时，只用以制作复制片的复制片描述为"中间片"；不用作母片，仅提供阅读使用的复制片描述为"发行拷贝片"。

（2）出版发行项：录音制品的描述，除了描述出版发行内容外，还经常描述印制项。

（3）资源类型特殊项：非纸质的连续性资源或地图资源、实物制品，在按照非书资料描述时，按照其原资源类型描述的方式来描述，如地图资源非书资料需要描述比例尺。

（4）附注项：由于非书资料的正题名的来源，不像普通图书那样有题名页这种规定信息源，因此应在附注项对正题名的来源进行说明，如写明"题名取自盒面标签"；非书资料如录音制品收录内容多，经常会一个描述对象包含很多内容单元，如一个录音带包含 20 首歌曲，则应在附注项注明这些内容单元名称，如歌曲名称。但如果这些内容单元名称已被作为检索点进行描述，则不必附注项重复描述这些内容。另外，在卡片格式中，如果内容单元名称比较多，则不在附注项描述。

（5）标准号与获得方式项：非书资料，各资料类型不同，会有不同的标准号形式。国际标准录音制品编码（International Standard Recording Code，ISRC），是 1986 年由 ISO 根据 ISO 3901 所建立的，主管 ISRC 的是 ISO 分技术委员会 ISO/TC 46：文献与信息标准化。ISRC 编码组成为：12 个字符，包含了国家码、出版者码、录制年码和名称码。我国于 1992 年引入 ISRC 编码系统，发布了《中国标准音像制品编码》（China Standard Recording Code，CSRC），但使用字段有不同，包含国家码、出版者码、录制年码、记录码、记录项码及类别代码。CSRC 由两部分组成，之间以"/"分隔。第一部分是 ISRC，这是 CSRC 的主体。第二部分为音像记录的类别代码，是对音像记录的记录类型和主要内容的学科分类标识，为 CSRC 的补充内容：

● 记录类型代码：一位大写字母，A 或 V。A 表示音频记录（Audio），V 表示视频记录（Video）。

● 学科分类代码：按中图法的 X 个大类号（1 个大字母），以及文化教育（G 类）、艺术（J 类）两类的二级类号对音像记录主要内容给出的分类代码。例如，类别代码"V.

J8"表示音乐录像片。

如：ISRC CN-E01-99-0131-0/V.J8。2012年改为《中国标准录音制品编码》，使用统一国际标准的"国家码-出版者码-录制年码-名称码"字段模式，如 ISRC CN-F37-00-388-00，分配给已登记的录音制品、音乐录像制品或可独立使用的曲目篇节。2012年以后，ISRC 编号仅用于录音节目和音乐录像节目（如演唱会、MV 等），变制品登记为单曲登记，电影、电视剧等录像节目不再使用 ISRC 编码，而改用音像制品和电子出版物专用书号（ISBN）。

（6）若信息源上有多个文献标准编号，应先描述在编资料的编号，再描述其他编号。若信息源上同时有整套著作的国际标准编号和分著作的国家标准编号，先描述整套的编号，再描述分著作的编号。每个标准编号前都冠以大项符号。若信息源上无标准编号，可用出版号代替，但需注明出版机构。

【例 3-127】：一个完整的例子（采用标准《文献描述第 4 部分：非书资料》）：

红楼梦 [录音制品]： 越剧/徐玉兰， 王文娟主演 ； 岑范导演. -- 上海 ： 中国唱片上海公司， 1999

3Video-CD（VCD， Ver2.0）(161 min.) ： 彩色. -- (新中国舞台影视艺术精品选)

ISRC CN-E01-99-0131-0/V. J8

【例 3-128】：一个完整的例子（采用标准《信息与文献 资源描述》）：

音乐（听觉）：音频

俄罗斯经典歌曲 = Russian classic songs. -- 南京 ： 南京出版传媒集团 ：南京音像出版社， 2018

1 密纹唱片：33 1/3 转， 立体声 ； 30cm

题名取自盒面标签

ISBN 978-7-88442-070-4：CNY300.00

3.7 图书在版编目描述内容与格式

3.7.1 概述

图书在版编目（Cataloguing In Publication，CIP），是指在图书出版过程中编制有限的书目数据的工作。图书在版编目数据，简称 CIP data，是指在图书出版过程中编制、并印制在图书上的书目数据。

我国于 1990 年开始实施《图书再版编目数据》（GB/T 12451—1990），英文标准名称为 Cataloguing in publication data in the book。2001 年发布修订本 GB/T 12451—2001，由全国信息与文献标准化技术委员会出版物格式分委员会负责修订，2002 年 8 月 1 日开始实施。

2001 年版《图书在版编目数据》引用的标准包括：《普通图书著录规则》（GB/T 3792.2—1985）《文献叙词标引规则》（GB/T 3860—1995）《中国标准书号》（GB/T 5795—2002）《中国标准连续出版物号》（GB/T 9999—2001）《图书书名页》（GB/T 12450—2001）。在引用标准说明中表示，使用标准的各方应探讨使用上述标准的最新版本的可能性。

3.7.2 著录数据和检索数据的描述

图书在版编目数据分为两大部分：著录数据和检索数据。

著录数据包括 6 大项：书名与作者项、版本项、出版项、丛书项、附注项、标准书号项。各项著录数据的选择和著录方式同《普通图书著录规则》。各大项包含的内容分别为：

- 书名与作者项：正书名，并列书名，其他书名信息；第一作者，其他作者。
- 版本项：版次及其其他版本形式，与本版有关的作者。
- 出版项：出版地，出版者，出版时间。
- 丛书项：正丛书名，并列丛书名，丛书主编，国际标准连续出版物号（ISSN），丛书编号，附属丛书名。
- 附注项：译著的说明；翻印书的说明；教材及教学参考书的说明。
- 标准书号项：执行 GB/T 5795—2006《中国标准书号》。

检索数据是指包括图书识别特征的检索点和内容主题的检索点，具体分为 4 部分：书名、作者、主题、分类。各项前分别用罗马字符数字加下圆点排序，各类之间留一个汉字空格。除分类号外，其他同类检索点用阿拉伯数字圈码排序，分类号不止一个时，各个分类号之间留一个汉字空。

书名检索点包括正书名（包括交替书名、合订书名）、其他书名信息。描述时采用简略著录法，仅著录书名的首字，其后用"…"表示。

作者检索点包括第一作者、译者、其他作者。描述时采用简略著录法，仅著录作者的首字，其后用"…"表示。

内容主题检索点是主题词，依据《文献主题标引规则》（GB/T 3860—2009）和《汉语主题词表》的标引要求。一部书的主题词一般不超过 3 组，一组主题词一般不超过 4 个主题词。

内容分类检索点是分类号，选取和描述遵循《中国图书馆分类法》最新版本。对于多主题图书，必要时须标引附加分类号。

3.7.3 图书在版编目的印刷格式

图书在版编目数据由 4 部分组成：第一部分："图书在版编目（CIP）数据"，属于标题，黑体字；第二部分：著录数据，采用普通图书著录规则的分段著录格式；第三部分：

检索数据，依次排书名检索点、作者检索点、主题检索点、分类检索点；第四部分：其他注记，根据在版编目工作需要确定。其格式如图3-4所示。

```
图书在版编目（CIP）数据
    正书名 = 并列书名 ： 其他书名信息 / 第一作者 ； 其他作者. - 版次及其他版本形式 / 与本版有关的第一作者. - 出版地 ： 出版者，出版时间
        （正丛书名 = 并列丛书名 / 丛书主编，ISSN：丛书编号. 附属丛书名）
    附注
    国家标准书号（ISSN）
    I. 书名  II. 作者  III. 主题词  IV. 分类号
    其他注记
```

图3-4　图书在版编目（CIP）格式

本章思考题

1. 《文献著录》系列标准主要包括哪些？
2. 《信息与文献 资源描述》标准规定的描述内容主要有哪些？
3. 首选信息源和规定信息源的含义分别是什么？
4. 各类型资源描述的主要异同点是什么？
5. 掌握各项的描述规则和方法。

4 中文检索点的选取与规范控制要求

在信息资源描述中,检索点是重要的描述元素。检索点主要包括内容检索点如主题词、分类号等,也包括名称检索点如责任者名称、题名名称等。内容检索点的选取和规范是《信息组织》的重要内容,对应的国际标准有 ISO 5963—1985《文献工作—文献审读、主题分析与选定标引词的方法》(Documentation-Methods for Examining Documents, Determining Their Subjects, and Selecting Indexing Terms)。我国的《汉语主题词表》是主题描述规范的重要依据。《信息描述》主要讨论题名和责任者名称检索点的选取和规范规则。另外,无论是内容检索点还是名称检索点,都是信息描述中的一个内容项,在第 5 章和第 6 章将分别介绍机读书目格式和规范格式中如何描述各种检索点及其规范要求的著录。

4.1 检索点选择与规范控制的规则及相关术语

4.1.1 检索点选择与规范控制的规则

2016 年 IFLA 发布修订的《国际编目原则声明》(简称《ICP(2016)》),其第 5 章专门规定了名称检索点(主要是题名和责任者名称检索点)的选取和描述原则。目前我国信息描述国家标准系列中还没有关于名称检索点描述的内容,受推荐的《中国文献编目规则(第二版)》中的"标目法"部分(简称《中编标目法》)提供了相关内容。因此,本书将两者作为检索点选择与规范控制的标准或规则,介绍其检索点选择与规范控制主要内容。

《ICP(2016)》和《中编标目法》的作用和区别主要有:
● 第一,《中编标目法》是按照标目来规定选择依据和方法,范围窄;《ICP(2016)》是按照检索点抽取来规定的,因此规定的范围广,如规定"实体名称的规范形式和变异形式都应作为规范数据的检索点"。

● 第二,《中编标目法》是作为指导我国图书馆具体编目实践编辑的,具体详细;《ICP(2016)》是个原则性的指南,是指导各国编制本国检索点选取规则的,原则性强但可操作性较弱。

因此,本教材以下内容是以《中编标目法》为主,同时增添《ICP(2016)》相关内容。

4.1.2　相关术语解释

以下概念的解释主要引用和编辑 IFLA 的《ICP(2016)》中文版(译者:陈琦)[①]。

书目数据(bibliographic data):描述并提供对书目资源(注:这里的"书目资源"也就是本教材的"资源""文献""信息资源")检索的数据元素。例如,题名,责任者等。

受控检索点(controlled access point):被记录在规范数据中的一个检索点。受控的检索点包括名称的规范形式及被指定的变异形式。

规范检索点(authorized access point):根据规则或标准建立和构建的一个实体的首选受控检索点。例如,依据《中编标目法》,"北京大学"是规范检索点而"北大"不是规范检索点。

首选名称(preferred name):根据规则或标准选择的实体名称,作为实体构建规范检索点的依据。

非控检索点(uncontrolled access point):非规范数据所控制的检索点。包括不被规范数据控制的人名、题名、代码、关键词等。

名称的规范形式(authorized form of name):作为实体的规范检索点选择的名称形式。例如,依据《中编标目法》,中国现代个人责任者名称的一般规范形式是:姓名(生年-卒年)。

名称的变异形式(variant form of name):未被选为实体规范检索点的名称形式。它可用于检索实体的规范数据,或者表现为参照,或者连接规范检索点。

基本检索点(essential access point):以记录在书目数据或规范数据中每一实体的主要属性或关系为基础的检索点,以确保对这些数据的检索和识别。

附加检索点(additional access point):可作为基本检索点的补充,用以增强书目数据或规范数据检索的一种检索点。

4.1.3　卡片格式中的检索点描述

卡片格式中,在描述项下面,用罗马字母Ⅰ-Ⅳ分别列出可用作标目的题名、责任者、主题词和分类号。如果题名或责任者有多个,先写主要的、再写其他的,各题名之前及各责任者名称之前分别加上带圆括号的序号如①②。其中题名和责任者都是仅写第一个字,再加上省略号"…"。

[①] IFLA. 国际编目原则声明(ICP). 陈琦译. https://www.ifla.org/files/assets/cataloguing/icp/icp_2016-zh.pdf.

当检索点作为标目时，将检索点全称置于款目的标目位置，除了分类号标目是在卡片款目内容的最左边外，其他标目都是在款目内容最上方。

以下列举一个责任者（郑成思）为标目的责任者款目：

郑成思

版权法 [专著]=Copyright law/郑成思著. --北京：社会科学出版社，2016

2 册（717 页）；24cm. --（社科文献学术文库. 社会政法研究系列）

本书分为上下两册，共四编。

ISBN 978-7-5097-8680-2（精装） ： CNY298.00

Ⅰ 版… Ⅱ ①郑… Ⅲ ①著作权 -- 著作权法 -- 研究 ⅣD913.404

4.2　检索点选取和规范控制的一般原则

4.2.1　检索点选取的一般原则与要求

检索点可以是受控的也可以是非控的。《ICP（2016）》是指导各国图书馆文献编目的一般原则，其中，第 5 章检索点（access points），规定了检索点的一般规则、检索点选择方法及规范检索点的规范原则和方法。

1）检索点选取和规范的一般原则

资源中实体（个人、家族、团体、作品、内容表达、载体表现、单件、主题（thema）等）的名称及其变异形式都应当作为检索点。

对名称的不同形式应当进行规范，即规定统一的表达方式。

2）书目文档中基本检索点的选择要求和选择范围

在描述信息资源检索点时，基本检索点是识别特定资源的基本特征。作品题名、内容表达题名（受控的）、载体表现题名（通常是非控的），以及作品创作者名称受控形式都作为书目数据的基本检索点。具体来讲主要包括：

- 第一责任者规范检索点；
- 正题名规范形式；
- 出版日期或发行日期；
- 作品的主题检索点和/或分类号；
- 标准号、标识符和"识别题名"。

3）书目文档中附加检索点

在描述信息资源检索点时，附加检索点能够帮助读者进一步认识和识别特定资源，能够从多种途径获取相关资源。如果容纳书目记录内容有限，这些检索点可以省略。

对发现和识别所描述资源具有重要意义的其他个人、家族、团体名称和主题的受控形式，也可以作为书目数据的附加受控检索点。附件的检索点可通过相关实体的名

4）书目文档中主要附加检索点

按照现在计算机检索技术，附加检索点非常多，但实际描述工作中往往会由于工作量、数据库容量、用户端展示量等，并不是将所有可能的附加检索点都描述出来，除了基本检索点外，需要选择通常需要描述的附加检索点。这些附加检索点往往对应传统编目中的"标目"。以下列出一些主要的附加检索点：

- 在编资源上规定信息源上列出的第一责任者之外的其他责任者名称；
- 其他题名（如交替题名、并列题名、文首题名、丛编题名等）；
- 其他标识符；
- 在编资源的语种；
- 出版地；
- 内容形式、媒介类型和载体类型等。

4.2.2 检索点规范控制的原因

检索点规范，也称规范控制（authority control），是指检索系统中保证文献检索点标准化配置的操作[①]。规范控制是建立、维护、使用和评估规范记录（数据）的过程，是为了确保信息资源检索点的一致性与唯一性，实现检索点的规范化，保证信息检索效率的一项重要工作，规范控制内容形成的文档为规范文档[②]。美国是世界上最早开展编目规范工作的国家。随着计算机技术在文献编目领域中的普及应用，编目规范工作开始在各国图书馆实施，图书馆编目规则中也开始明确说明规范文档的建立、管理和维护工作。

检索点规范包括名称检索点规范和主题检索点规范。主题检索点规范属于《信息组织》课程内容，这里主要介绍名称检索点规范。

信息编目人员在编制书目（目录）时，通常会遇到名称形式不一致，名称变更等情况。

第一，责任者名称和原题名存在多种形式。个人著者姓名和团体名称，原题名都有多种形式。大小写形式不同的缩略名称如国际图联的英文缩略名称有"IFLA"和"Ifla"，不同的语种形式如奥地利科学基金会（Fonds zur Förderung der wissenschaftlichen Forschung, FWF）的英文为"Austrian Science Foundation"，不同的译法如"Altmetrics"在我国的中文翻译主要有"替代计量学"和"补充计量学"两种等等。

第二，责任者和原题名存在更名的情况。由于社会、政治、经济、文化等因素的影响，个人著者姓名、团体名称、原题名都可能会发生变化。个人著者姓名有现用名和曾用名、真名与笔名，如儿童文学作家冰心，原名谢婉莹。团体名称也有现用名与曾用名，如在 2018 年国家机构改革中，中国银行业监督管理委员会和中国保险监督管理委员会合并为中国银行保险监督管理委员会。原题名中关键词的翻译也会发生变化，如图书情报

[①] 图书馆·情报与文献学名词审定委员会. 图书馆·情报与文献学名词[M]. 北京：科学出版社，2019.
[②] 段明莲. 信息资源编目（第二版）[M]. 北京：北京大学出版社，2008.

领域在20世纪90年代之前多将"Information"翻译为"情报",后在大多数场景下翻译为"信息"等。

第三,不同责任者名称相同。无论是中国人还是外国人都存在大量同姓同名的情形,欧美著者还存在姓同、名不同而采用相同缩写形式的。

这些名称形式不一致,如果不加以规范化,编目人员在进行编目时只能将在编文献上的具有检索意义的检索点标注出来,用户检索时,会遗漏掉其他具有相同意义或相关意义的检索点所标注的资源。

本章节主要介绍检索点规范控制的内容要求和检索点书写规范要求。目前图书馆主要是通过机读规范文档实现规范控制,机读规范文档的编制工作将在第6章介绍。

4.2.3 检索点规范控制的工作内容

美国伊利诺依州立大学的伯格(Robert H.Burger)教授在《规范工作:规范记录和规范文档的创建、使用、维护和评估》中,归纳了规范控制的主要内容,包括编制规范记录、建立规范文档、建立规范系统、维护规范文档和规范系统,以及评估规范文档和规范系统[1]。具体来讲就是:

(1)编制三种记录,即规范数据、参照数据和说明数据。

(2)建立规范文档。将编制的所有规范数据、参照数据和说明数据集中后建立新的规定文档或归并到已建立的规范文档中。

(3)建立规范系统。将规范文档与书目文档相连接,通过规范文档对书目文档实施规范控制,实现目录(书目)的集成与检索功能。具体来讲,就是书目文档中的规范化检索点应与规范文档中的规范化检索点保持一致。

(4)维护规范文档和规范系统。规范控制是依据一定的规则实施的,新的规范记录不断形成、原有的规范记录也会根据外在因素的推动或描述规则等的变化而发生变化,因此规范文档和规范系统需要定期系统地管理、更新和维护。

(5)评估规范文档和规范系统。伯格教授认为规范文档和规范系统可以从数据的合法性、格式的合法性、数据的准确性、格式的准确性及数据的完备性这五方面进行评估。数据的合法性是指数据是否符合编目条例的规定,是否符合编目机构对编目条例的解释说明和特殊规定。数据的合法性是规范系统中最重要的数据;格式的合法性是指规范记录在规范数据项的设置、规范数据项的顺序及标识符号的使用方面是否遵循规范数据的有关规定;数据的准确性是指规范数据录入的准确程度;格式的准确性主要是指机读格式中的字段标识符、字段指示符及子字段标识符等是否符合机读格式的规定,必备的字段及其组合是否齐备;数据的完备性是指规范记录中信息、规范系统中参照和附注项的完备程度。

---

[1] Boyce B R. Authority work: the creation, use, maintenance, and evaluation of authority records and files[J]. Journal of the American Society for Information Science, 1986, 37(4): 272; 段明莲. 信息资源编目(第二版)[M]. 北京: 北京大学出版社, 2008.

4.2.4 检索点规范控制的基本原则

根据《ICP（2016）》，对检索点进行规范的原则主要有以下几个。

第一，规范检索点必须按照标准构建。例如，《中编标目法》规定了责任者名称检索点的标准书写形式。

第二，规范检索点语言和文字的选择：当名称被用多种语言形式或文字形式描述时，应首选被描述作品实体上原文的语言或文字；如果原文语言或脚本并没有在目录中使用，可以从作品实体表现形式上或参考源中找到最适合用户的一种语言或文字；尽可能通过规范检索点、名称的规范形式或变异形式找到原文语言和文字的检索点。若需要音译，则应遵循有关国际标准。对中文文献或者中文译文文献，采用中文汉语语言和文字。

第三，规范检索点的选择：应当选择以一致方式标识实体的名称作为实体的规范检索点的首选名称，或者是最常见的表现形式，或者是在参考资料中找到的被目录用户公认的名称（如"惯用名称"）。

第四，规范文档中的基本检索点和附加检索点：根据《ICP（2016）》，规范文档中的基本检索点主要包括实体的规范名称，实体的变异名称和名称的变异形式，实体的标识符，作品的受控名称（如主题检索点和/或分类号）；附加检索点主要包括：相关实体的名称或题名和规范数据标识符。

上述提到的几种文档和记录的含义分别列示如下。

规范文档（authority file），是由规范数据（记录）形成的计算机文档，其作用是实行规范控制，保证目录中文档标目的一致性，以便于有效地实现对目录的统一管理。

规范记录（authority record），是指在编目系统中描述、分析和控制名称检索点、主题检索点、丛编检索点或其他检索点的规范形式（规范检索点）的记录。

规范数据（authority data）：有关个人、家族、团体、作品、内容表达、载体表现、单件或主题的信息汇总。应建立规范数据，以控制用作检索点的规范形式的名称、变体形式的名称和标识符。"规范记录"本来是机读规范目录中的条目，2016 年版的《国际编目原则》用"规范数据"代替了"规范记录"。

参照记录（reference record），用以指导用户从变异检索点查找适当的规范检索点（即单纯参照），或从规范检索点查找相关的规范检索点（即相关参照）而编制的记录。

一般说明记录（general explanatory record），是指引导读者查找一般类目或特定类目的说明性记录。通常采用格式化或范例性形式，用于解释检索点的选择方法、组织原则和使用方法，指导读者查找和选择有关检索点。

4.2.5 检索点规范文档打印格式

规范文档由规范记录（数据）、参照记录（数据）和一般说明记录（数据）组成。

1）规范记录

规范记录通常包括规范检索点、信息附注项（information note area）、单纯参照根查项（see reference tracing area）、相关参照根查项（see also reference tracing area）、编目员附注项（cataloguer's note area）、来源项（source area）和国际标准规范数据号（International Standard Authority Data Number，ISADN）七项[1]。其中，规范记录的打印格式，会采用一些符号，并有规定的格式：

规范检索点
　　=并列检索点
　信息附注
　　<见单纯参照根查（注：这里是指非规范检索点）
　　≤参见　相互参照根查（注：这里是指具有相互参照关系的其他规范检索点）
　编目员附注
　　编目机构名称；编目条例或标准，日期
　国际标准规范数据号

（1）规范检索点是由规范记录编制机构所确立的，规范检索点项中的并列检索点，是指各种规范检索点的另一语言和文字形式。

（2）信息附注项是用于说明规范检索点与参照根查项之间的关系的项。主要内容包括：个人责任者的职业、其他名称、籍贯、主要成就等情况；解释个人名称与规范检索点之间的关系；说明合用笔名的使用和各个个人责任者检索点的关系；记录团体/会议性质、沿革、名称变化及主要出版物等情况；解释团体/会议名称检索点之间的相关关系；著录丛书的总卷数、册数、主编者、出版者、出版地、出版年等情况；解释著作题名检索点与其分卷（册）题名检索点之间的关系；说明合订著作和汇编著作的情况等[2]。

【例4-1】：打印格式：

冰心，1900—1999
　　现代作家、翻译家、儿童文学作家、社会活动家、散文家

（3）单纯参照根查项是用于记录与规范检索点相关的非规范检索点，由"<"号引出。若有多个单纯参照根查项时，按其字顺依次描述。描述此项的目的在于将用户由非规范的检索点指向规范检索点，并将其记录在案，以便规范文档的维护。为了说明规范检索点和见参照根查项之间的关系，在见参照根查项后可注明表示变异性质的词或短语[3]。

【例4-2】：打印格式：

鲁迅，1881—1936
　　<周樟寿[曾用名]
　　<周树人[真名]

---

[1] IFLA Working Group on GARE Revision. Guidelines for Authority Records and References（Second Edition）[EB/OL]. https://www.ifla.org/files/assets/hq/publications/series/23.pdf.

[2] 杨玉麟. 信息描述[M]. 北京：高等教育出版社，2004.

[3] 段明莲. 信息资源编目（第二版）[M]. 北京：北京大学出版社，2008.

（4）相关参照根查项：用于记录与规范检索点在意义或概念上相关的其他规范检索点，由"≤"号引出。为了说明规范标目和参见参照根查项之间的关系，在参见参照根查项后可注明表示变异性质的词或短语[①]。

【例4-3】：打印格式：

国家卫生健康委员会

　　≤卫生部[曾用名]

（5）编目员附注项：记录规范标目与参照根查项的参考来源、参考条例、检索点的限制使用说明，相似名称和主题的区分说明，名称形式的选择理由等。该项一般不出现在规范表或书目中，只供编目人员在使用、修订规范检索点，建立相关检索时参考[②]。

【例4-4】：打印格式：

冰心，1900—1999

　　现代作家、翻译家、儿童文学作家、社会活动家、散文家

　　＜谢婉莹（原名）

　　来源：中国当代文学辞典

（6）来源项：规范记录的编制机构，确立规范检索点所依据的条例，建立规范记录的日期[②]。规范记录编制机构的名称和规范检索点所依据的编目条例应根据国际上公认的形式著录。规范记录的建立日期按照ISO 2041-1971国际标准著录。新编制的规范记录应描述编制规范记录的日期，而经过修改的规范记录则记录最新的修改日期，并注明"rev."（revised 已修改）或"改"，或与之相应的词语[①]。

来源项的描述格式为：规范款目编制机构；编目条例，规范记录的建立日期。

【例4-5】：中国国家图书馆；BDM，2018-06-15

British Library；AACR2，1980-05-16

（7）国际标准规范数据号：规范记录的识别号，目的在于交换规范数据，控制国际书目规范，连接书目记录和规范记录，提供信息检索的途径[①]。

2）参照记录

参照记录设置了三个描述项目：①变异检索点项（variant access point）：记录规范检索点的非规范形式，可以是个人名称、机关团体名称或题名，还可以记录必要的附加成分；②信息附注项：用于说明变异检索点与规范检索点之间的关系；③规范检索点项（authorised access point）：记录的是规范检索点。其打印格式为：

参照检索点

　　信息附注

　　＞规范检索点

3）一般说明记录

规范文档中的一般说明记录包括四部分：①说明检索点项（expanatory access area）：说明记录中被说明的事项，通常是一个不完整的或格式化的、范例性的标目，用来指导

[①] 段明莲. 信息资源编目（第二版）[M]. 北京：北京大学出版社，2008.

[②] 杨玉麟. 信息描述[M]. 北京：高等教育出版社，2004.

用户检索整组或某一类的规范标目；②一般说明参考项（general expanatory reference area）：关于规范检索点的构成、排列方法的说明；③来源项（source area）：说明规范检索点的编目机构、使用的条例、规范记录建立的日期；④国际标准规范数据号：与规范记录相同[①]。其打印格式为：

  说明检索点
   一般说明参考
   来源
   国际标准规范数据号

4.3 题名与责任者名称检索点的选取与规范控制

  检索点选取的信息源，为在编信息资源的首选信息源，同时可以参考文献中或文献外的其他信息源，以及书目记录中的题名和责任说明项、版本项、丛编项及附注项等。首选题名/责任者的规定信息源是题名页和版权页。

4.3.1 题名检索点的选取与规范控制

  1. 题名检索点选取的特定规则

  信息资源题名种类繁多，根据 4.2.1 小节，一般在编信息资源中具有检索意义的各类题名均可以作为检索点，无检索意义的分卷题名等可不选作检索点。以下主要列出基本检索点和主要附加检索点。

  1）基本检索点的选取

  题名基本检索点主要有：正题名，连续性资源在发行过程中更换的各种题名，连续出版物的"识别题名"等。例如，专著《从一到无穷大：科学中的事实和臆测》，其正题名"从一到无穷大"是基本检索点。

  2）主要附加检索点的选取

  题名方面的主要附加检索点通常包括：

  ● 出现在规定信息源上的具有检索意义的交替题名、其他题名信息、并列正题名，以及目次、重要附录中的题名及非规定信息源中的具有检索意义的题名等，都可选为检索点；

  ● 整套描述时的多卷书的分卷（册）题名、丛编资源的各分册题名；

[①] IFLA Working Group on GARE Revision. Guidelines for Authority Records and References（Second Edition）[EB/OL]. https://www.ifla.org/files/assets/hq/publications/series/23.pdf.

- 分散描述时多卷书的总题名、丛编资源的丛编名；
- 连续性资源在发行过程中，题名如果发生改变，多种题名都需要作为检索点；
- 在编资源除了题名规定信息源外的其他地方出现的题名如封面题名、卷端题名等，如果与正题名不同且有检索意义；
- 著作集和汇编本可根据需要析出某篇题名作为检索点。

例如，专著《从一到无穷大：科学中的事实和臆测》，其交替题名"科学中的事实和臆测"是主要附加检索点。

2. 题名检索点的规范控制

题名检索点的规范控制，包括对题名及题名检索点格式的规范控制。

1）题名检索点的规范化（统一题名）

一般题名不需要规范化，照录在编资源上的题名即可。以下几种情况则需要进行规范：

- 中外古典作品和近现代名著具有不同题名时，取其著称者（常用的题名）为统一题名检索点；
- 为汇集某一著者或某一类型的信息资源，可选择统一题名检索点；
- 丛编文献题名或附属丛编题名发生变化，应取多数单册趋同的丛编题名为统一题名检索点；
- 多卷文献总题名及分卷（册）题名发生改变，一般应以首卷（册）总题名或多数单册趋同的总题名为统一题名检索点。

例如，资源《红楼梦》，有的作品用题名《红楼梦》，有的用《石头记》，按照是否著名的特征选用"红楼梦"为统一题名检索点。

2）题名检索点的规范书写形式

根据《中编标目法》，题名检索点的规范书写形式（受控形式）的规定主要有：

- 通常依文献首选信息源所载的形式描述；
- 如果题名中含有会议、报告等的年代或届次，构造题名检索点时，将年代或届次一律置于题名后；
- 如果题名中含有"续"字，构造题名检索点时，将"续"字放到后面；
- 如果题名中含有公元纪年，构造题名检索点时，公元纪年用阿拉伯数字表示，非公元纪年用原题表示；
- 对于连续性资源，构造题名检索点时，将年代标识描述于题名之后。

例如，题名为《北京经济发展报告（2019～2020）》，其检索点规范书写形式为："北京经济发展报告.2019～2020"。

4.3.2 个人责任者检索点的选取与规范控制

1. 个人责任者检索点选取的特定规则

信息资源责任者无论是责任方式种类还是责任者数量，都可能会有很多，根据4.2.1

小节，一般在编信息资源中具有检索意义的各类责任者均可以作为检索点。以下主要列出基本检索点和主要附加检索点。

基本检索点主要有：
- 第一责任者的规范名称（如专著第一作者，学位论文的作者等）；
- 如果体裁发生变化的改写本，取改写者、改编者的规范名称为基本检索；
- 集中描述的丛编、多卷书的整套文献排名第一的责任者。

主要附加检索点的选取：
- 对资源的内容承担责任的第一责任方式中的非第一责任者规范名称；
- 对资源的内容进行加工整理或再创作的责任人，可根据其贡献大小及描述机构的检索系统功能性要求，选择部分或者全部作为检索点。其中，珍本、善本或特殊文献的刻书者、出版者、收藏者、批校题跋者等一般被选取为检索点；
- 同一种责任方式的责任者，如果在三人以内，则第一为基本检索点，第二和第三为主要附加检索点；如果为四人或者四人以上，则第一为基本检索点，选择其他有代表性的一个或多个作主要附加检索点（这个规定是建议，各单位可以根据需要对检索点数量规定做适当调整；目前 RDA 取消了"三个"限定，各单位可以选择都描述为检索点，也可以仅描述第一个及其他有代表性的）；
- 三种以内责任方式中的责任者除了第一责任者（是基本检索点）外，其他都可作为主要附加检索点，但所选择责任方式原则上不超过四种。若其中一种责任方式的责任者超过三人，可选择第一名或最具代表性的一名或多名为检索点（这个规定是建议，各单位可以根据需要对检索点数量规定做适量调整）；
- 学位论文第一导师为主要附加检索点，第二导师可以选择做附加检索点；
- 改写本、改编本、修订本、增补本、释义本，酌情依次选取原著者、改写者、改编者、增补者、释义者为主要附加检索点；
- 集中描述的丛编、多卷书的分册著者或分卷著者做主要附加检索点；
- 期刊的主编可以作为附加检索点。

例如，专著《从一到无穷大：科学中的事实和臆测》的责任者及责任方式分别有（美）G.伽莫夫著、暴永宁译、吴伯泽校。其中，（美）G.伽莫夫的规范名称形式为基本检索点，暴永宁译、吴伯泽校都可以作为主要附加检索点。

2. 个人名称检索点的规范控制

个人名称，不仅仅包括个人责任者的名称，也包括作为主题词的个人名称。

个人名称检索点的规范要求主要包括：
- 当个人有多个名称时，选择一个名称为规范检索点，首选最著名的，若无，则选最新使用的名称为规范检索点。
- 个人是具有法名、法号及俗名的僧尼，一般取其法名做其规范检索点。
- 个别人在不同历史时期有不同的署名且都很著名，可酌情分别定为规范检索点。
- 我国少数民族个人名称，如果只有汉化姓名，取其为规范检索点，如对满族人侯宝林，规范检索点是：侯宝林（1917—1993）；如果只有母语姓名或罗马字母音译姓名，按照《少数民族姓名汉字音译转写规范》翻译为汉字音译姓名，作为规范检索点，如强巴坚赞（藏族）；若有汉字音译姓名，用汉字音译姓名为规范检索点，若汉译名有多个，取最常见或惯用名为规范检索点。

● 外国人名，取其中译姓名或中译惯用名称为规范检索点，无论在编文献是否有中译名。如果该外国人未有中译惯用名称，则根据《世界人名翻译大辞典》等权威工具译出。

个人名称规范书写形式一般为：（附加成分1）个人姓名（附加成分2 生年—卒年）。此处个人姓名是检索点主要成分，其他都是附加成分，用来进一步说明和区分责任者。各项目的书写规范要求主要有：

● 个人名称书写是姓在前、名在后。中文名称本身就是姓前名后，因此，中文个人名称的规范书写形式是姓名本来的形式。

● 生年—卒年，是个人名称检索点的主要附加成分，记载到年或月，阿拉伯数字形式；在世的个人标注为"生年—"；年月不确定的可用问号"？"；公元前纪年则在相关年代前冠以"前"；有多个时间点推断的可用"或"连接这几个时间点。

● 附加成分1主要有国外个人的国别、朝代（清朝及之前的朝代），以及法名前的"（释）"。中国古代帝王名称，如果名称中包含朝代信息，省略朝代附加成分。例如，汉武帝（前156—前87）。

● 附加成分2，主要有性别（女）和外国人姓名原文。如果需要进一步进行区分，附加成分2还可以包括民族（我国少数民族）、学科、职业、称号、籍贯、所属单位及其他编目员推断信息等。冠有夫姓的已婚妇女，一般用妇女本名，若冠夫姓姓名更著名则取其名。对我国少数民族人物名称，可以省略或视情况添加民族附加成分，一般规则是名称为汉化人名时不添加民族附加成分，反之添加。

● 日本、朝鲜、韩国、越南、新加坡、柬埔寨等国个人姓名，除柬埔寨个人名称需在汉译姓名之间置圆点外，其他的均为"姓名"。欧美国家的个人名称通常取汉译姓氏做规范检索点，如果规定信息源有原文姓名，原文姓名作为附加成分2，置于汉译姓氏后圆括号内。

【例4-6】：巴金（1904.11—2005.10）

【例4-7】：（西汉）刘向（前79年—前6年）

【例4-8】：（明）罗贯中（1330？—1400？）

【例4-9】：（日）黑泽明（1910—1998.9）

【例4-10】：（清）曹雪芹（约1715.5—约1763.2）

【例4-11】：（唐释）玄奘（602—664）（注：玄奘本名陈祎，取法名为规范检索点）

【例4-12】：范徐丽泰（女 1945—）（注：加了夫姓"范"的名称比其原名"徐丽泰"更著名）

【例4-13】：冰心（女 1900—1999.3）（注：冰心本名谢婉莹，取其惯用笔名"冰心"做规范检索点）

【例4-14】：同名的，则增加职业以进一步区分：

许杰（地质学家 1901—1989）

许杰（作家 1901—）

【例 4-15】：才旦卓玛（女 藏族 1937—）

【例 4-16】：（英）卓别林（Chaplin, Charlie 1889.4—1977.12）

4.3.3 团体责任者检索点的选取与规范控制

团体责任者检索点的规范控制，不仅涉及选取基本检索点和附加检索点，还涉及判断什么作品属于团体作品。

1. 团体责任者检索点选取的特定规则

团体责任者检索点选取的一般原则是：应为团体责任者名称的规范形式和变异形式提供检索点。检索点可以是受控的也可以是非控的。当团体作为创作者时，团体名称检索点仅限于在本质上必然表达团体的集体思想或活动的作品，或者题名的措辞与作品的性质都清楚地表明团体对作品内容负有集体责任。这也适用于作品以具有团体官员或雇员资格的个人署名。对发现和识别书目资源具有重要意义的其他团体名称的受控形式，也可作为书目数据的附加检索点。

团体责任者检索点选取的具体规则主要包括：

● 存在多个团体责任者时，署名第一的为基本检索点，其余的为主要附加检索点。

● 记载机关团体内部管理及行政事务的出版物，选取机关团体名称规范形式为检索点。

● 记载机关团体集体思想的出版物，可取颁布者、批准者、起草者等的规范形式为检索点。

● 记录集体活动的出版物，可取主办者、主编、编辑等为检索点。

● 属于国家机关团体的出版物，取批准者、颁布者、制定者、编辑者、出版物责任的管辖机构等为检索点。

● 出自机关团体的测绘资料，取主持者、策划者、测绘者、编辑者等为检索点。

● 记载演出团体集体活动的视频、音频资料及演出的文字记录等，取主办者、参与者等为检索点。

● 以机关团体署名的学术著作及工具书，取团体机关为基本检索点，若个人负主要责任，个人可做主要附加检索点。

● 以国家党政领导人署名的党政机关出版物，其内容属于职务性著作，除以个人名称为基本检索点外，另以其担任的职务名称做主要附加检索点。

2. 团体名称检索点的规范控制

根据《中编标目法》，团体名称检索点的一般规范要求为：

● 团体机构同时有多个名称称呼时，选用最常用的或最著名的为规范检索点。

● 若团体在持续时期内使用不同名称，而且不是一个名称的微小变动，则每个有区别意义的名称变化都应视为一个新的实体。每个实体的相应规范名称都应为规范检索点，在规范文档中进行关联。

- 通常用全称，如果简称为惯用名称则用简称。

例如，联合国教育科学文化组织的简称"联合国教科文组织"是习惯用语，所以将该简称作为团体名称检索点。

团体名称检索点的具体规范要求及规范书写形式要求主要有以下几点。

- 团体名称规范检索点的规范书写形式，应根据团体名称出现在载体表现或参考来源上的直序形式描述，除非以下情况：
- 团体是一个管辖区或领土当局的组成部分时，规范检索点应冠以或包括相关领土名称当时通行的形式，并用最适合目录用户需求的语言和文字表示。
- 团体名称表明是从属机构或具有从属职能，或者难以识别从属团体时，规范检索点应冠以上级机构名称。若上级机构有多层，根据识别度来取，大多数情况下可取最上一级。
- 中国共产党中央委员会、中国共产主义青年团和中国人民政治协商会议的中央机关、民主党派的中央组织、群众团体等均以机构团体的全称做规范检索点。
- 中央、国家、政府机关名称规范检索点的规范形式为政府部分名称：对于中央国家政府机构，规范检索点中省略"中华人民共和国"，必要时用"中国"，如中华人民共和国国务院的规范检索点是：国务院；对于各级地方国家政府机构，规范检索点取其机构惯用简称。例如，"人民政府"一般省略"人民"，"人民代表大会"简化为"人大"。
- 中国共产党党中央、中国共产主义青年团和民主党派中央机构的办事机构和直属单位分别取其简称。例如，中国共产党中央委员会组织部的规范检索点是：中共中央组织部。
- 国家军事机构作规范检索点时，"中国人民解放军"一律简化为"解放军"。武警部队作规范检索点时，"中国人民武装警察部队"一律简称"武警"。
- 群众团体、教科文卫机构及企事业单位名称一般取全称，除非全称太长，可取简称做规范检索点。
- 团体名称中的"国营""省立""市立""私立""财团法人""股份有限""有限责任"等字样可省略，如容易产生歧义，保留原形式。

4.3.4 会议名称检索点的选取与规范控制

会议是各类组织及个人为了共同关心的领域和问题而举行的集会。通常包括：国际性会议、全国性会议、专业性会议、政党和政府机构召开的会议、团体的例会等。另外，一些临时性的活动，如纪念庆祝会、展览会、博览会等也应视为会议。

1. 会议名称检索点选取的特定规则

会议名称检索点选择的特定规则主要有：

- 在编资源首选信息源上有会议名称，通常要选择会议名做检索点。会议名称通常出现在题名、责任者项、出版发行项等。
- 与会议有关的决议、决定或以会议录形式出现的报告、文件、论文集、资料汇编等，应将会议名称作为检索点。
- 会议录具有会议名称，选取会议名称做检索点。例如，文献题名为"图书馆·与时代同行"国际学术研讨会论文集，选"图书馆·与时代同行"为检索点。
- 资源具有两个或两个以上从属关系的会议名称，或者存在两个或两个以上并列的会议名称，分别选取作为检索点。例如，文献题名"第四届高层与超高层建筑论坛暨2019中国建筑学会工程建设学术委员会年会论文集"，这两个会议名称皆应作为检索点。
- 资源本身属于会议录，但无正式会议名称，可以选取其所归属的会议名称作检索点。
- 若资源内容仅部分属于会议录（会议录非文献主体），一般不以会议名称作为检索点。如果有检索意义，也可作为附加检索点。
- 会议名称如果出现在在编资源第一责任者位置，则将该会议名称规范检索点形式作为基本检索点；否则都作为主要附加检索点。

2. 会议名称检索点的规范控制

会议名称检索点的规范要求主要有：
- 会议名称如有多种名称形式，应选取长期稳定的会议名称为规范检索点。
- 会议名称冗长的，可采用常用的简化名称为规范检索点。
- 按时间系统召开的会议，如果中途会议名称发生变化，分别作为规范检索点，在规范文档中做相互参照。

会议名称检索点的规范书写形式主要有：
- 会议名称的规范检索点形式为"会议名称（届次：开会日期：开会地点）"，其中，会议名称为规范检索点主要成分，括号内的内容为规范检索点的附加成分。见【例4-17】。
- 会议届次用阿拉伯数字表示。会议届次如果同时有届有次，连续书写。见【例4-18】。
- 会议时间用阿拉伯数字表示，一般记载到年份。如果会议跨年度举办，记载起讫年份；如果同一会议在一年内举办多次，对每次会议名称都做检索点，会议时间分别记载召开会议的年月日，年月日之间用下圆点隔开。见【例4-19】和【例4-20】。
- 会议在两地及以上举行，应描述所有开会地点，并在第二个及以后的开会地点前置小圆点。见【例4-21】。
- 会议名称中含有开会地点时，在规范检索点的附加成分中不再重复著录开会地点。见【例4-22】。
- 会议地点通常记录会议召开的城市名称，如果会议地点为教育、文化机构，也可记载机构名称。见【例4-23】。

【例4-17】：亚洲基础设施投资银行第四届理事会（4：2019：卢森堡）

【例4-18】：全国人民代表大会（13届2次：2019：北京）

【例4-19】：2020年我国图书馆学青年学者论坛第一次会议（1：2020.1.10：北京）

2020年我国图书馆学青年学者论坛第二次会议（2：2020.12.10：北京）

【例4-20】：第一届我国图情档青年学者论坛（2020.12.29-2021.1.2：北京）

【例4-21】：中国图书馆年会（2019：鄂尔多斯. 北京. 呼和浩特）

【例4-22】：书香中国·北京阅读季（10：2020）

【例4-23】：图书情报与档案管理研究生教育与高层次人才培养学术论坛（2018：中国科学院大学）

本章思考题

1. 检索点和标目的主要区别是什么？
2. 各类检索点选取的一般原则和要求是什么？
3. 规范的工作内容主要包括哪些？
4. 检索点规范控制的原因和基本原则是什么？
5. 各类名称检索点规范的基本要求是什么？

5 中文机读目录书目文档的建立

机读目录格式分为多种，包括书目数据格式、规范数据格式、馆藏数据格式、分类法数据格式等。目前我国已经出版的国家标准有《中国机读书目格式》（GB/T 33286—2016）和《中国机读馆藏格式》（GB/T 36068—2018）。另外 2006 年还发布了《中国档案机读目录格式》（GB/T 20163—2006）。本章节仅介绍《中国机读书目格式》的使用方法，以下将依据其生产出的书目称为 CNMARC 书目。目前我国图书馆的普遍做法是：对中文、日文书目采用《中国机读书目格式》，对日文之外的外文（西文、俄文等）采用经过本地化改造的 MARC21。

《中国机读书目格式》是本章内容的主要依据。该标准引用了大量相关标准。这些被应用的标准都有可能在《中国机读书目格式》有效期内发生改变，对此，2016 年出版的《中国机读书目格式》特别注明，凡是注日期的引用文件，仅注日期的版本适用于本文件，凡是不注日期的引用文件，其最新版本（包括所有的修改单）适用于本文件。例如，在其所列出需要引用的我国国家标准中，有《文献类型与文献载体代码》（GB/T 3469—1983），而不是其后来的修订版《信息资源的内容形式和媒体类型标识》（GB/T 3469—2013）。

另外，《中国机读书目格式》是以 IFLA 的 UNIMARC 为基础，然而，UNIMARC 的更新比较频繁，特别是在 RDA 出台后，UNIMARC 进行了较多修改，这些修改目前都还未在《中国机读书目格式》中予以反映，因此在下面各节的介绍中，会在部分对应内容地方介绍 UNIMARC 的最新变化。

根据机读书目格式标准形成的记录是书目记录，这些书目记录组成的书目数据库即书目文档。

5.1 CNMARC 书目的结构、文献类型和必备字段

5.1.1 CNMARC 书目格式框架

这里介绍机器存储的每条记录的 CNMARC 书目格式的结构。记录是指字段的集合，包括一个记录头标、一个目次区和数据。

1. CNMARC 书目的结构

《中国机读书目格式》规定，每条书目记录的总体结构采用的是 ISO 2709（GB/T 2901）规定的格式，结构如表 5-1 所示。注意：仅在数据交换时包括地址目次区。

表 5-1 CNMARC 书目结构

记录头标	地址目次区	数据字段区	记录结束符

记录头标：描述对该记录进行处理时所需要的通用信息，固定长度是 24 位。

地址目次区：内含有一个或多个目次项，每一目次项由三位数字的字段标识符（简称字段号），以及字段长度和字段起始字符位置（从第一个数据字段算起）三部分构成。由计算机自动生成。每个目次项有 12 字节，一个目次区的长度为 12×N（目次项数）+1（字段终止符）。图书馆内编目系统的机内格式通常不反映目次区。

数据字段区：是由若干定长和变长字段构成，每个字段之间由字段分隔符隔开，若干字段可以组成一个功能模块，如图 5-1 所示。目前 CNMARC 书目数据字段区分为 9 个功能块，每个功能模块包含不等的若干字段，每个字段包含不等的若干子字段，如表 5-2 所示。字段（field）是指由字段标识符标识的被定义的特定字符串，可包括一个或多个子字段；子字段（subfield）是字段内所定义的信息单元；数据元素（data element），是明确标识的最小信息单元。

图 5-1 CNMARC 书目格式数据字段区

表 5-2 CNMARC 书目功能块

块标识号	功能字段块	说明
0	标识块	包含用以标识记录或标在编文献的号码
1	编码信息块	包含编码数据元素
2	著录信息块	内容对应 GB/T 3792 标准的描述项（著录项目），但不包括其中的"附注项"和"资源标识号与获得方式项"内容
3	附注块	包含以自由行文方式对著录项目或检索点做进一步陈述的附注信息。目前载体形式丰富，很多特征还未能有对应字段表示，都放在附注块进行说明
4	款目连接块	是对资源间关系的说明，连接相关作品的关键字段信息
5	相关题名块	包含除正题名外的、出现在资源上的其他题名或与这些题名相关的统一题名、其他相关题名等
6	主题分析块	包含与资源相关的各种主题数据，包括分类号
7	责任块	包含对在编资源的创作负有某种责任形式的个人、团体（包括会议）、家族、商标、法律和宗教文本的规范检索点
8	国际使用块	用于国际交流需要的责任和版权信息，包括记录来源的标识、编辑数据的机构、数据转换成机读形式的机构、修改原始记录或数据的机构及发行当前记录的机构等

记录结束符：用以标识该记录结束和与下一个记录的区分。由编目系统自动生成。

2. 数据字段区的标识符系统及字段格式

1）数据字段区的标识系统

数据字段区的标识符包括内容标识符、分隔符及对空格标识的符号。

内容标识符（content designator），是指用于识别数据元素，或提供有关数据元素的附加信息的符号或编码。包括字段标识符、字段指示符和子字段标识符。

字段标识符（tag），也称字段号，是识别各个字段的编码。《中国机读书目格式》规定用三位阿拉伯数字表示，如题名和责任说明字段的字段号是 200。

指示符（identifier），从属于字段，提供有关该字段内容、该字段与其他字段的关系，或某些数据处理过程中所需操作的附加信息。通常一个字段有两个指示符，个别没有指示符。《中国机读书目格式》规定，字段 001、003 和 005 均属于可变长控制字段，皆无字段指示符。字段 01X-9XX 均为可变长数据字段，皆有字段指示符。

子字段标识符（subfield identifier），是由两个字符组成，识别可变长字段中的子字段。第一个字符为 GB/T 2901 中规定的专用符号，《中国机读书目格式》规定用 "$" 作为第一个字符，代替前面所说的专用符号；第二个字符用一个英文字母或一个阿拉伯数字表示，如 200 字段子字段$a 正题名。可变长控制字段 001、003 和 005 都没有子字段，其他可变长数据字段都有子字段。

分隔符有两种类型：记录分隔符和分段分隔符，都是自动生成。记录分隔符（end of record mark）是每条记录的结尾的分隔符；字段分隔符（field separator）是每个字段的分隔符，也称字段结束符，是位于每一个变长字段末尾的控制符。

为了书写清楚，本教材采用机读目录常用排版符号：

- #-图形符号"#"用于字段中的空白及字符空白可能不明确的其他特殊情况。

- $-图形符号"$"用于子字段代码的第一个字符。
- /-标题、目录、字段 007、字段 008 的特定字符位置用斜线"/"和字符位置的数字表示，如 LDR/06、007/00、008/12。
- |-图形符号"|"表示 MARC 示例中的填充字符。

2）字段的书写格式

《中国机读书目格式》规定的字段格式为：字段标识符指示符 1 指示符 2 子字段标识符子字段数据元素。

【例 5-1】：2001#$a 学习资料

5.1.2 CNMARC 书目中规定的文献类型与必备字段

1. 规定的文献类型

《中国机读书目格式》规定了两种文献类型的划分，并分别在记录头标区字符位置 6 和字符位置 7 进行了标注。见 5.2.2 小节。

2. 规定的必备字段

必备字段是指信息描述时必须填写的字段。通常 MARC 记录中规定的必备字段很少，多数属于非必备字段，由信息描述机构选用。《中国机读书目格式》规定的必备字段包括两大类。

第一类，所有文献描述均应必备的字段。包括：
- 记录头标
- 001 记录标识号
- 100 通用处理数据
- 200 题名与责任说明（仅$a 正题名是必备的子字段）
- 801 记录来源

第二类，特定类型文献应必备的字段。包括：
- 文字类文献描述的必备字段：101 文献语种
- 测绘制图资料描述独有的必备字段：
  - ✓ 120 编码数据字段：测绘制图资料——一般性特征
  - ✓ 123 编码数据字段：测绘制图资料——比例尺与坐标
  - ✓ 206 资料特定细节项：测绘制图资料——数学数据
- 电子资源描述的必备字段：
  - ✓ 304 题名与责任说明附注
  - ✓ 230 资源专门领域：电子资源特征（使用 ISBD（ER）规则著录时（曾经是必备，现在不是必备））
- 乐谱等类文献描述的必备字段：125 编码数据字段：录音制品与乐谱
- 拓片资料描述的必备字段：191 编码数据字段：拓片

- 录音制品有语言文字时描述的必备字段：101 文献语种。

上述资源的划分并不是绝对的，如测绘制图，可能是文字资料型，也可能是电子资源类型。如果在源格式记录中，对本标准要求的必备字段没有提供充分的信息，可使用默认值，不宜使用默认值时可使用填充符"|"，或可取消该字段，但应在记录交换附带文件中予以说明。

5.2 记录头标区的数据元素

记录头标区（record label），是每个记录最开始的部分，描述对该记录进行处理时所需要的通用信息。

5.2.1 头标区的结构及样例

记录头标，固定长度是 24 位，字符位置由 0 至 23。必备，不可重复。本书用"LDR"（注：根据 MARC21 头标区英文名称 Leader 简化而来。）表示后面的数据元素为记录头标区内容。

《中国机读书目格式》规定头标区包含的数据元素见表 5-3，其中，记录状态（字符位置 5）、执行编码—记录类型（字符位置 6）、执行编码—书目级别（字符位置 7）、执行编码—层次等级编码（字符位置 8）、编目等级（字符位置 17）和著录格式（字符位置 18）是需要编目员选择填写的，其他的由机器自动生成。

表 5-3　《中国机读书目格式》记录头标区数据元素

项目	记录长度	记录状态	执行编码	指示符长度	子字段标识符长度	数据基地址	记录附加定义	目次区结构
字节位	0~4	5	6~9	10	11	12~16	17~19	20~23
字符长度	5	1	4	1	1	5	3	4

【例 5-2】：CNMARC 头标区样例图示（图 5-2）

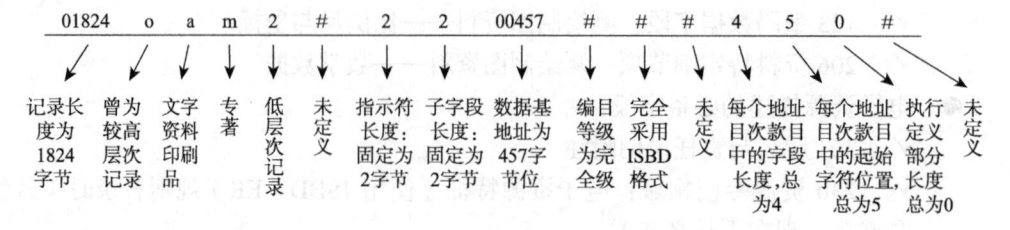

```
01824   o   a   m   2   #   2   2   00457   #   #   #   4   5   0   #
  ↓     ↓   ↓   ↓   ↓   ↓   ↓   ↓    ↓      ↓   ↓   ↓   ↓   ↓   ↓   ↓
 记录  曾为 文字 专著 低层 未定 指示符 子字段 数据基 编目 完全 未定 每个地址 每个地址 执行 未定
 长度  较高 资料      次记 义   长度： 长度： 地址为 等级 采用 义   目次款目 目次款目 定义 义
 为    层次 印刷      录            固定为 固定为 457字 为完 ISBD     中的字段 中的起始 部分
 1824 记录 品              2字节 2字节 节位  全级  格式     长度，总 字符位置，长度
 字节                                                       为4   总为5    总为0
```

图 5-2

5.2.2 头标区各数据元素的介绍

以下用"LDR/字符位置"来表示特定项目的位置。

（1）记录长度（LDR/0~4）：用5位十进制数字编码表示整个记录的字符总数，包括记录头标、地址目次区、数据字段区和记录结束符。右边对齐，不足5个数字时用零补齐。由软件产生，用户不能修改。

【例5-3】：LDR：<u>01824</u>oam2＃2200457＃＃＃450＃（注：标下划线的"01824"，表示记录长度是1824字节。）

（2）记录状态（LDR/5）：用一位字符编码表示记录处理状态：

- c=修改过的记录
- d=删除的记录
- n=新记录
- o=曾为较高层次记录
- p=曾为不完整的预编记录

注意："p"和"c"在使用时容易相混。如果是对之前记录，如CIP在版编目进行升级成为现在新的CNMARC书目记录，就用"p"而不是仅表示修改含义的"c"。如果已发行过较高层记录，则用编码"o"而不用"n"标识。绝大多数记录都是采用"n"，即表示进入书目文档后从未被修改过。当记录被修改，如增减或修改检索点，这时填写标识符号"c"，表示修改过的记录。

【例5-4】：LDR：01824<u>o</u>am2＃2200457＃＃＃450＃（注：标下划线的"o"，表示曾为高层记录。）

（3）执行编码—记录类型（LDR/6）：目前定义有15种编码表示记录的类型。这些编码使用时要与编目的实际资料类型一致，而不依据其所附载体的物理形态。具体编码及其含义如下：

- a=印刷的文字资料（手稿除外）
- b=手稿性的文字资料
- c=乐谱印刷品
- d=乐谱手稿
- e=测绘制图资料印刷品
- f=测绘制图资料手稿
- g=投影和录像资料（包括数字视频载体）
- i=录音制品（非音乐）
- j=录音制品（音乐）
- k=二维图形（图画、设计图等）
- l=电子资源
- m=多载体
- r=三维制品和教具
- u=拓片

注意：描述普通图书时填入"a"，这是最常用的编码；描述电子资源时填入"l"，描述多媒体时填入"m"，如果该电子资源属于投影或录像资料（包括数字视频载体），填入"g"；描述测绘制图资料印刷品时填入"e"，描述测绘制图资料手稿时填入"f"，描述测绘制图资料电子资源形式时填入"l"（电子形式时）或"m"（多媒体形式时）。

【例5-5】：LDR：01824o<u>a</u>m2＃2200457＃＃＃450＃（注：标下划线的"a"，表示在编

文献是印刷型非手稿文字资料，通常指文字出版物。)

（4）执行编码—书目级别（LDR/7）：书目级别的值有5种：

- a=分析性资料
- c=汇编性著作
- i=集成性资源
- m=专著
- s=连续出版物

注意：如果描述的是连续出版物整体，填写字符"s"；如果描述的是连续出版物中的某一篇论文，填写"a"，表示描述的是分析资料（组成部分）。

【例5-6】：LDR：01098na<u>s</u>0#2200337###450#（注：标下划线的"s"，表示在编文献是连续出版物）

（5）执行编码—层次等级编码（LDR/8）：层次等级编码表示记录和其他记录之间的层次连接关系，有4个值可选：

- #=层次关系未定
- 0=无层次关系
- 1=最高层记录
- 2=低层次记录（在最高层以下的记录）

【例5-7】：LDR：01824oam<u>2</u>#2200457###450#（注：标下划线的"2"，表示在编文献是低层次记录，还有比其层次高的记录。）

（6）执行编码—（LDR/9）：未定义，空格。

（7）指示符长度（LDR/10）：用1位字符编码表示指示符长度的1位十进制数字，CNMARC书目格式取值为"2"。用户不可修改。

（8）子字段标识符长度（LDR/11）：用1位字符编码表示子字段标识符长度的1位十进制数字，CNMARC书目格式取值为"2"。用户不可修改。

【例5-8】：LDR：01824oam<u>22</u>#2200457###450#（注：标下划线的"22"，分别表示指示符和子字段都采用2位字符。）

（9）数据基地址（LDR/12~16）：占5个字符位，用十进制数表示。它等于头标区和目次区的字符总数。右边对齐，不足5位时左边填零。由软件产生，用户不可修改。

【例5-9】：LDR：01824oam2#22<u>00457</u>###450#（注：标下划线的"00457"，表示该记录的数据基地址是457字节位置。）

（10）记录附加定义—编目等级（LDR/17）：编目等级是用1位字符编码标识机读记录的完整程度，以及建立该记录时是否核对过原作品。有4个值可选：

- #=完全级：表示该记录建立时依据了原作品
- 1=次级1：表示该记录建立时未依据原作品
- 2=次级2：表示该记录是预编（在版编目）记录
- 3=次级3：表示编目未达到完全级的记录

这里，#=完全级，指最完整的MARC记录，编制目录时与所描述的作品实体进行过核对。目前大多数记录属于这种类型。1=次级，主要是针对套录或回溯转换时未来得及与所描述作品进行核对的情景。

【例5-10】：LDR：01824oam2#2200457<u>#</u>##450#（注：标下划线的"#"，表示描述该记录是依据原作品著录的。）

（11）记录附加定义—著录格式（LDR/18）：著录格式是用 1 位字符编码标识记录中的各著录项目是否采用 ISBD 格式：

- #=完全采用 ISBD 格式
- n=不是采用 ISBD 格式
- i=部分采用 ISBD 格式

【例 5-11】：LDR：01824oam2 # 2200457###450#（注：标下划线的"#"，表示该记录的描述是完全采用 ISBD 格式。）

（12）记录附加定义—未定义（LDR/19）：未定义，填空格。

（13）地址目次区结构（LDR/20～23）：每个字符位置处都用 1 位十进制数表示：①字符位置 20 指明每个目次项的"数据字段长度"部分的字符数，CNMARC 书目格式取值为"4"，用户不可修改。②字符位置 21 指明每个目次项的"起始字符位置"部分的字符数。CNMARC 书目格式取值为"5"，用户不可修改。③字符位置 22 表示每个地址目次区的"执行定义部分"的字符数，一般取值为"0"。④字符位置 23 未定义，填空格。

5.3　CNMARC 书目标识信息的描述

在编信息资源的各种标识号及一些相关信息，在机读目录中是用标识块（identification block）（0—）来描述。

5.3.1　标识块框架及通用的主要标识字段

（1）标识块框架：《中国机读书目格式》规定了 23 个标识号类型，见表 5-4。其中，001 字段是必备的，其他字段，各图书馆可根据情况选择使用。

表 5-4　CNMARC 书目标识块中的字段

字段号和字段名	字段号和字段名
001　记录标识号（必备）	014　论文标识号
003　永久记录标识	015　国际标准技术报告号（ISRN）
005　记录处理时间标识	016　国际标准录音制品编码（ISRC）
010　国际标准书号（ISBN）	017　其他标准号
011　国际标准连续出版物号（ISSN）	020　国家书目号
012　指印标识	021　版权登记号
013　国际标准乐谱号（ISMN）	022　政府出版物号

续表

字段号和字段名	字段号和字段名
035 其他系统控制号	073 国际物品号（EAN[②]）
036 音乐导句	091 ·统一书刊号（UBSN）
040 CODEN 号（连续性资源）	092 订购号
071 出版编号	094 其他编号
072 通用产品编码（UPC[①]）	

2012 年 UNIMARC 新增了字段 033 其他系统记录永久标识符（other system persistent record identifier）。

以下介绍信息描述中必备的 001 字段及常用的 003 字段和 005 字段。

（2）001 记录标识号（record identifier）：001 字段描述由编制本书目记录的机构分配给本记录的唯一标识号。本字段必备，不可重复，无指示符，无子字段。

【例 5-12】：001009931889（注：国家图书馆馆藏目录 2019 年中国华侨出版社出版的《国富论》的记录标识号）

（3）003 永久记录标识号（persistent record identifier）：003 字段描述由创建、使用或发行书目记录的机构为该记录分配的永久记录标识号。003 字段与 001 字段的区别在于发布永久记录标识的机构不同，前者获得的永久记录标识是非本馆、是创建或发行或联合目录机构给的；后者获得的永久记录标识是当下图书馆编制该条记录时给的。本字段选择使用，不可重复，无指示符，无子字段。

（4）005 记录处理时间标识（version identifier）：005 字段描述本记录的最后处理时间，由计算机自动生成，共有 16 个字符，固定长字段，形式为：YYYYMMDDHHMMSS.T。其中 T 为秒的小数位，各项均右对齐。本字段选择使用，不可重复，无指示符，无子字段。

【例 5-13】：00520190301161051.0（注：处理时间为 2019 年 3 月 1 日 16 点 10 分 51 秒）

5.3.2 各类型资源主要标识符的描述

以下主要介绍各类型资源的唯一标识符。

1. 图书、测绘制图、影像资源和录音制品主要标识符的描述

普通图书、测绘制图和影像资源目前也都采用 ISBN 编号为其出版物的唯一标识符，著录内容和格式皆同。录音制品的版权编号采用的是 ISRC 编号，其著录内容和格式皆同 ISBN 的著录。如果录音制品是实体出版，同时还有 ISBN 号；如果仅是数字出版，仅

---

① UPC，Universal Product Code.
② EAN，European Article Number.

有 ISRC 编号。

（1）010 国际标准书号 ISBN：010 字段描述 ISBN 相关信息。该字段选择使用，当有多个有效的 ISBN 号时，该字段可重复。图书馆一般都选择使用该字段。指示符 1 和指示符 2 都未定义。子字段有 4 个，分别是：
- $a 国际标准书号（不可重复）
- $b 限定信息（可重复）（是对$a 中 ISBN 号范围的说明）
- $d 获得方式和/或价格（不可重复）
- $z 错误的国际标准书号（可重复）

【例 5-14】：010##$a978-7-5113-7322-9$dCNY46.00

【例 5-15】：010##$a978-7-5658-3459-2$b 精装$dCNY46.00

（2）091 统一书刊号字段（UBSN）(union books and serials number)：091 字段描述统一书刊号信息。该字段选择使用，可重复；指示符 1 和指示符 2 都未定义。子字段类型及使用方法类似 010 字段，不同点是：091 字段的子字段"$b 限定信息"是不可重复的，这里限定信息是指$a 子字段中统一书刊号范围的说明。

【例 5-16】：091##$a4323.8

2. 连续性资源主要标识符的描述

我国连续性资源唯一标识符主要包括 ISSN 和 CN 刊号。国际连续性资源有 ISSN 号，国内正式出版连续性资源有 CN 刊号。

在卡片目录中，主要记录 ISSN 编号，著录内容和格式同 ISBN。如果描述的是有 ISSN 号之前的连续性资源，则记录 CN 刊号，即现在的统一书刊号。

机读目录主要选择使用 011 字段（国际标准连续出版物号 ISSN 字段）或 091 字段（统一书刊号 UBSN），有的图书馆也选择使用 021 字段（版权登记号）、040 字段（CODEN 号）和 092 字段（订购号）。以下主要介绍常用的 011 字段和 091 字段。

（1）国际标准连续出版物号 ISSN（011 字段）

字段 011 国际标准连续出版物号 ISSN，选择使用；当有多个连续性资源题名或载体时，本字段可重复；指示符 1 为影响级次指示符，指示符 2 未定义。

指示符 1 的值及其含义分别为：
- #=未划分层级/不适用
- 0=国际中心或国家中心分配的连续性资源 ISSN
- 1=地区中心分配的连续性资源 ISSN

子字段共有 4 个：
- $a 国际标准连续出版物号 ISSN（不可重复）
- $b 限定信息（可重复）
- $d 获得方式和/或价格（不可重复）
- $f ISSN-L 或连接 ISSN（不可重复）
- $g 注销的 ISSN-L（可重复）
- $y 注销的国际标准连续出版物号 ISSN（可重复）

- $z 错误的国际标准连续出版物号 ISSN（可重复）

当记录中有多个有效的 ISSN 号时，使用$b 子字段的限定词语区分，不可被 ISSN 国际中心使用。$f 子字段是描述连接同一种连续性资源的不同载体形式版本之间的 ISSN-L。这里 ISSN-L 是指 ISSN 网络中心指定的一个 ISSN，用以连接同一种连续性资源的不同载体形式版本之间的 ISSN，即同一种连续性资源的不同载体形式版本，各自有自己的 ISSN 号，同时还具有同一个 ISSN-L 号。ISSN-L 号不可重复。$g 子字段描述的是分配错误现已注销了的 ISSN-L。$y 子字段描述的是曾经有效但后被 ISSN 国际中心注销的 ISSN。$z 子字段描述的是印刷错误和其他非$g 和$y 所指错误的 ISSN。

【例 5-17】：011##$a2096-6474$dCNY15.00（2018）$y2095-2554

【例 5-18】：连续性资源《社会政策精要》以印刷形式和网络形式出版，两种版式各有自己的 ISSN 号，用$f1818-5894 连接两个记录：

印刷版记录：0110#$a1818-5894$f1818-5894

网络版记录：0110#$a1818-0940$f1818-5894

（注：《中国机读书目格式》中的样例）

【例 5-19】：连续性资源《中国图书馆学报》有价格变动情况：

011##$a1001-8867$dCNY2.50（1991）$dCNY6.00（2001）$dCNY26.00（2012）

（2）统一书刊号（091 字段）

字段 091 统一书刊号，描述方法同 010 普通图书统一书号字段的描述。连续出版物可同时具有 ISSN 号和统一书刊号，也有的仅有统一书刊号。

【例 5-20】：夏义生主编的《文艺论坛》，091 字段描述的是该刊物的 CN 刊号：

011##$a2096-6474$dCNY15.00（2018）$y2095-2554

091##$a43-1551/I0

3. 电子资源标识符的描述

用 CNMARC 书目描述电子资源，如果该电子资源是正式的电子出版物，则需著录其正式出版物编号，如 ISBN 号、ISSN 号、ISRC 号等。分别对应 010 字段、011 字段、016 字段。另外，目前有些网页形式出版物也有唯一标识符，如 DOI（digital object unique identifier，数字对象唯一标识符），可用 094 其他编号字段描述。另外，如 3.4.6 小节所述，多种物理载体构成或有多个出版发行者的电子资源，很有可能有多种标准编号，应重复著录对应的字段，且先著录在编电子资源的编号，再著录其他编号；先著录整套著作编号，再著录部分著作编号。

【例 5-21】：描述对象：电子图书：《英语（三年级起点），五年级下册》，该录音制品标准号分别有 ISBN978-7-88784-934-2 和 ISRC CN-M01-18-00082，价格为 80 元人民币。

010##$a978-7-88784-934-2$dCNY80.00

016##$aCN-M01-18-00082$dCNY80.00

5.4 CNMARC 书目编码信息的描述

编码信息是描述各类型资源属性的编码种类、符号和形式，如语种、资源类型等。

5.4.1 概述

对于各种类型信息，经常需要引用一些编码来描述其属性，这些编码来自对应的编码规范。如对图书语种的描述需要引用文献语种编码规范。

《中国机读书目格式》编码信息块（coded information block）是描述各种文献信息属性的编码种类、符号和形式，共设置有 27 个字段：100 通用处理数据；101 文献语种；102 出版或制作国别；105 编码数据字段：专著性文字资料；106 编码数据字段：形态特征；110 编码数据字段：连续性资源；115 编码数据字段：投影制品、录像制品和电影制品；116 编码数据字段：图形资料；117 编码数据字段：三维制品和实物；120 编码数据字段：测绘制图资料——一般性特征；121 编码数据字段：测绘制图资料——形态特征；122 编码数据字段：文献内容涵盖时段；123 编码数据字段：测绘制图资料——比例尺与坐标；124 编码数据字段：测绘制图资料——特定资料标识；125 编码数据字段：录音制品与乐谱；126 编码数据字段：录音制品——形态特征；127 编码数据字段：录音制品与印刷乐谱播放时间；128 编码数据字段：音乐演出与总谱；130 编码数据字段：缩微品——形态特征；131 编码数据字段：测绘制图资料——大地、坐标网格与垂直测量；135 编码数据字段：电子资源；140 编码数据字段：外国古籍——一般性数据；141 编码数据字段：外国古籍——藏本形态特征；191 编码数据字段：拓片；192 编码数据字段：中国民族音乐；193 编码数据字段：中国古籍——一般性数据；194 编码数据字段：中国古籍——藏本形态特征。

各种类型信息资源都需要的字段有：100 字段、101 字段和 102 字段。其他字段的选取依据所编码信息资源的类型。

各字段都只有一个子字段$a，字段中的数据以字符位置定义，子字段标识符$a 后第一个字符位置记为 0 位。若编目机构对给定字段没有提供任何编码信息时，该字段省略。如果一个字段内提供的数据不完整，相应空缺位置应标识填充符"|"。

5.4.2 通用处理数据的描述

100 通用处理数据（general processing data）字段，描述各种文献所通用的处理数据元素。这些元素都是定长的。本字段是必备字段，不可重复，指示符 1 和指示符 2 均未定义。

子字段仅有一个：$a 通用处理数据，该子字段不可重复。$a 子字段为 0～35 位，各字符位标识和含义如表 5-5 所示。

表 5-5 100 字段 $a 数据元素

数据元素名称	字符数	字符位置
（1）入档时间（必备）	8	0～7
（2）时间类型	1	8
（3）时间 1	4	9～12
（4）时间 2	4	13～16
（5）阅读对象编码	3	17～19
（6）政府出版物编码	1	20
（7）修改记录编码	1	21
（8）编目语种编码（必备）	3	22～24
（9）音译编码	1	25
（10）字符集（必备）	4	26～29
（11）补充字符集	4	30～33
（12）题名文字编码	2	34～35

①$a/0～7 和 $a/8～16 的内容

$a/0～7，入档时间（必备），是用 8 位数字表示，采用国家标准 GB/T 7408（ISO 8601）规定的描述形式：YYYYMMDD，月、日不足两位时前置 "0"。

$a/8～16，时间类型和时间 1、时间 2，其中，时间类型是说明后续时间 1 和时间 2 的性质。时间 1 和时间 2 分别记录所表述资源的最早出版年和最晚出版年。

②$a/8～16 的内容

时间类型及时间 1 和时间 2 主要采用的符号和含义见表 5-6。

表 5-6 100 字段 $a/8～16：时间类型和时间 1 时间 2 的值与含义

$a/8 时间类型	$a/9～12 时间 1 和 $a/13～16 时间 2
a=现在仍在出版的连续性资源	时间 1 记入起始年，若不确定则填入空位符号。时间 2 记入 9999。
b=已停止出版的连续性资源	时间 1 著录同上。时间 2 记入停止出版年，若不确定则填入空位符号。
c=出版状态不明的连续性资源	时间 1 著录同上。时间 2 填入 4 个空位符号。
d=一次或一个年度内出全的专著	时间 1 记入出版年。时间 2 填入 4 个空位符号。
e=复制本	时间 1 记入复制出版年。时间 2 记入原出版年或连续性资源的原起始出版年。出版时间不确定的，则填入空位符号。
f=出版时间不确定的专著	时间 1 记入推测的最早出版年。时间 2 记入推测的最晚出版年。
g=连续出版时间超过一个年度的专著	时间 1 记入起始出版年。时间 2 记入最后的出版年。若仍在出版，则记入 9999。年份不确定的，用空位填。

续表

$a/8 时间类型	$a/9～12 时间1 和$a/13～16 时间2
h=具有实际出版时间和版权/专有权时间的专著	时间1记入出版年。时间2记入版权/特许权时间。若只有版权/特许权时间但出版时间不详，则使用"d"。
i=具有出版/发行时间和制作时间的专著	时间1记入出版、发行年。时间2记入制作年。
j=具有详细出版时间的专著	出版日期中的月、日有重要记录价值，可使用此编码。时间1记入出版年。时间2以"MMDD"形式记入详细的出版月、日，不足两位的月或日前均置"0"。若出版日不记录则填空位2位。
k=出版年与印刷年不同的专著	时间1记入出版年。时间2记入印刷年。
l=集合性资源包含的时间	时间1记入集合性资源的起始年。时间2记入集合性资源的停止年。如果集合性资源中的所有文献均在一年内产生，则时间2与时间1相同。起始年不确定、停止的时间不确定的相应位置填空位。
u=出版时间不详	出版时间1标识4个空位。出版时间2标识4个空位。

③$a/17～35 的内容

$a/17～19，阅读对象编码，用3位数字表示，从左至右顺序填写，不足3位时用空位表示，编码的类型及含义如下：

- a=普通青少年（不用或不能用b、c、d、e时，用此编码）
- b=学龄前儿童（0～5岁）
- c=小学生（5～10岁）
- d=少年（9～14岁）
- e=青年（14～20岁）
- k=科研人员
- m=普通成人
- u=不详

$a/20，政府出版物编码，表示在编文献是否是政府出版物，以及发行该文献的政府等级。编码的类型及含义如下：

- a=联邦/国家
- b=国家直辖的一级行政区（中国的省/直辖市/自治区/特别行政区）
- c=中级行政地区（中国的省辖市/地区/自治州/盟）
- d=基层行政机构（中国的县/旗/镇/市辖区）
- e=中央级以下行政机构联合出版
- f=国际机构
- g=流亡政府
- h=政府级别不确定
- u=无法确定是否为政府出版物
- y=非政府出版物
- z=可以确定的其他政府级别

$a/21，修改记录编码，表示现有字符集能否充分满足转录出版物文字数据的需求。由于计算机配置的编码字符集的局限，录入数据时不得不对原有字符进行必要的变更。这种情况可以认为是修改记录，用一位字符编码表示。若信息源上出现其他字符集也没有收录的符号或图形，无法照录，则不认为记录已被修改。修改记录编码的类型及含义为：

- 0=记录无变更
- 1=记录有变更

$a/22~24，编目语种编码（必备）。采用国家标准《语种名称编码第 2 部分：3 字母编码》(GB/T 4880.2)。常用的编码及含义包括：汉语—chi、英文—eng、德文—gre、俄文—rus、法文—fre、日文—jpn 等。如果源记录含多语种，可以根据需要，为每种语言分别编制记录。

$a/25，音译编码，是用 1 位字符编码表示记录中所采用的音译方案，编码类型和含义如下：

- a=ISO 音译表，包括汉语拼音方案
- b=其他音译方案
- c=多种音译方案：ISO 或其他方案
- y=未使用音译方案

$a/26~29，字符集（必备），用两组双位字符编码表示用于记录交换中的主要图形字符集。$a/26~27 标识 G0 集，$a/28~29 标识 G1 集。G1 集不需要时，$a/28~29 标识空位。常用的字符集定义如下：

- 01=ISO 646，IRV version（基本拉丁字符集）
- 10=GB 2312（信息交换用汉字编码字符集基本集）
- 50=ISO 10646 Level 3（Unicode 统一编码字符集）

$a/30~33，补充字符集，描述在记录交换中使用最多的两个补充字符集。$a/30~31 标识 G2 集。$a/32~33 标识 G3 集。如果没有补充字符集，则上述字符位标识空位。

$a/34~35，题名文字编码，用一组双位字符编码表示在编文献正题名或连续出版物识别题名使用的文字，并非表示该记录使用的字符集。《中国机读书目格式》规定了 16 种代码，描述中文文献时使用：ea（广义中文）。

【例 5-22】：描述对象：红楼梦[专著]：珍藏版/（清）曹雪芹著.-- 长春：吉林大学出版社，2011。其 100 字段内容为：

100##$a20110518d2011####em#y0chiy50#####ea

注释：$a/0~7 的值表示该图书入档时间为 2011 年 5 月 18 日；$a/8 的值为 d，表示一次性或一年内出全的专著；$a/8~16 的值表示时间 1 是出版年为 2011 年，时间 2 为空；$a/17~19 的值是 em，表示阅读对象包括青年和普通成人，不足三位用空格表示；$a/20 的值是 y，表示该文献为非政府出版物；$a/21 的值是 0，表示该记录无变动；$a/22~24 的值是 chi，表示该文献为汉语；$a/25 的值是 y，表示未使用音译方案；$a/26~29 的值是 50，表示用于交换记录的字符集是 Unicode 统一编码字符集；$a/30~33 的值是空位，表示没有补充字符集；$a/34~35 的值是 ea，表示题名文字是广义中文。

5.4.3 通用编码信息的描述

1. 文献语种（101 字段，有则必备）

《中国机读书目格式》用字段 101 文献语种（language of the item）描述非中文的其他语种信息，包含受编文献的正文全部或者部分或者题名的语种编码。如果受编文

献是译文，则需要描述原著、译自文献的语种编码。这里语种编码采用的是我国国家标准《语种名称编码第2部分：3字母编码》(GB/T 4880.2—2000)。如 chi 表示中文，eng 表示英文。

如果受编文献需要描述语种信息，101字段是必备字段，不可重复。指示符1是翻译指示符，用来指示说明受编文献是否是译著或者含译文；指示符2未定义。

指示符1的值及其含义为：
- 0=表示所著录文献为原著
- 1=表示所著录文献为译著
- 2=表示所著录文献含有译文（不包括提要译文）

子字段共有10个，分别为：
- $a 正文、声道等语种（可重复）
- $b 中间语种（作品非译自原著）（可重复）
- $c 原著语种（可重复）
- $d 提要语种（可重复）
- $e 与正文语种不同的目次页语种（可重复）
- $f 与正文语种不同的题名页语种（可重复）
- $g 与正文、声道的第一语种不同的正题名语种（不可重复）
- $h 歌词等的语种（可重复）
- $i 附件语种（可重复）
- $j 字幕语种（可重复）

【例 5-23】：描述对象：《现代信息检索》(智) 贝泽耶茨，等著.黄萱菁，张奇，邱锡鹏译.北京，机械工业出版社.2012年，ISBN：9787111385998。这本书的 CNMARC 的 101 字段为：1011#$achi$ceng

2. 出版或制作国别（102字段）

《中国机读书目格式》用字段102出版或制作国别来描述文献的一个或多个出版或制作国的国别编码和出版地区编码。102字段可选择使用，不可重复。指示符1和指示符2都未定义。子字段共有4个：
- $a 出版或制作国别（可重复）
- $b 出版地区编码（非国际标准）（可重复）
- $e 出版地区编码（国际标准）（可重复）
- $2 非国际标准出版地区编码来源（可重复）

标注编码时请注意：$a 中的编码使用 GB/T 2659 规定的两位大写字母，如 CN 代表中国，GB 代表英国等；$b 中的编码，描述我国国内地区可以采用国家标准《中华人民共和国行政区划编码》(GB/T 2260)，如北京市的编码是110000，天津市的编码是120000等；$c 中的编码目前采用的是国际标准《国家地区码 第二部分：国家子行政区编码》(ISO 3166-2)，如：百慕大的编码是 BM；$2 是用来说明$b 子字段中非国际标准出版地区编码的来源。

【例5-24】:【例5-23】所指图书的102字段为：102##aCNb110000（注：表示出版国是中国（CN），出版地区是北京市（110000））

3. 形态特征信息（106字段）

《中国机读书目格式》用106编码数据（coded data field：form of item）字段：形态特征来描述在编文献形态特征的编码数据。选择使用，不可重复。指示符1和指示符2都没有定义。子字段只有一个：$a形态特征编码数据，不可重复。其中形态特征编码数据是用一位字符编码来表示：

- d=大型印刷本（尺寸大于35 cm）
- e=报纸形式
- f=盲文本
- g=微型印刷本（尺寸小于5 cm）
- h=手写本
- i=多种物理形态
- j=小型印刷本（尺寸小于10 cm）
- r=普通印刷本
- s=电子形式
- t=缩微制品
- z=其他形式

【例5-25】：描述普通图书和电子资源的106字段：

描述【例5-23】所指普通图书的106字段为：106##$ar

描述一个远程访问电子资源的106字段为：106##$as

5.4.4　UNIMARC新增的通用编码信息描述字段

《中国机读书目格式》主要是以IFLA的UNIMARC为依据编制。2016年12月，UNIMARC新增了字段146Coded Data Field：Medium of Performance（new 2012）（update 2017）、181 Coded Data Field：Content Form（new 2016）、182 Coded Data Field：Media Type（new 2016）、183 Coded Data Field：Type of Carrier（new 2016），用来描述在编文献的内容形式和媒介类型。我国有些图书馆也开始逐渐采用。这里主要介绍UNIMARC的规则[①]。

146编码数据：运行中介字段，提供了组成一个音乐作品的乐器和/或声音、装置和其他表演者的详细信息。2012年UNIMARC新增，2017年进行了更新。

本书在3.1.5小节介绍了ISBD内容形式和媒介类型，可参见3.1.5小节对应内容。

1. 编码数据字段：内容形式（181字段）[②]

此字段包含固定长度的数据，指定所描述资源的内容形式和内容限定，对应于ISBD

[①] IFLA. UNIMARC Bibliographic, 3rd edition（with updates）. https://www.ifla.org/publications/unimarc-bibliographic--3rd-edition--updates-2012-and-updates-2016?og=33.

[②] IFLA. 181 coded ·data field-content form(new). https://www.ifla.org/files/assets/uca/unimarc_updates/BIBLIOGRAPHIC/b_18 1_new2016.pdf

区域 0 的前两个元素。可选用；当使用的多个系统编码或资源是由不同媒介类型的不同内容形式组成时（如工具包资源），可重复。

指示符 1 未定义；指示符 2 是 ISBD 显示指示符，用于说明打印或其他显示方式时是否显示 ISBD 区域 0 的内容：0=表示不用于生成显示，1=表示用于生成显示，#=表示未提供信息（当字段包含$c 时使用）。子字段共有 5 个：

- $aISBD 内容形式编码（可选用，不可重复）
- $bISBD 内容限定编码（可选用，可重复）
- $c 内容形式其他编码（可选用，可重复）
- $2 编码系统（如果使用了$c，则为必填项；不可重复）
- $6 记录内部字段间链接数据（可选用，可重复）

$aISBD 内容形式编码（ISBD content form code），2 个字符位置，指定适用于该资源的 ISBD 内容形式，以及内容形式对所描述资源的适用范围：

- $a/0 内容形式编码，取值及含义分别为：a=数据集，b=图像，c=运动，d=音乐，e=实物，f=程序，g=声音，h=口述，i=文本，m=多种内容形式，z=其他内容形式；
- $a/1 适用范围（extent of applicability），取值及含义分别为：0=无（none），1=一些（some），2=实质性（substantial），3=占主导地位（predominate），4=全部（full），#=未使用的位置（position not used）。

$bISBD 内容限定编码（ISBD content qualification code），6 个字符位置，指定应用于资源的 ISBD 内容限定的：

- $b/0 内容限定：类型规范，取值及含义分别为：a=记谱型，b=表演型，c=制图型，x=不适用（not applicable），#=未使用的位置；
- $b/1 内容限定：维数规范，取值及含义分别为：a=运动，b=静止，x=不适用（资源不是图像）（not applicable (resource is not an image)），#=未使用的位置；
- $b/2 内容限定：维数规范，取值及含义分别为：2=二维，3=三维，x=不适用（资源不是图像），#=未使用的位置；
- $b/3～5 内容限定：感官规范，用三个字符位置描述感官规范编码，从左到右输入，未使用的位置填充空白，取值及含义分别为：a=听觉，b=味觉，c=嗅觉，d=触觉，e=视觉，#=未使用的位置。

$c 内容形式其他编码（other coding for content form），表示 ISBD 以外的系统编码，如《资源描述与检索》（RDA）中的内容类型编码。

$2 编码系统（system code），表明$c 的编码来自什么系统，如$2RDA 表明$c 中的编码来自 RDA 系统。如果有$c 则必须有$2。

$6 记录内部字段间链接数据（interfield linking data），将本字段与记录中的其他字段链接（例如，链接到字段 182—编码数据字段—媒介类型），从而在资源为混合介质时为 ISBD 区域 0 生成显示所需的数据。

【例 5-26】：描述对象为【例 5-23】所指图书《现代信息检索》

采用 ISBD 系统的 0 项：181#1$ai4$bxxe##

采用 RDA 系统的内容项：181#0$ctxt$2rdacontent

2. 编码数据字段：媒介类型（182 字段）[1]

此字段包含指定所描述资源的媒介类型的固定长度数据。可选用；当使用多个系统编码或资源由混合媒介（例如，工具包资源）组成时，可重复。

指示符 1 未定义；指示符 2 是 ISBD 显示指示符，取值和用法同 181 字段的指示符 2。子字段共有 4 个：
- $aISBD 媒介类型编码（可选用，不可重复）
- $c 媒介类型其他编码（可选用，可重复）
- $2 编码系统（如已使用$c，则为必填项；不可重复）
- $6 记录内部字段间链接数据（可选用，可重复）

$aISBD 媒介类型编码（ISBD media type code），1 个字符位置，描述应用于资源的 ISBD 媒介类型。取值及含义分别为：a=音频，b=电子，c=缩微胶片，d=显微，e=投影，f=立体，g=视频，m=多媒体，n=无媒介，z=其他介质。

$c 媒介类型其他编码（other coding for media type），表示 ISBD 以外的系统编码的编码，如《资源描述与检索》（RDA）中的媒介类型编码。

$2 和$6 同 181 字段的。

【例 5-27】：描述对象为【例 5-23】所指图书《现代信息检索》：
①采用 ISBD 系统的 0 项：

181#1$6z01$ai4$bxxe##
182#1$6z01$an

②采用 RDA 系统的内容项：

181 #0$6z02$ctxt$2rdacontent
182 #0$6z02$cn$2rdamedia

3. 编码数据字段：载体类型（183 字段）[2]

该字段包含所描述资源的载体类型的编码数据。可选用；当使用多个系统编码时，或当多个类型的载体与资源中不同类型的媒体关联时，可重复。

指示符 1 未定义；指示符 2 是显示指示符，取值和用法同 181 字段指示符 2。子字段共有 4 个：
- $a 载体类型编码（可重复）
- $2 编码系统（有条件可重复）
- $6 记录内部字段间链接数据（可重复）
- $8 指定材料

---

[1] 182 Coded Data Field-Media Type（New）. https://www.ifla.org/files/assets/uca/unimarc_updates/BIBLIOGRAPHIC/b_182_new2016.pdf.

[2] 183 Coded Data Field-Media Type of Carrier(New). https://www.ifla.org/files/assets/uca/unimarc_updates/BIBLIOGRAPHIC/b_183_new2016.pdf.

$a 载体类型编码（type of carrier code），根据子字段$2 中指定的系统规定，指定应用于资源的载体类型的编码值。当资源中存在与同一媒介类型相关联的多种类型的载体时，可重复。

$2 系统编码（system code），表明$a 所使用的系统的编码。当资源中存在与同一媒介类型相关联的多种类型的载体时可重复。

$6 含义和用法同 181 字段。

$8 指定材料（materials specified），本字段应用的部分指定材料。

【例 5-28】：

183#1asd2rdacarrier$8main part

183#1anb2rdacarrier$8liner notes

（注：$2 的内容表明采用 RDA 规定的载体类型编码，$a 指明编码值：sd 代表载体类型是"音频光盘"（audio disc）；nb 代表载体类型是"工作表格"（sheet）；本字段描述的载体音频光盘是主体部分，而工作表格是附带的文本材料。）

5.4.5 特定资源主要编码信息的描述

如 5.4.1 所述，除了上述通用字段外，描述信息资源编码信息的字段还有许多是描述特定资源特定特征的编码信息，如：描述普通图书编码信息的字段主要有 105 字段；描述连续性资源编码信息的字段主要有 110 字段，与普通图书描述不同的主要是 100 字段、106 字段和 110 字段；描述电子资源编码信息的字段主要有 135 字段；描述测绘制图资料编码信息的字段主要有 121 字段、124 字段和 131 字段等。

本节选取描述普通图书的 105 字段、描述连续性资源的 110 字段和描述电子资源的 135 字段进行介绍。

1. 专著性文字资料编码信息的描述（105 字段）

105 编码数据字段：专著性文字资料（coded data field: textual material monographic），该字段选择使用，不可重复。指示符 1 和指示符 2 都未定义。子字段只有一个$a 专著编码数据，由 13 位字符组成，如表 5-7 所示，不可重复。

表 5-7　105 字段$a 子字段的数据元素

元素名称	图表编码	内容类型编码	会议编码	纪念文集指示符	索引指示符	文学体裁编码	传记编码
字符位置	0～3	4～7	8	9	10	11	12

$a/0～3 图表编码：按照下列字母顺序（从左到右按列排序）填写对应的编码，最多 4 位，不足部分用空位表示：

- a=图表
- b=地图
- c=肖像
- d=航行图
- e=设计图
- f=图版
- g=乐谱
- h=摹真本
- i=盾徽
- j=谱系表
- k=表格
- l=样品
- m=录音资料
- n=透明图片
- o=彩饰
- y=无图
- #=不需赋值

$a/4~7 内容类型编码：下列字母顺序（从左到右按列排序）填写对应的编码，最多4位，不足部分用空位表示：

- a=书目
- b=目录
- c=索引
- d=文摘或摘要
- e=字典、词典
- f=百科全书
- g=名录
- h=项目资料
- i=统计资料
- j=成套教材
- k=专利文献
- l=技术标准
- m=学位论文或毕业论文
- n=法律和法规
- o=数字表格
- p=技术报告
- q=试题集
- r=述评
- s=条约
- t=卡通或连环画
- v=学位论文或毕业论文（修订的）
- w=宗教文献
- z=其他
- #=不需赋值

$a/8 会议编码：用1位字符编码表示文献是否为会议出版物：0=非会议出版物，1=会议出版物。

$a/9 纪念文集指示符：用1位字符编码表示文献是否为纪念文集：0=非纪念文集，1=纪念文集。

$a/10 索引指示符：用1位字符编码表示文献是否含有其正文的索引。如果该文献本身是其他著作的索引，内容类型编码（字符位置 4~7）应包括"c"编码：0=无索引，1=有索引。

$a/11 文学体裁编码：用1位字符编码表示文学作品的体裁类型：

- a=小说
- b=戏剧
- c=散文
- d=幽默、讽刺作品
- e=书信
- f=短篇故事
- g=诗词
- h=演说词
- i=（歌剧）剧本、歌词
- y=非文学作品
- z=多种或其他文学体裁

注意：这里的"e书信"是指文学形式的书信；f短篇故事包括寓言、神话、传说、传奇等；g诗词也包括用诗体或韵文写作的非文学作品；i剧本、歌词包括歌剧或其他音乐作品的文字材料，包括唱词和说词；z 多种或其他文学体裁含上述多种体裁或体裁不详的文学作品。

$a/12 传记编码：用一位字符编码表示作品的传记类型：

- a=自传：包括书信、通讯集
- b=个人传记

- c=合传：含多人的传记或家族的传记
- d=含传记资料：如人物指南、人名录等
- y=非传记

【例 5-29】：描述对象为【例 5-23】所指图书《现代信息检索》：

105##$ay###z###001yy

（注：按顺序，y###表示无图，z###表示内容类型为其他，0 表示非会议出版物，0 表示非纪念文集，1 表示有索引，y 表示非文学作品，y 表示非传记）

2. 连续性资源编码数据（110 字段）

字段 110 编码数据字段：连续性资源（coded data field：continuing resources），选择使用，不可重复，指示符 1 和指示符 2 都未定义。子字段只有一个$a 连续性资源编码数据，固定长数据元素，定长 11 位，不可重复。子字段说明与描述规则如下所示。

（1）$a/0，连续出版物类型标识。常用编码：a=期刊，b=丛刊，c=报纸，e=更新的活页，f=数据库，g=更新的网页站点，z=其他。

（2）$a/1，出版或更新周期。具体编码：a=日刊，b=半周刊，c=周刊，d=双周刊，e=半月刊，f=月刊，g=双月刊，h=季刊，i=每年 3 期，j=半年刊，k=年刊，l=双年刊，m=3 年刊，n=每周 3 期，o=旬刊，u=不详，y=不定期，z=其他。

（3）$a/2，出版规律。具体编码：a=定期，b=不规则定期，u=不详，y=不定期。

（4）$a/3，资料类型编码。具体编码：a=书目，b=目录，c=索引，d=文摘（或提要），e=字典/辞典，f=百科全书，g=指南/名录，h=年鉴/年报，i=统计资料，j=系统教材，k=评论，l=法律文献，m=法律报告和汇编，n=法律论文，o=案例和案情记录，p=传记，r=述评文献，t=卡通或连环画，z=其他，#=不需赋值。

（5）$a/4~6，所附资料类型编码。以 3 位字符编码表示当前编目文献是否含有一种以上的参考资料，编码值与资料类型编码同。从左往右顺序写，不足三位时用空位表示；超过三位时，选取前三个。

（6）$a/7，会议出版物指示符。以 1 位字符表示连续出版物是否包含有会议录、会议报告或摘要。具体编码：0=不含会议录，1=含会议录。

（7）$a/8，题名页获得方式编码。以 1 位字符表示连续出版物有无题名页及获得方式。报纸无题名页，均用"y"，期刊的题名页编码有详细的划分。具体编码有：a=每卷最后一期附有活页的题名页，b=每卷最后一期有题名页，c=下卷第一期附有活页的题名页，d=下卷第一期附有题名页，e=单独刊行并免费函索，f=单独刊行并免费自动寄送，g=单独刊行并函购，u=不详，x=不适用，y=无题名页，z=其他。

（8）$a/9，索引获得方式编码。用 1 位字符表示连续性资源各卷有无索引、目次表及其获得方式。具体编码有：a=每卷附有活页的内容索引，b=每卷最后一期附有活页的索引但另起页码，c=每卷最后一期附有活页的题名页但无页码，d=每卷最后一期附装订在一起的索引，e=下卷第一期附有活页的索引且另起页码，f=下卷第一期附有活页的索引且无页码，g=下卷第一期附有装订在一起的索引，h=单独刊行且免费自动寄送，i=单

独刊行且免费函索，j=单独刊行且装订本免费自动寄送，k=单独刊行且装订本免费函索，l=单独刊行且装订本函购，m=在编文献为补编或分丛刊，其索引在正刊或正丛刊内；u=不详；x=不适用；y=无索引；z=其他。

（9）$a/10，积累索引获得方式编码，以1位字符编码表示有无积累索引。具体编码：0=无，1=有。

【例 5-30】：描述对象：期刊《大众文学》：110##$aagaz###0yy0

（注：表示描述的是：期刊，双月刊，定期出版，其他类型，无题名页，无索引，无累积索引或累积目次表。）

【例 5-31】：描述对象：期刊《读者文摘》：110##$aafad###0yy0

（注：表示描述的是：期刊，月刊，定期出版，文摘，无题名页，无索引，无累积索引或累积目次表。）

3. 电子资源编码（135字段，有则必备）

字段135编码数据字段：电子资源（coded data field：electronic resources），是电子资源专有字段。包含的元素有电子资源类型（如磁盘、CD、VCD、DVD、CD-ROM、MP3等）、特定资料标识、色别、尺寸、声音、文件格式数量、质量保证指标、压缩级别、重定格式质量等，而其类型特征则用附注块中的336字段来揭示。

本字段有则必备，若在同一个记录内著录一种以上文件/软件程序时，本字段可重复使用。指示符1和指示符2均未定义，填空格。子字段只有一个$a电子资源编码数据，以字符位置标识其全部数据，字符位从0~12计数，不重复，见表5-8。

表5-8　135字段的$a数据元素表

元素名称	电子资源类型	特定资料标识	色别	尺寸	声音	图像位深度	文件格式数量	质量保证指标	先前的/来源	压缩级别	重定格式质量
字符位置	0	1	2	3	4	5~7	8	9	10	11	12

（1）$a/0电子资源类型：用一位字符编码表示数据文件的类型，如下：

- a=数字
- b=计算机程序
- c=图形显示
- d=文本
- e=书目数据
- f=字体
- g=游戏
- h=声音
- i=交互式多媒体
- j=联机系统或服务
- u=不详
- v=多类型组合
- z=其他

其中，a=数字，是指数字或由数字表示的数据文件；e=书目数据，包括图书馆目录或引文数据库；v=多类型组合，是指数据文件包含不同内容的类型。其他字符编码代表的数据文件的文字说明都易于理解，不再详述。

（2）$a/1特定资料标识：用1位字符编码表示数据载体的类型，如下：

- a=盒式磁带
- b=盒式计算机芯片
- c=计算机盒式光盘
- f=计算机盒式磁带
- h=大型计算机用磁带
- j=计算机软盘
- m=计算机磁光盘
- o=计算机光盘
- r=联机系统
- u=不详
- z=其他

（3）$a/2 色别：用1位字符编码表示电子资源的颜色特征，如下：

- a=单色
- b=黑白
- c=多色彩
- g=灰色
- m=混合
- n=不适用
- u=不详
- z=其他

（4）$a/3 尺寸：用1位字符编码表示电子资源载体的尺寸，只说明最共同的那一部分。在多数情况下，尺寸用于描述磁介质或光介质的装载容器，如下：

- a=3 $\frac{1}{2}$ in
- e =12 in
- g=4 $\frac{3}{4}$ in 或 12 cm
- j=3 $\frac{7}{8}$ ×2 $\frac{1}{2}$ in
- i=1 $\frac{1}{8}$ ×2 $\frac{3}{8}$ in
- n=不适用
- o=5 $\frac{1}{4}$ in
- u=不详
- v=8 in
- z=其他

（5）$a/4 声音：用1位字符编码表示声音产品是否属于电子资源的整体部分，如下：

- #＝无声（静音）
- a=声音记载在介质上
- u=不详

（6）$a/5～7 图像位深度：用3位字符编码表示图像位深度，如下：

- 001-999=精确的位深度
- mmm=多种位深度（含多种类型的图像）
- nnn=不适用
- …=不详

（7）$a/8 文件格式数量：用1位字符编码表示构成电子资源的文件在数字化重定格式时是采用同一种格式或类型还是采用多种，如下：

- a=一种文件格式
- m=多种文件格式
- u=不详

（8）$a/9 质量保证指标：用1位字符编码表示在电子资源重定格式时或创建时是否已经包含相应的质量保证指标，如下：

- a=缺
- n=不适用
- p=呈现
- u=不详

（9）$a/10 先前的/来源：用1位字符编码表示电子文献的前身或来源，对于没有重定格式的原始形式，如图书、手稿等均采用编码"a"，如下：

- a=从原始文献复制的文件
- b=从缩微制品复制的文件
- c=从电子资源复制的文件
- d=从其他中介产品复制的文件（不包含缩微制品）
- m=混合型
- n=不适用
- u=不详

（10）$a/11 压缩级别：用1位字符编码表示电子资源的压缩级别，如下：

- a=未压缩
- b=无损压缩
- d=有损压缩
- m=混合型
- u=不详

（11）$a/12 重定格式质量：用 1 位字符编码表示电子资源的一般物理特征和打算采用重新格式化的电子资源，用于区分那些打算用于对原文献检索的文件和打算对原文献进行保护（或替代）的文件。如下：

- a=检索
- r=替代
- n=不适用
- u=不详
- p=保护

其中，"a=检索"，说明电子资源的质量能支持当前对原文献的电子检索服务，但是不能满足为了对原文献的保护而以此替代原文献的服务；"p=保护"，说明电子资源是通过重定格式建立的，以保护原文献；"r=替代"，说明电子资源有很高的质量，如果原件丢失、损坏或毁坏，该产品可以替代原件提供打印或屏幕播放服务。

【例 5-32】：135##$agoceannnauadu

（注：表示游戏，计算机光盘，多色彩，光盘尺寸是 12in，有声，图像位深度不适用，文件格式数量为 1，质量保证指标为不详，此光盘文件是从原始文献复制的文件，有损压缩，重定格式质量不详。）

5.5　著录信息的描述

著录信息块（descriptive information block）是 CNMARC 书目记录必备块。从知识产权角度讲，这部分描述作品的产权属性。

5.5.1　题名与责任说明的描述

1. 题名与责任说明项字段和格式（200 字段）

对所有在编文献，字段 200 题名与责任说明（title and statement of responsibility）都是必备的，不可重复。更具体些，是指其中的"正题名"是必备的，其他都是可选用。指示符 1 是题名检索意义指示符，指示符 2 未定义。

指示符 1 的值有两个：0=正题名不作检索点，1=正题名作检索点。大多数情况下指示符 1 的值是 1，即正题名作检索点。

子字段共有 13 个：
- $a 正题名（必备，可重复）
- $b 一般资料标识（可重复）

- $c 其他责任者的正题名（可重复）
- $d 并列正题名（可重复）
- $e 其他题名信息（可重复）
- $f 第一责任说明（可重复）
- $g 其他责任说明（可重复）
- $h 分辑（册）、章节号（可重复）
- $i 分辑（册）、章节名（可重复）
- $v 卷标识（不可重复）
- $z 并列正题名语种（可重复）
- $5 使用本字段的机构（不可重复）
- $9 正题名汉语拼音（不可重复）

【例 5-33】：描述专著：刘心武爷爷讲红楼梦.5，海棠诗社[专著]：
2001#$a 刘心武爷爷讲红楼梦$9liu xin wu ye ye jiang hong lou meng$h5$i 海棠诗社$b 专著

2. 题名信息的描述

1）正题名及其分册和汉语拼音的描述

200 字段的子字段$a 正题名，是必备子字段。著录规则遵循《文献著录》系列标准。子字段$9 正题名汉语拼音，记录正题名（第一个$a）中汉字的拼音形式，选择使用，不可重复，其中的汉字按字注音，全部小写；非汉字成分（如外文字母、阿拉伯数字、标点符号等）保留原有形式。《中国机读书目格式》规定$9 跟在相应的$a 内容之后，但现实工作中有些图书馆是将其放在 200 字段的最后部分。

【例 5-34】：2001#$a 西游记$h 下$9xi you ji

【例 5-35】：2001#$a 公文式英语.4A$b 电子资源.CD$9gong wen shi ying yu

2）并列正题名及并列正题名语种的描述

子字段$d 描述并列正题名，当有多个并列正题名时，重复使用$d。用$z 描述并列正题名的语种。《中国机读书目格式》规定并列正题名的规定信息源是题名页和版权页。

【例 5-36】：2001#$a 国富论$b 专著$dThe wealth of nations$f（英）亚当·斯密（Adam Smith）著$g 文竹译$zeng$9guo fu lun

3）描述其他题名需要注意的事项

子字段$e 描述其他题名信息，可重复。

【例 5-37】：2001#$a 人民日报$b 电子资源$e 全文检索数据光盘$e2010～2015 年

4）描述其他责任者题名

子字段$c 描述其他责任者题名，常用在正题名是合订题名的时候。

【例 5-38】：2001#$a 真腊风土记$b 专著$f（元）周达观著$g 夏鼐校注$c 西游录$f（元）耶律楚材著$g 向达校注$9zhen la feng tu ji

3. 责任说明的描述

责任说明部分包括文献的各类主要责任者姓名及其责任方式。200字段的子字段 $f 和$g 来描述责任说明。其中，用$f 描述第一责任方式（规定）的责任者和责任方式，放置在每个伴有责任说明的$a、$c、$d、$h 和$i 之后或对于每个并列责任说明，本字段可重复；用$g 描述其他责任说明的责任者和责任方式，如翻译、注释等，本字段可重复。每种责任方式有多个责任者时，之间用逗号","隔开，这点同卡片格式要求。

【例5-39】：2001#$a 红楼梦$9hong lou meng$b 专著$e 经典插图评点本$f（清）曹雪芹，（清）高鹗著$g（清）脂砚斋，（清）护花主人评点

4. 一般资料标识的描述

《中国机读书目格式》也规定使用一般资料标识（即一般文献类型标识），在 200 字段中用$b 表示，采用 200 字段的子字段$b 一般资料标识描述。例如，对普通图书，在$b 中填入"专著"，跟在子字段$a 正题名之后。《中国机读书目格式》（GB/T 33286—2016）规定所引用的标准是 GB/T 3469—1983 而非其最新替代版。

《中国机读书目格式》规定：子字段"$b 一般资料标识"与 GB/T 3792.1—GB/T 3792.9 "一般文献类型标识"著录单元相对应，也就是说，普通图书、电子资源、测绘制图资料分别采用"专著""电子资源"和"测绘制图资料"的文献类型标识。

【例5-40】：各种类型文献的$b 的运用：

专著：2001#$a 软件安全开发生命周期$b 专著

电子资源：2001#$a 信息描述$b 电子资源

测绘制图资料：2001#$a 中国地图$b 测绘制图资料

录音制品：2001#$a[信息素质教育系列片]$b 录音制品

5. UNIMARC 新增的 203 内容形式和媒介类型

UNIMARC 增加了 203-Content Form and Media Type（new 2016）来实现 ISBD 规定的"0 内容形式和媒介类型项"，也即替代"一般资料标识"。我国已有图书馆开始使用 203 字段替代"$b 一般资料标识"。

203 字段，对应于 ISBD 区域"0 内容形式和媒介类型"区域，其目的是在描述的第一部分指明表示资源内容的基本形式，以及用于传递该内容的载体类型，以帮助目录用户识别和选择适合其需求的来源。

本字段选择使用，当资源由不同的媒介类型组成并包含不同的内容形式时，可重复。指示符 1 和指示符 2 都未定义。（注：当使用 203 字段时，就不再使用 200 字段的子字段$b 一般资料标识）。子字段共有 3 个：

- $a 内容形式（content form）（必备，可重复）
- $b 内容限定（content qualification）（有则必备，可重复）
- $c 媒介类型（media type）（必备，不可重复）

相关字段是 181 和 182 字段。内容形式、内容限定和媒介类型的具体内容遵循 ISBD 的规定，具体见本书 3.1.5 小节中对 ISBD 的 "0 内容形式和媒介类型项" 的介绍。

【例 5-41】：203##$aimage$bcartographic$bstill$b2-dimensional$btactile$cunmediated

注：选自 IFLA 网站上的例子[①]：图像（image），制图（cartographic）；静态（still）；2 维（2-dimensional）；触觉（tactile），媒体类型是 "无媒介（unmediated）"。

5.5.2 版本说明与出版发行信息的描述

1. 版本说明字段（205 字段）

字段 205 版本说明（edition statement），描述版本说明内容。该字段选择使用，可重复。指示符 1 和指示符 2 都未定义。子字段有 5 个，分别为：

- $a 版本说明（不可重复）
- $b 附加版本说明（可重复）
- $d 并列版本说明（可重复）
- $f 与版本有关的责任说明（可重复）
- $g 与版本有关的其他责任说明（可重复）

注意：对于并列的第一责任说明和与附加版本说明相关的第一责任说明，$f 子字段可重复。对于每个附加的其他责任说明和并列其他责任说明，$g 子字段可重复。

【例 5-42】：205##$a2 版$b 修订本$f 李四修订

2. 出版发行字段（210 字段）

字段 210 出版发行（publication，distribution．etc．），描述在编资源的出版发行信息，可选用，一般图书馆都选，不可重复。指示符 1 和指示符 2 都未定义。子字段共有 8 个：

- $a 出版、发行地（可重复）
- $b 出版、发行者地址（可重复）
- $c 出版、发行者名称（可重复）
- $d 出版、发行时间（可重复）
- $e 制作地（可重复）
- $f 制作者地址（可重复）
- $g 制作者名称（可重复）
- $h 制作时间（可重复）

【例 5-43】：210##$a 北京$a 香港$c 三联书店$d1992

[①] IFLA.203-Content Form and Media Type（new 2016）．https://www.ifla.org/files/assets/uca/unimarc_updates/ BIBLIOGRAPHIC/b_203_new2016.pdf

【例5-44】：210##$a 广州$c 花城出版社$a 香港$c 三联书店香港分店$d1983

【例5-45】：210##$a 西安$b 西安市环城南路东段一号（邮编 710054）$c《报刊荟萃》编辑部$d[2009]-

【例5-46】：210##$a[出版地不详]$c[出版者不详]$d2016$e 北京$g360 数据系统

【例5-47】：210##$a 北京$c 北京外语音像出版社$d2006$e 广州$g 广州外语出版社$h2006

5.5.3 载体形态信息和丛编信息的描述

1. 载体形态字段（215 字段）

字段 215 载体形态（physical description），描述文献的载体形态信息。本字段与我国 GB/T 3792 系列国家标准的"载体形态项"相对应。本字段选择采用，不可重复，指示符 1 和指示符 2 都未定义。图书馆通常都选择使用。子字段共有 4 个，分别为：

- $a 特定文献类型标识和文献数量（可重复）
- $c 其他形态细节（不可重复）
- $d 尺寸（可重复）
- $e 附件（可重复）

【例5-48】：215##$a83 页$c 彩图$d21cm$e1 光盘

2. 丛编字段（225 字段）

字段 225 丛编（series），描述丛编信息。图书馆可选择使用，一般图书馆都选用。当受编文献从属多个丛编时，该字段可重复。指示符 1 是题名形式指示符，指示符 2 未定义。指示符 1 的值与含义分别为：0=与检索点形式不同，1=无确定检索点形式，2=与确定的检索点形式相同。

子字段共有 9 个：

- $a 丛编题名（不可重复）
- $d 并列丛编题名（可重复）
- $e 其他题名信息（可重复）
- $f 责任说明（可重复）
- $h 附属丛编号（可重复）
- $i 附属丛编名（可重复）
- $v 卷标识（可重复）
- $x 丛编的国际标准连续出版物号（可重复）
- $z 并列丛编题名语种（可重复）

当所描述文献属于多个丛编时，重复使用 225 字段分别描述各丛编信息。

【例5-49】：描述一般丛书名：2251#$a 乔峰·健安体系丛书

【例 5-50】：描述所属丛书带有卷标的样例：2251#$a 再生医学丛书$v8
【例 5-51】：描述丛编套丛编的样例：2251#$a 万有文库$i 百科小丛书
【例 5-52】：描述带有丛编标识号和分丛编的样例：2252#$a 中国现代文学史资料汇编$h 乙种$i 中国现代作家作品研究资料丛
【例 5-53】：描述带有丛编标识号和分丛编的样例：2252#$a 中国当代经济前沿科学文库$h2001 卷$zeng
【例 5-54】：描述丛编责任说明的记录样例：2251#$a 工业文化通识丛书$f 彭南生，严鹏丛书主编

5.5.4 资料特定细节描述：测绘制图资料与连续性资源

《信息与文献 资源描述》标准中的资源类型特殊项，即《文献著录》系列标准中的文献特殊细节项，在《中国机读书目格式》中被称为资料特定细节项。普通图书的著录没有此项。著录内容规则遵循 GB/T 3792 系列标准。

1. 测绘制图资料的资料特定细节项（206 数学数据）

字段 206 资料特定细节项：测绘制图资料——数学数据（material specific area: cartographic materials— mathematical data），描述数学数据内容。本字段必备，可重复。指示符 1 为格式化指示符，赋值及含义分别为：#=非结构性的；0=结构性的。指示符 2 未定义。子字段共有 6 个，包括：
- $a 数学数据说明（不可重复）
- $b 比例尺说明（可重复）
- $c 投影说明（不可重复）
- $d 坐标说明（不可重复）
- $e 赤经和赤纬（不可重复）
- $f 二分点说明（不可重复）

$a 含有比例尺、投影、坐标、二分点和纪元的文字说明，包括 ISBD 标识符。因为$a 包含其他子字段内容，因此如果使用$a，则不再使用其他子字段。图上载明投影法时，应予著录，其前加前置符号分号";"。

【例 5-55】：描述比例尺的几个 CNMARC 书目记录：
206##$a 五里方
206##$a 垂直比例尺 1：1000000
206##$a1：100000，垂直比例尺 1：200000
206##$a1：10000-1：15000

如果想用子字段分别描述上述内容，则不用$a，改用对应的其他子字段，其中$b 包括在编文献出现的所有种类的比例尺；$c 说明投影的性质，记录投影的名称；$d 说明在编文献所覆盖区域的范围；$e 适用于航空图等；$f 是时间坐标说明，如果需要著录坐标，

可著录此子字段。

【例5-56】：描述比例尺和投影的两种CNMARC书目记录：
①非结构化：206##$a1：4000000；等积圆锥投影，标准纬线北纬25°，北纬47°
②结构化：2060#$b1：4000000$c等积圆锥投影$d标准纬线北纬25°，北纬47°

【例5-57】：描述图廓坐标的两种CNMARC书目记录：
①非结构化：206##$a（E15°-E17°/N1°-N2°）
②结构化：206##$e（E15°-E17°/N1°-N2°）

2. 连续性资源资料特定细节描述（207字段）

字段207资料特定细节项：连续性资源卷期编号（material specific area: numbering of continuing resources），可选择使用，不可重复。指示符1未定义。指示符2是指编号是否是规则指示符。指示符2的值及其含义为：0=规则，1=不规则。

子字段共有两个：
● $a 编号：年代和卷期标识（可重复）
● $z 编号信息来源（可重复）

在$a中采用的符号同卡片格式要求。

【例5-58】：207#0$a创刊号（1980，3）$a1981，no.1 -

【例5-59】：包括200字段和207字段的连续性资源CNMARC书目样例
2001#$a科学技术文献索引$9ke xue ji shu wen xian suo yin$i地球物理学、天文学$f中国科学技术情报研究所重庆分所$b期刊
2070#$a1965，no.1（1965，1，9）-1966，no.9（1966，9，26）=总74-94

另外，凡与总期号相关的试刊可作为一种标识系统著录。试刊如不计算在总期号内，则仅在附注块的315字段说明；复刊的连续出版物，本项仍按继续出版形式著录，休刊、复刊情况在附注块305字段附注项说明。

5.5.5　资料特定细节描述：电子资源（230电子资源特征与231数字文件特征）

1996年我国文化部颁布的部颁标准《中国机读目录格式》规定有230字段，2009年颁布的国家标准《中国机读书目格式》取消了230字段，不过现在很多图书馆馆藏目录MARC记录中依然保留230字段。我国机读目录标准是以IFLA的UNIMARC（UNIMARC Bibliographic, 3rd）为蓝本修改而成，因此，需要查阅目前UNIMARC书目格式的最新修改情况。

UNIMARC书目格式第三版的修订，都是针对单个字段单独修订。针对230字段修订的最新版本是2018年版。2018年单项修订版中删除了之前对230字段的"过时的"（obsolete）的标记。另外，IFLA还在2017年增添了相关的新字段231并于2018年进

行了微调。根据 UNIMARC 书目格式的最新修订[①]：

第一，使用 ISBD（ER）规则著录时，采用字段 230 材料特定领域：电子资源特性（material specific area： electronic resource characteristics），可重复。但该字段从最初的必备字段改为可选用字段。

第二，使用 ISBD 的统一版或者 RDA 规则著录的，则可采用字段 231 数字文件特征（暂定）（digital file characteristics）（provisional）。此字段包含与根据 ISBD 的统一版或 RDA 编制的记录的数字文件特征相关的声明。

简言之，当遵循的是统一版之前的 ISBD 系列标准时，采用 230 字段；当遵循的是 ISBD 统一版标准时，采用 231 字段。

1. 字段 230 电子资源特征

1)《中国机读目录格式》中的 230 字段

由于《中国机读书目格式》删除了 230 字段，这里介绍《中国机读书目格式》的前身：我国文化行业标准《中国机读目录格式》（WH/T 0503—96）的内容。

《中国机读目录格式》中的"230 资源特殊细节项：计算机文件特征字段"，包含的文件特征信息与计算机文件的类型和范围有关。该字段对计算机文件是必备的。如果一个记录描述多个计算机文件的文件特征，则本字段可重复。本字段指示符 1 和指示符 2 都未定义。

本字段的子字段只有一个 $a 文件标识和范围。其中，文件标识是必备的，表示组成该实体文件的特殊类型，如音频数据、数据、程序等，特殊类型的语言表述由书目机构给出；文件范围由文件号组成，而数据或程序的内容则由这些文件组成。范围尺度可根据情况增减。本子字段不可重复。

【例 5-60】：230##$a 计算机数据（10 个文件）和程序（5 个文件）

2) UNIMARC 手册第三版中的 230 字段[②]

字段 230 电子资源特征，如前面所述，原来描述电子资源时，该字段是必备字段，2018 年后改为非必备字段。当在一个记录中描述多个电子资源的文件特性时可重复。指示符 1 和指示符 2 都未定义。230 字段仅有一个子字段$a 文件的名称和范围，不可重复。其中，文件的名称标识构成作品的特定类型的文件，并以书目代理机构的语言给出。文件类型的指定是必需的。文件的范围由构成数据或程序内容的文件数组成。可酌情增加额外的范围措施。文件范围的具体术语以书目代理机构的语言表示。

230 字段的内容相当于 ISBD（ER）的类型和范围。扩展数据块的每个声明都在指定文件后用括号括起来。构成数据或程序内容的文件数量以阿拉伯数字表示。数据文件可以给出记录和/或字节数，程序可以给出语句和/或字节数。当给定文件数时，这个扩展的进一步语句由冒号、空格"："引入。对于包含多个部分的文件，可以给出每个文件的

[①] IFLA. 230- Material Specific Area：Electronic Resource Characteristics（obsolete 2017）（update 2018）https://www.ifla.org/files/assets/unimarc/b_230_update2018.pdf；IFLA. 231-Digital File Characteristics（new2017）. https://www.ifla.org/files/assets/uca/unimarc_updates/BIBLIOGRAPHIC/ b_231_new2017.pdf.

[②] UNIMARC Manual：Bibliographic Format. https://www.academia.edu/1903458/UNIMARC_manual_Bibliographic_format.

记录数和/或字节数或语句数和/或字节数,这些数可以是近似的。

【例5-61】:(注:引自《UNIMARC书目第三版》的例子)

230##$aComputer data

230##$aComputer program(1file:1958 statements)

230##$aComputer data(2files:729 records each) and programs (3files:7260,3450,2518 bytes)

2. 字段231 数字文件特征[①]

由于231字段是IFLA在2017年新增的,2018年有稍微改动。《中国机读书目格式》未能设置该字段,因此本书介绍IFLA发布的UNMARC书目格式中的231字段内容。

231字段包含与数字文件特性相关的语句,即与资源中文本、图像、音频、视频和其他类型数据的数字编码相关的技术规范。这些信息也可以记录在215载体形态字段的子字段$C(其他形态细节)中。本字段选择使用,可重复。指示符1和指示符2都未定义。子字段共有10个,分别为:

- $a 文件类型(可重复)
- $b 编码标准(可重复)
- $c 编码标准的版次(可重复)
- $d 编码标准详情(可重复)
- $e 文件大小(可重复)
- $f 分辨率(可重复)
- $g 区域编码(可重复)
- $h 编码比特率(可重复)
- $2 来源(不可重复)
- $6 记录内连接数据(可重复)

其中,$e文件大小用字节数表示;$f分辨率用于记录计算机图像数据的最小测量单位,用每英寸点数、每行像素或每毫米行数表示,它指示在图像的一个像素中找到的细节量;$h编码比特率是指每单位时间传送或处理的数字数据量,通常用每秒比特数或其倍数之一表示;$2来源是指受控术语的来源。

【例5-62】:(例子引自IFLA-UNIMARC Bibliographic:b_231_new2017.pdf)

231##$aProgram file$bFORTRAN$c95

231##$aFichier texte$bEPUB$c3.0$d$dformat fixe$e1249 K

231##$aVideo file$bDVD video$gregion 2

231##$aImage file$bJPEG$e3Mo$2rda

231##$aText file$bASCII$2rda

[①] IFLA. 231-Digital File Characteristics(new 2017). https://www.ifla.org/files/assets/uca/unimarc_updates/BIBLIOGRAPHIC/b_231_new2017.pdf.

5.6 附注信息的描述

5.6.1 附注块的字段类型

《中国机读书目格式》有专门的附注块（notes block），见表5-9。

表5-9　CNMARC书目格式中附注块的字段

字段号和字段名	字段号和字段名
300 一般性附注（可代替301—315字段）	318 操作附注
301 标识号附注	320 文献内书目、索引附注
302 编码信息附注	321 被外部文献索引、摘要和引用附注
303 著录信息一般性附注	322 制作者附注（投影制品、录像制品和录音制品）
304 题名和责任说明附注	323 演出者附注（投影制品、录像制品和录音制品）
305 版本与书目沿革附注	324 原作版本附注
306 出版发行等附注	325 复制品附注
307 载体形态附注	326 出版或更新周期附注（连续性资源）
308 丛编附注	327 内容附注
310 装订及获得方式附注	328 学位论文附注
311 连接字段附注	330 提要或文摘附注
312 相关题名附注	332 引文附注
313 主题检索附注	336 电子资源类型附注
314 责任附注	337 系统需求附注（电子资源）
315 资料（或出版物类型）特定细节附注	345 采访信息附注
316 现有藏本附注	393 系统外字符附注
317 出处附注	

在CNMARC中，除了300字段外，还根据各种附注内容的差异，用不同字段描述不同的附注内容。其中301—315字段一般可以被300字段代替。除了个别特殊情况（如描述电子资源等非纸质文献时，304字段是必备字段，描述正题名的来源）外，附注项的各字段皆为选择使用、可重复、指示符都未定义。最常用的附注字段是300字段和330字段。

5.6.2 基本信息附注的描述

300 字段—315 字段，都只有一个子字段$a 附注内容，子字段不可重复，指示符 1 和指示符 2 都未定义，为空。

字段 300 一般性附注（general notes），描述包含与在编文献或其相关记录有关的任何方面的附注。300 字段可以代替 301—315 字段，或者当源格式没有提供与本格式相同的附注类型，300 字段还包含那些不能分配在更为专指的附注字段的任何附注。

字段 304 题名和责任说明附注（notes pertaining to title and statement of responsibility），包含与在编文献 200 字段题名或责任说明有关的附注。如果所描述的资源是电子资源等非纸质文献，本字段为必备字段。

【例 5-63】：普通图书的 200 字段和附注字段：
2001#$a 用户体验可视化指南$b 专著$f（美）James Kalbach 著$gUXRen 翻译组译$9yong hu ti yan ke shi hua zhi nan
300##$a 异步图书
305##$aO'Reilly Media，出版公司授权出版
312##$a 封面英文题名：Mapping experiences
【例 5-64】：电子资源的 304 字段是必备字段：304##$a 题名取自盘面标签

5.6.3 其他常用附注字段

1. 文献内书目、索引附注（320 字段）

字段 320 文献内书目、索引附注（internal bibliographies/indexes note）说明在编文献含有书目、索引。指示符 1 和指示符 2 都未定义。子字段有两个，分别为$a 附注内容（不可重复）和$u 统一资源标识（可重复）。

【例 5-65】：320##$a 有索引。

2. 提要或文摘附注（330 字段）

字段 330 提要或文摘附注（summary of abstract）说明在编文献含有提要或文摘。指示符 1 和指示符 2 都未定义。仅有一个子字段：$a 附注内容（可重复）。

【例 5-66】：2001#$a 北京地方文献工具书提要$9bei jing di fang wen xian gong ju shu ti yao$b 专著$f 韩朴主编
300##$a 北京历史文献书目索引集成
330##$a 本书从 2 000 余种检索北京相关信息的工具书中选择收录了出版于 2004 年底之前的 588 个重要品种，详细著录其外部特征，以及该书的版本、内容、编制结构、检索方法、特殊用途、文献价值等。并将其余 567 种列为书后存目，以备更为广泛的查检。

3. 复制品附注（325 字段）

字段 325 复制品附注（reproduction note）包含有关文献复制品的附注。当在编文献是复制品或可获得的在编文献复制品信息时，记录在本字段。指示符 1 是原版/复制品指示符，指示符 2 未定义。也可用 300 字段来描述。指示符 1 的值及其含义如下：#=在编文献为复制品，附注描述复制品；1=在编文献为原版，附注描述一个可获得的复制品。

【例 5-67】：图书复制品的 CNMARC 书目记录：
2001#$a 唐宋元明名画大观$b 专著$f 冯朝辉，田德宏编$9tang song yuan ming ming hua da guan
205##$a2 版$b 影印本
325##$a 中国近代经典画册影印本

4. 连接字段附注（311 字段）

连续性资源之间往往有各种连接关系，在机读目录中这些连接关系可在 311 连接字段附注（notes pertaining to linking fields）字段进行描述。本字段选择使用，可重复。指示符 1 和指示符 2 都未定义。子字段只有一个：$a 附注内容（不可重复）。

【例 5-68】：311##$a 本刊是 1986 年创刊的《中国涂料》的姐妹刊
（注：引用自《中国机读书目格式》的样例。）

5. 出版或更新周期附注（连续性资源）（326 字段）

字段 326 出版或更新周期附注（连续性资源）（frequency statement note (continuing resources)）包含有关连续性资源出版或更新周期的附注。本字段选择使用。当要说明该连续性资源不同时期的出版或更新周期时，本字段应重复。当需要重复著录多个出版或更新周期内容时，按顺序先著录最近出版或更新周期。指示符 1 和指示符 2 都未定义。子字段包括两个：$a 出版或更新周期的说明（不可重复）和$b 出版或更新周期的起止年代（不可重复）。

【例 5-69】：2001#$a 中国科学$9zhong guo ke xue$hG 辑$i 物理学 力学 天文学$dScience in China$hSeries G$iPhysics, mechanics & astronomy$zeng$b 期刊
207#0$av.34，no.1（2004，2）-v.39，no.12（2009，12）
326##$a 月刊$b2008—2009
326##$a 双月刊$b2004—2007

6. 电子资源类型附注（336 字段）

字段 336 电子资源类型附注（type of electronic resource note）包含有关电子资源类型的信息特征的附注。除了一般的描述符（如文本、计算机程序、数字），更具体的信息，如文本材料的形式或类型（如传记、字典、索引）也可记录在该字段中。336 字段是对 230 字段的补充。本字段选择使用，可重复。指示符 1 和指示符 2 都未定义，填空。子字段只有一个子字段：$a 附注内容（不可重复）。

【例 5-70】：336##$a 交互式（娱乐游戏）

7. 系统需求附注（电子资源）（337 字段）

字段 337 系统需求附注（电子资源）（system requirements note（electronic resources））描述系统要求附注。选择使用，可重复。指示符 1 和指示符 2 都未定义。子字段共有两个：$a 附注内容（不可重复），$u 统一资源标识（可重复）。

其中，$a 附注内容，记录电子资源使用时的系统要求附注，常以"系统要求："作为导语，对于远程访问的电子资源，通常以"访问方式："作为导语。

$u 统一资源标识（uniform resource identifier，URI），统一资源标识，如统一资源定位符（uniform resource locator，URL）或统一资源名称（uniform resource name，URN），采用标准语法提供电子访问数据。通过特定的网络协议即可自动访问电子资源数据。$u 用于标示拥有电子资源相关技术信息的网页或网站。

【例 5-71】：337##$a 访问方式：www

【例 5-72】：
2001#$aSPY 视觉大发现$b 电子资源$e 游戏攻略与答案$9SPY shi jue da fa xian
304##$a 题名取自题名屏幕
337##$a 系统要求：需安装 PDF 阅读软件

5.7　CNMARC 书目资源之间关系信息的描述

信息资源与信息资源之间存在多种关系，如评论与被评论、原文与译文、总集与分册等。对这些关系的描述，更有利于用户查阅到相关内容文献。

本书第 1 章介绍了 IFLA-LRM 定义的关系有 36 种，分为同类实体之间的关系和不同实体之间的关系两大类。目前我国国家标准《中国机读书目格式》描述的关系还没有那么全面，也比较分散，如 200 字段的$f 和$g 描述作品与代理的关系，210 字段$g 描述载体表现与代理的关系等。目前《中国机读书目格式》用其 4 款目连接块（linking entry block）描述部分同类实体间的关系。

5.7.1　款目连接块的字段类型及连接关系描述方法

对信息资源之间关系的描述，目前主要有两大类方法，一种是采用附注项和丛书项形式，在附注项和丛书项说明相关文献之间的关系，主要用于多卷书和丛书的描述；一种是采用 4 块的款目连接（机读目录）。当有关联的不同信息资源书目记录都存在同一个机读书目文档中时，通常需要通过 4 款目连接块将不同记录连接起来。

1)《中国机读书目格式》描述文献关系的字段

《中国机读书目格式》规定的连接块的字段见表5-10。每个记录连接字段所包含的数据字段，均嵌入被连记录的字段标识符、字段指示符和子字段标识符。各款目连接字段应包括足够的数据以标识被连记录或被连文献本身（如无记录）。

表5-10 CNMARC书目款目连接块的字段

字段	字段
410 丛编	443 由……部分替代
411 附属丛编	444 并入
412 摘录或单行本来源	445 部分并入
413 摘录或单行本	446 分成……、……和……
421 补编、增刊	447 与……、……合并而成……
422 正编、正刊	448 改回
423 合订、合刊	451 同一媒体的其他版本
424 被……更新	452 不同媒体的其他版本
425 更新	453 译为
430 继承	454 译自
431 部分继承	455 复制自
432 替代	456 复制为
433 部分替代	461 总集
434 吸收	462 分集
435 部分吸收	463 单册
436 ……、……和……合并而成	464 单册分析
437 分自	470 被评论作品
440 由……继承	481 还装订有……
441 由……部分继承	482 与……合装
442 由……替代	488 其他相关作品

所有字段的指示符1都未定义，指示符2是附注指示符，其值及含义分别为：0=不作附注，1=作附注，表示是否在转换为卡片格式时将4—中字段中的内容转为附注项内容。

2）连接关系描述方法类型

有两种连接方法：嵌入字段技术和标准子字段技术。图书馆目前普遍使用的是嵌入字段技术。

嵌入字段技术是上述各字段均采用一个子字段，且此子字段为$1连接数据字段（可重复）。每个$1子字段均包含具有字段标识符、字段指示符和子字段标识符的完整的数据字段。对每个嵌套字段，本子字段均可重复。CNMARC 规定：一个完整书目记录构成的连接字段应当包含被连接实体的 001、500（或者 200$a 正题名）、7—（主要知识责任）和 206（资料特殊细节项：测绘资料——数学数据）等字段。

【例 5-73】：《双城记》译自英文版《A tale of two cities》，且两作品的书目记录都在同一个书目文档中，则在《双城记》书目记录中用 454 字段指出其翻译出处：

2001#$a 双城记$b 专著$dA tale of two cities$fCharles Dickens[著]$zeng$9shuang cheng ji

454#1$12001#$aA tale of two cities$1701#1$aDickens, $bCharles, $f1810-1870

标准子字段连接方式，是使用各子字段描述需要链接的内容。标准子字段中，各字段包含的子字段如下：

- $a 责任者（不可重复）
- $b 一般资料标识（不可重复）
- $c 出版地（可重复）
- $d 出版日期（不可重复）
- $e 版本说明（不可重复）
- $f 第一责任说明（可重复）
- $g 其他责任说明（可重复）
- $h 分辑（册）、章节号（可重复）
- $i 分辑（册）、章节名（可重复）
- $j 并列题名（可重复）
- $m 国际标准乐谱号（可重复）
- $n 出版、发行者名称（可重复）
- $o 其他题名信息（可重复）
- $p 载体形态项（不可重复）
- $s 丛编说明（可重复）
- $t 题名（可重复）
- $u 统一资源标识（不可重复）
- $v 卷期号（不可重复）
- $x 国际标准连续出版物号（可重复）
- $y 国际标准书号（可重复）
- $zCODEN 号（不可重复）
- $0 记录标识号（不可重复）
- $3 规范记录号（可重复）
- $5 使用本字段的机构（不可重复）

【例 5-74】：上述【例 5-73】中 454 字段内容用标准子字段描述：

454#1$aDickens.Charles$tA tale of two cities

以下介绍比较常用的几个字段的使用方法。样例仅采用嵌入方式。

5.7.2 丛编关系信息的描述

丛编关系信息分别用 410 丛编字段和 411 附属丛编字段描述。

字段 410 丛编（series），可选择使用，可重复。410 字段是用来描述在编文献所属的丛编的 CNMARC 书目记录。当在编文献同时从属于多个丛编，且本馆对这些丛编都做了 CNMARC 书目记录，则重复著录 410 字段。如果在编文献所属的丛编，本身也有丛编，即对在编文献来讲，有多层丛编，则可以重复 410 字段。连接各层丛编记录，连接时，较高层次者先于较低层次者。字段 411 附属丛编（subseries），是描述在编的丛编资源与从属于其附属丛编的关系。

【例 5-75】：《巴金研究资料》的上一层丛编有《中国现代文学史资料汇编.乙种》，而后者的丛编是《中国现代作家作品研究资料丛书》：

①记录标识符为 004977169 的书目：

100##004977169
2001#$a 巴金研究资料$b 专著$f 李存光编$9ba jin yan jiu zi liao
2251#$a 中国文学史资料全编$i 现代卷$v44
410#0$1100##002612500$12001#$a 中国现代作家作品研究资料丛书
410#0$1100##002617733$12001#$a 中国现代文学史资料汇编$h 乙种

②记录标识符为 002617733 的书目：

100##002617733
2001#$a 中国现代文学史资料汇编$h 乙种
2252#$a 中国现代作家作品研究资料丛书
410#0$1100##002612500$12001#$a 中国现代作家作品研究资料丛书

③记录标识符为 002612500 的书目：

100##002612500
2001#$a 中国现代作家作品研究资料丛书$b 专著$f 陈荒煤主编
411#1$1100##002617733$12001#$a 中国现代文学史资料汇编$h 乙种
830##$a 本丛书尚未出齐，以后补充数据

5.7.3 不同版本关系的描述

1. 不同媒体或同一媒体不同版本的描述

《中国机读书目格式》提供了 451 同一媒体的其他版本字段和 452 不同媒体的其他版本字段。

【例 5-76】：《民族画报》除了有汉文版外，还有蒙古、藏、维吾尔、朝鲜、哈萨克文版：

汉文版的 CNMARC 书目记录：（注，其他版本的字段描述方法同）

001111999005042

2001#$a 民族画报$9min zu hua bao$b 期刊

205##$a 汉文版

300##$a 还有蒙古、藏、维吾尔、朝鲜、哈萨克文版

4511#$1100111201001011$12001#$a 民族画报$1205 ##$a 蒙古文版$1011 ## $a1002-915X

4511#$1100111201100028$12001#$a 民族画报$1205 ##$a 藏文版$1011 ## $a1002-9141

4511#$1001112011000029$12001#$a 民族画报$1205 ##$a 维吾尔文版$1011 ## $a1002-9168

4511#$1100111201001030$12001#$a 民族画报$1205 ## $a 朝鲜文版

4511#$1100111201100027$12001#$a 民族画报$1205 ##$a 哈萨克文版$1011 ## $a1002-9176

【例 5-77】：国家图书馆馆藏目录显示收藏有《漫画韩语会话极短句》的纸质普通图书版和录音制品版（图 5-3），用 452 字段描述两者关系：

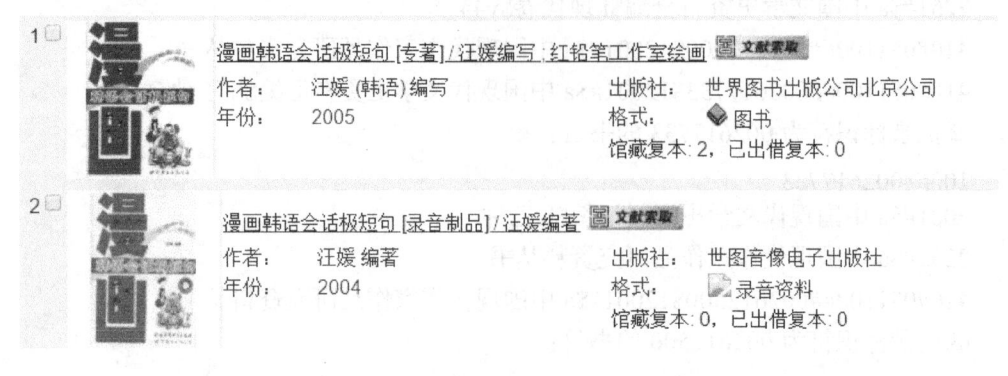

图 5-3　国家图书馆《漫画韩语会话极短句》馆藏目录（部分）

（1）普通图书版的 CNMARC 书目记录：

001002835858

010##$a7-5062-7038-2$dCNY22.00

2001#$a 漫画韩语会话极短句$b 专著$f汪媛编写$g 红铅笔工作室绘画$9man hua han yu hui hua ji duan ju

452#0$1001002903490$12001#$a 漫画韩语会话极短句$b 录音制品

（2）录音制品版的 CNMARC 书目记录：

001002903490

010##$a7-88751-409-6$d 赠送

2001#$a 漫画韩语会话极短句$b 录音制品$f 汪媛编著$9man hua han yu hui hua ji duan ju

452#0$1001002835858$12001#$a 漫画韩语会话极短句$b 专著

2. 不同语种版本的描述

分别有 453 译为（translated as）字段和 454 译自（translation of）字段。

【例 5-78】：《西游记》翻译成英文《The Journey to the West》，前者在 CNMARC 书目文档，后者在同库中的西文书目文档中：

2001#$a 西游记$9xi you ji$f 吴承恩著

453#1$12001#$aThe Journey to the West$1701#0$aWu Chengen$c（吴承恩）

【例 5-79】：《飘》译自《Gone with the Wind》，前者在 CNMARC 书目文档，后者在同库中的西文书目文档中：

2001#$a 飘$9piao$fMargaret Mitchell 著$g 刘泽漫译

454#1$12001#$aGone with the Wind$1701#1$aMitchell，$bMargaret

3. 原件和复制件关系的描述

分别有 455 复制自（reproduction of）字段和 456 复制为（reproduction as）字段。

【例 5-80】：《正宗爱国报》期刊被复制为缩微品

（1）《正宗爱国报》期刊纸质版的 CNMARC 书目记录：

001112000605381

2001#$a 正宗爱国报$9zheng zong ai guo bao$b 期刊

456#1$0001010492149$12001#$a 正宗爱国报$b 缩微品

（2）《正宗爱国报》期刊缩微品的 CNMARC 书目记录：

001010492149

2001#$a 正宗爱国报$9zheng zong ai guo bao$b 缩微品$f 丁国珍编辑

4551#$1001112000605381$12001#$a 正宗爱国报$b 期刊$1210 ##$a 北京$c 正宗爱国报馆[发行者]$d[19--?]-1909$1215 ##$a793no.$d26cm

5.7.4 层级关系的描述

461 总集（set）字段，用于实现对总集一级文献记录的连接。被连接的记录处于总集级。而含有本字段的记录处于被连接总集记录下面的分集、单册或单册分析级。

462 分集（subset）字段，用于实现对分集一级文献记录的连接。被连的记录处于分集级，而含有本字段的记录处于被连接记录的下层单册或上层总集，或上级或下级的分集。

463 单册（piece）字段，用于实现对单册一级文献记录的连接。被连接的记录处于单册一级，而含有本字段的记录处于下一层的单册分析级，或上层的分集或总集级。

【例 5-81】：《湖湘文库》有其分集《湖南大公报》等，CNMARC 书目记录：

（1）《湖南大公报》记录，用 461 字段连接其总集《湖湘文库》的记录。

001005189188

2001#$a 湖南大公报$b 电子资源$e1915.09-1947.11$f 湖南电子音像出版社，湖湘旧报编辑部编$9hu nan da gong bao

461#0$1001005210752

（2）《湖湘文库》记录，用462字段连接其分集《湖南大公报》等的记录。

001005210752
2001#$a 湖湘文库$i 湖湘旧报$b 电子资源$f 湖南电子音像出版社，湖湘旧报编辑部编$9hu xiang wen ku
462#0$1001005189188$12001#$a 湖南大公报
462#0$1001005188594$12001#$a 力报
……

【例5-82】：《中医歌诀白话解丛书》包括单册《医学三字经白话解》和《药性赋白话解》

（1）《医学三字经白话解》的记录：461是连接到总集的001字段内容。

001006777762
2001#$a 医学三字经白话解$9yi xue san zi jing bai hua jie$b 专著$f 高学敏[等]编著
2252#$a 中医歌诀白话解丛书
461#0$1001005959895

（2）《药性赋白话解》的记录：461是连接到总集的001字段内容。

001006777766
2001#$a 药性赋白话解$9yao xing fu bai hua jie$b 专著$f 高学敏，李兴广，王淳编著
2252#$a 中医歌诀白话解丛书
461#0$1001005959895

（3）《中医歌诀白话解丛书》的记录：463是连接到上述两个单册的各自001字段内容。

001005959895
2001#$a 中医歌诀白话解丛书$b 专著$f 郭栋，乔明琦总主编$9zhong yi ge jue bai hua jie cong shu
463#0$1001006777762
463#0$1001006777766

5.7.5 连续性资源之间关系的描述

对连续性资源沿革的描述，一般使用附注项即可。但如果编目馆对沿革发展中的连续性资源也有收藏，在机读目录中通常用"4—款目连接块"字段，将发展中的各个时段出版物的描述记录进行连接，也起到附注作用。4—块描述的内容就不用3—附注项重复描述。连续性资源常有的关系包括继承与被继承关系、替代与被替代关系、合并与拆分关系等。以下仅列举最常出现的继承与被继承关系的描述。

字段430 继承（continues），是描述在编文献对本字段所指文献的继承关系。字段440 由…继承（continued by），是描述在编文献对本字段所指文献的被继承关系。

【例 5-83】：期刊《现代图书情报技术》改名为《数据分析与知识发现》
（1）《现代图书情报技术》的 CNMARC 书目记录：
2001#$a 数据分析与知识发现
430#1$12001#$a 现代图书情报技术
（2）《数据分析与知识发现》的 CNMARC 书目记录：
2001#$a 现代图书情报技术
440#1$12001#$a 数据分析与知识发现

5.8　CNMARC 书目检索点的描述

《中国机读书目格式》规定，使用 5 相关题名块（related title block）、6 主题分析块（subject analysis block）和 7 责任块（responsibility block）来分别描述题名检索点、主题分类检索点和责任者检索点。

5.8.1　检索点描述概述

《中国机读书目格式》规定，对正题名作检索点的描述，是通过 200 字段的指示符 1 的值来实现的，指示符 1 的值为 1，则表示子字段$a 正题名中的正题名作为检索点。对文献其他检索点则是用 5 相关题名块、6 主题分析块和 7 责任块进行描述。

5～7 块中许多字段的子字段含义和用法相同，这里统一列出：
- $j 形式复分（可重复）
- $x 论题复分（可重复）
- $y 地理复分（可重复）
- $z 年代复分（可重复）
- $2 编码系统（不可重复）
- $3 规范记录号（不可重复）
- $5 使用本字段的机构（不可重复）
- $6 字段间连接数据（不可重复）
- $9 本字段$a 中题名的汉语拼音（不可重复）

其中，$j 形式复分，是用以进一步说明文献类型的词语；$x 论题复分，是用以进一步说明主题检索点所描述论题方面的词语；$y 地理复分，用以进一步说明与主题检索点所描述的题名有关的地名的词语；$z 年代复分，用以进一步说明与该主题检索点所描述的题名有关的年代的词语；$2 编码系统，用以描述所依据的主题检索点编码形式的系统标识；$3 规范记录号，是指检索点的规范记录控制号，可与规范格式数据一起使用；$9 统一题名汉语拼音。有些机构不使用$j，对应内容可著录在$x 中。

以下介绍的 5~7 块主要字段中，如果包括上述子字段，将只写出相应的子字段标识符。

5.8.2 题名检索点的描述

5 相关题名块，是描述除了正题名外的其他题名检索点内容。5 相关题名块目前包括的字段见表 5-11。

表 5-11 相关题名块的字段

字段号	字段名	字段号	字段名
500	统一题名	517	其他题名
501	作品集统一题名	518	现代标准书写题名
503	统一惯用标目	520	曾用题名（连续性资源）
510	并列正题名	530	识别题名
511	半题名	531	缩略题名（连续性资源）
512	封面题名	532	展开题名
513	附件题名页题名	540	编目员补充的附加题名
514	卷端题名	541	编目员补充的翻译题名
515	逐页题名	545	分部题名
516	书脊题名	560	人为题名

多数相关题名字段的指示符 1 用以标识题名的检索意义，说明编目机构是否用该题名建立独立的题名检索点（或附加款目）。如果需要生成独立的题名检索点，则指示符 1 赋值"1"。如不需要，则指示符 1 赋值"0"，该指示符不涉及建立著者/题名检索点和利用该字段的数据生成附注的问题。

5 相关题名块字段中，500~503 字段是描述统一题名类型的；511~517 字段和 545 字段是描述文献其他位置出现的题名的检索点；510、518、530、532、540 和 541 字段是描述正题名其他形式的题名的检索点。如果很多位置上的题名如半题名、卷端题名、书脊题名等和正题名相同，则无须著录。以下选择比较常用的 517 其他题名进行解释。

字段 517 其他题名（other variant titles），可选择使用，可重复。指示符 1 是题名检索意义；指示符 2 未定义。

指示符 1 的值及其含义分别为：
- 0=题名不做检索点
- 1=题名做检索点

包括 3 个子字段：
- $a 该字段对应的题名（不可重复）
- $e 其他题名信息（可重复）
- $9 该字段对应的题名汉语拼音（不可重复）

【例 5-84】：交替题名做检索点：

2000#$a 红楼梦, 又名, 石头记$b 专著$e 程丁插图全本
5171#$a 石头记$9shi tou ji

【例 5-85】：丛编名做检索点：
2252#$a 火力发电厂
5171#$a 火力发电厂

【例 5-86】：合订题名做检索点：
2001#$a 真腊风土记$b 专著$f（元）周达观著$g 夏鼐校注$c 西游录$f（元）耶律楚材著$g 向达校注$9zhen la feng tu ji
5171#$a 西游录

【例 5-87】：其他题名信息做检索点：
2001#$a3D 人体解剖图$b 专著$e 从身体构造检索疾病
5171#$a 从身体构造检索疾病

录音制品中各内容单元的名称可以用 517 字段著录为检索点，也可以放在附注项中，选择其一。

5.8.3 主题检索点的描述

6 相关题名块的字段如表 5-12 所示。

表 5-12 相关题名块中的字段

字段号和字段名	字段号和字段名
600 个人名称主题	620 出版地、演奏地与日期
601 团体名称主题	621 源起地与日期
602 家族名称主题	660 地区代码（GAC）
604 名称和题名主题	661 年代范围代码
605 题名主题	675 国际十进分类法（UDC）[1]
606 论题名称主题	676 杜威十进分类法（DDC）[2]
607 地理名称主题	680 美国国会图书馆分类法（LCC）[3]
608 形式、体裁或物理特性标目	686 国外其他分类法分类号
610 非控主题词	690 中国图书馆分类法 CLC[4]
615 主题范畴（暂定）	692 中国科学院图书馆图书 CLCAS[5] 分类法
616 商标主题	696 国内其他分类法分类号
617 有等级的地理名称主题	

---

[1] UDC，Universal Decimal Classification.
[2] DDC，Dewey Decimal Classification.
[3] LCC，Library of Congress Classification.
[4] CLC，Chinese Library Classification.
[5] CLCAS，Classification for Library of the Chinese Academy of Science.

表 5-12 中的字段可以分为三大部分：第一部分，606 和 610 字段属于论题主题类字段，用于描述文献内容特征的主题词：普通名词或名词短语；第二部分，600～661 字段属于名称主题分析字段；第三部分，675～696 字段描述依据国内外重要分类法给的分类号。

以下选择介绍常用的 606 论题名称主题字段和 690《中国图书馆分类法》分类号字段。

1）606 论题名称主题（学科名称主题）

字段 606 论题名称主题（topical name used as subject），选择使用，可重复。指示符 1 是主题词级别，指示符 2 未定义。指示符 1 的值及其含义：

- 0=没指定级别
- #=无适用的信息
- 1=主要词，描述了文献中心内容或主题
- 2=次要词，描述了文献较为次要方面的内容

子字段包括$a 款目要素（不可重复）以及 5.8.1 小节中描述的子字段$j, $x, $y, $z, $2，$3。

【例 5-88】：
2001#$a 有机西红柿高产栽培流程图说
6060#$a 番茄$x 蔬菜园艺$x 无污染技术$j 图解

【例 5-89】：
2001#$a 西域南海史地考证译丛
6060#$a 历史地理$x 考证$x 文集$y 西域
6060#$a 历史地理$x 考证$x 文集$y 南海

2）690 中国图书馆分类法（CLC）

字段 690 中国图书馆分类法（CLC）(Chinese Library Classification)包含根据《中国图书馆分类法》分配给在编文献的分类号，并附以所用分类法的版次。本字段选择使用，可重复。指示符 1 和指示符 2 都未定义。子字段共有 3 个，分别是：

- $a 分类号（不可重复）
- $v 版次（不可重复）
- $3 分类记录号（不可重复）

【例 5-90】：
2001#$a 有机西红柿高产栽培流程图说
690##$aS641.2-64$v5

5.8.4 责任者检索点的描述

在描述责任者时会遇到单独责任方式、分担责任方式和混合责任方式。所谓单独责任方式，即仅有一个责任者和一个责任方式；所谓分担责任方式，是指所描述著作中多个人以同一种责任方式完成该著作；所谓混合责任方式，是指所描述著作中多人以不同责任方式完成该著作。

《中国机读书目格式》规定用 7 责任块来描述责任者检索点，具体字段见表 5-13。该责任块包含对在编文献的创作负有某种责任形式的个人或团体的名称。需要建立检索点的责任者泛指所有与文献有关的个人、团体或家族及出版者，也包括录音等类型资料出版时所用的商标。无论是否在 200 字段反映，都可以建立责任者检索点。

表 5-13 责任块中的字段

字段号	字段名
700	个人名称：主要知识责任字段
701	个人名称：等同知识责任字段
702	个人名称：次要知识责任字段
710	团体名称：主要知识责任字段
711	团体名称：等同知识责任字段
712	团体名称：次要知识责任字段
720	家族名称：主要知识责任字段
721	家族名称：等同知识责任字段
722	家族名称：次要知识责任字段
716	商标
730	名称：责任实体
740	法律和宗教文本统一惯用标目：主要责任
741	法律和宗教文本统一惯用标目：等同责任
742	法律和宗教文本统一惯用标目：次要责任

特别说明：

第一，700、710、720 字段仅在编目机构采用"主要款目"概念时采用，且这三个字段不能在一个编目记录中同时存在，因为一个记录只能有一个主要款目。

第二，中文文献编目已经取消了"主要款目"这一概念，所以对中文文献的描述，不适用 700、710、720 这三个字段，相应地需要采用 701 字段、711 字段或者 712 字段。

第三，名称检索点的规范要求和规范书写格式见第 4 章内容。

第四，本小节很多字段包括了以下共同的子字段：

- $a 款目要素（不可重复）（注：当存在对应字段时子字段$a 必备）
- $5 使用本字段的机构（不可重复）
- $9 款目要素汉语拼音（不可重复）

以下主要介绍目前图书馆常用的几个字段。

1. 个人名称检索点的描述

1）个人名称——主要责任（700 字段）

字段 700 个人名称——主要责任（personal name—primary responsibility），包含负有主要责任的个人名称，编目机构采用主要款目时使用。本字段对应 200 字段$f 子字段的第一位责任者，描述该责任者的规范格式，规范格式的标准见本教材第 4 章。本字段选择使用，不可重复。指示符 1 未定义。指示符 2 是名称形式指示符，指示符 2 的值有两个：0=直序（中国先姓后名为直序，西方先名后姓为直序）；1=倒序。

子字段共有 9 个，包括：
- $a 款目要素（不可重复）
- $b 名称的其余部分（款目要素除外）（不可重复）
- $c 名称附加（日期除外）（可重复）
- $d 罗马数字（不可重复）
- $f 日期（不可重复）
- $g 名字首字母的展开形式（不可重复）
- $p 任职机构/地址（不可重复）
- $3 规范记录号（不可重复）
- $4 关系词编码（责任方式）（可重复）

2）个人名称——等同责任（701 字段）

字段 701 个人名称——等同责任（personal name—alternative responsibility），描述的个人著者名称有三类：
- 采用主要款目时与 700 字段责任者负有等同责任的个人著者；
- 题名做主要款目标目的，其第一责任说明中的所有个人著者；
- 不采用主要款目的，受编文献第一责任说明中的所有个人著者。

本字段选择使用，可重复。指示符 1 未定义。指示符 2 是名称形式指示符。

指示符 2 的值有两个：
- 0=直序（中国先姓后名为直序，西方先名后姓为直序）
- 1=倒序

子字段共 10 个，比 700 字段多一个子字段$9 款目要素汉语拼音。本字段对应 200 字段中的子字段$f。

【例 5-91】：701#0$a 杨新发$9yang xin fa$4 主编

3）个人名称——次要责任（702 字段）

字段 702 个人名称——次要责任（personal name—secondary responsibility），描述与第一责任方式不同责任方式的个人著者作为检索点。本字段选择使用，可重复。指示符同 701 字段。子字段共 11 个，比 701 字段多一个子字段$5，其他子字段同 701 字段。本字段对应 200 字段的子字段$g。

【例 5-92】：

2001#$a 管理信息系统$b 专著$dExperiencing MIS$e 英文版$f戴维·克伦克（David M. Kroenke），兰德尔·博伊尔（Randall J. Boyle）著$g 冯玉强等译$zeng$9guan li xin xi xi tong

701#1$c（美）$a 克伦克$c（Kroenke， David M.）$4 著$9ke lun ke

701#1$c（美）$a 博伊尔$c（Boyle， Randall J.）$4 著$9bo yi er

702#0$a 冯玉强$f（1961～）$9feng yu qiang$4 译

【例 5-93】：2001#$a 说文解字札记$9shuo wen jie zi zha ji$b 专著$f 章太炎讲$g 周树人记

702#0$a 鲁迅$f（1881～1936）$4 记$9lu xun

2. 团体名称检索点的描述

对团体责任者名称做检索的描述，根据需要选择使用 710、711 或 712 字段。

1）团体名称——主要责任（710 字段）

当编目机构采用"主要款目"概念，描述的主要知识责任者名称是团体名称时采用 710 团体名称——主要责任（corporate body name—primary responsibility）字段，本字段对应 200 字段中的$f 部分的第一位责任者，对文献负有主要责任的团体名称。

- 指示符 1 为会议指示符：
- 0=团体名称
- 1=会议

- 指示符 2 为形式指示符：
- 0=倒序方式描述
- 1=以地区或辖区描述
- 2=直序方式描述

子字段共有 11 个，包括：
- $a 款目要素　　　　　　　　　　　（不可重复）
- $b 次级部分　　　　　　　　　　　（可重复）
- $c 名称附加或限定　　　　　　　　（可重复）
- $d 会议届次　　　　　　　　　　　（不可重复）
- $e 会议地点　　　　　　　　　　　（不可重复）
- $f 会议日期　　　　　　　　　　　（不可重复）
- $g 倒置部分　　　　　　　　　　　（不可重复）
- $h 款目要素和倒置部分之外的名称部分　（不可重复）
- $p 机构/地址　　　　　　　　　　　（不可重复）
- $3 规范记录号　　　　　　　　　　（不可重复）
- $4 关系词编码（责任方式）　　　　（可重复）

这里，$g 的倒置部分是指，对以人名开始的团体名称采用倒置方法，将名称开始处的通常不用于检索的部分记入本子字段。

2）团体名称——等同责任（711 字段）

711 团体名称——等同责任（corporate body name—alternative responsibility）字段包括范围类似 701 字段，包括：
- 采用主要款目时与 710 字段责任者负有等同责任的团体著者；
- 题名做主要款目标目的，其第一责任说明中的所有团体著者；
- 不采用主要款目的，受编文献第一责任说明中的所有团体著者。

本字段对应 200 字段中的$f 部分，对文献负有主要责任的团体名称。

指示符同 710 字段。

子字段共有 12 个，比 710 字段多了一个子字段$9，其他子字段同 710 字段。本字段对应 200 字段的子字段$f。

【例 5-94】：71102$a 中国图书馆学会$b 读者工作研究分委员会$4 编$9zhong guo tu shu guan xue hui

3）团体名称——次要责任（712 字段）

712 团体名称——次要责任（corporate body name—secondary responsibility）字段包括范围类似 702，描述与第一责任方式不同责任方式的团体著者，作为检索点。

本字段与 200 字段的$g 对应，可重复。指示符同 702 字段。

子字段共有 13 个，比 711 字段再多加一个子字段$5，其他子字段同 710 字段。

【例 5-95】：2001#$a 为科研生产服务论文集$b 专著$f 项弋平主编$g 中国图书馆学会读者工作研究分委员会，辽宁省图书馆学会，大连市图书馆学会编$9wei ke yan sheng chan fu wu lun wen ji

71202$a 中国图书馆学会$b 读者工作研究分委员会$4 编$9zhong guo tu shu guan xue hui
71202$a 辽宁省图书馆学会$4 编$9liao ning sheng tu shu guan xue hui
71202$a 大连市图书馆学会$4 编$9da lian shi tu shu guan xue hui
71102$a 项弋平$4 主编$9xiang yi ping

5.9　CNMARC 书目国际书目信息交换内容的描述

《中国机读书目格式》用 8——国际使用块（international use block）来描述国际书目信息交换内容。国际使用块含有国际上一致约定的但不适合在 0～7 功能块处理的字段。定义的字段有：

- 801 记录来源
- 802 ISSN 中心
- 830 编目员一般附注
- 850 馆藏机构编码
- 852 馆藏位置和索书号
- 856 电子资源地址与检索
- 886 无法被包含的源格式数据

其中，在交换书目数据的情况下，801 字段是必备字段。

以下介绍常用的 801 字段、830 字段和 856 字段的使用方法。

5.9.1　记录来源的描述和编目员附注的描述

1. 记录来源（801 字段）

801 记录来源（originating source）字段，是描述书目数据交换时需要的记录来源出处的信息。

如果编制机构编制的该记录参与书目数据交换，该字段必备。对不同功能机构，该字段可重复。指示符1未定义；指示符2是功能指示符，指明子字段$b中的机构的功能，也就是指明该记录的编制机构是什么性质的。指示符2的值及其含义如下：

- 0=原始编目机构
- 1=转录机构
- 2=修改机构
- 3=发行机构

子字段共有6个：
- $a 国家（不可重复）：采用《世界各国和地区名称代码》（GB/T 2659—2000）的两位大写字母编码；
- $b 机构（不可重复）：可以用机构的中文全称、英文简写或国家规定的编码；
- $c 处理日期（不可重复）：与其他字段日期表示方法一样，都用"YYYYMMDD"形式；
- $g 编目规则（可重复）：书目著录和检索的编目规则的缩略形式；
- $h 原控制号（不可重复）：这种情况一般出现在汇总或修改其他渠道获得的记录，如果001字段需要重置或编写，可将原来记录中的001字段的编号放到这里；
- $2 编码系统（不可重复）。

【例5-96】：801#0aCNbOLCC$c20170704

注：该记录是我国的全国图书馆联合编目中心（Online Catalogue Center Library of China，OLCC）编制的，编制时间是2017年7月4日。

【例5-97】：2001#$a巴金研究资料$9ba jin yan jiu zi liao$h下卷$b专著$f李存光编
801#0aCNb深圳图书馆
801#2aCNbNLC

注：本例原始编目机构是深圳图书馆，国家图书馆对此进行了修改。

2. 编目员一般附注（830字段）

830编目员一般附注（general cataloguer's note）字段，描述编目员对该记录需要补充说明的内容。本字段可选择使用，可重复。指示符1和指示符2都未定义。

子字段只有一个$a附注内容（不可重复）。

【例5-98】：2001#$a中国现代作家作品研究资料丛书$b专著$f陈荒煤主编$9zhong guo xian dai zuo jia zuo pin yan jiu zi liao cong shu
830##$a本丛书尚未出齐，以后还要补充数据

5.9.2 电子资源地址与检索的描述

856电子资源地址与检索（electronic location and access）字段，描述出版物的电子形式的获取信息。本字段可用于生成与检索方法相关的GB/T 3792.9电子资源附注（见本书第3章）。

本字段选择使用。如果电子资源的记录中没有出现337字段，856字段必备。当地址数据元素（子字段$a、$b、$d）有变化、电子格式文件（$q）不同和使用多种检索方

法时，本字段可重复；无论电子文件名称（$f）是否有变化，本字段都可重复。

指示符 1 是访问方法，指示符 2 未定义。指示符 1 的值及其含义包括：

- #=未提供信息
- 0=电子邮件（Email）
- 1=文件传输协议（FTP）
- 2=远程登录（Telnet）
- 3=拨号入网（Dial-up）
- 4=超文本传输协议（HTTP）
- 7=在$y 子字段说明检索方法

子字段共有 26 个，其中最常用的是$u 统一资源标识（不可重复）。其他的分别为：$a 主机名称（可重复）；$b 检索号（可重复）；$c 压缩信息（可重复）；$d 路径（可重复）；$e 咨询与检索的日期和时间（不可重复）；$f 电子文件名称（可重复）；$h 用户名或处理器要求（不可重复）；$i 指令（不可重复）；$j 位/秒（不可重复）；$k 口令（不可重复）；$l 登录/注册（不可重复）；$m 获取联系援助（可重复）；$n 记录在$a 的主机地址（不可重复）；$o 操作系统（不可重复）；$p 端口（不可重复）；$q 电子文件格式类型（不可重复）；$r 设置（不可重复）；$s 文件大小（可重复）；$t 终端仿真（可重复）；$u 统一资源标识（不可重复）；$v 可访问的时间（可重复）；$w 记录控制号（可重复）；$x 非公共附注（可重复）；$y 访问方式（不可重复）；$z 公共附注（可重复）；$2 链接文本（可重复）。

【例 5-99】：

2001#$a 特色图书馆论$9te se tu shu guan lun$b 专著$f 文化部图书馆司等著

801#0aCNbNLC$c19990309

856 4#$uhttp://doi.nlc.cn/nlcdoi/108.ndlc.2.1100009031010001/T1F24.0199008921$z 全文

【例 5-100】：

一个较完整的例子：

LDR01140nam2#2200337###450#

0010185003924

00520050809141517.0

010##$dCNY5.08

091##$a10368.58

100##$a19901106d1985####kemy0chiy0110####ea

1010#$achi

102##aCNb350000

105##$af###zr##000zd

106##$ar

2001#$a 巴金研究资料$9ba jin yan jiu zi liao$h 下卷$b 专著$f 李存光编

210##$a 福州$c 海峡文艺出版社$d1985

215##$a861 页$c 照片$d19cm

2252#$a 中国现代文学史资料汇编$h 乙种$i 中国现代作家作品研究资料丛书

4100#$12001#$a 中国现代作家作品研究资料丛书

6000#$a 巴金$f（1904—2005）$x 研究资料

690##$aI206.6$v3

7010#$a 李存光$9li cun guang$4 编

801#0aCNb 深圳图书馆

801#2aCNbNLC

8564#$uhttp://doi.nlc.cn/nlcdoi/108.ndlc.2.1100009031010001/T1F24.0185003924$z 全文

本章思考题

1. CNMARC 书目的结构是什么？必备字段是指什么？
2. CNMARC 书目描述的文献类型都有哪些？
3. CNMARC 书目各功能块的描述要点是什么？
4. CNMARC 书目是如何描述资源之间关系的？

6 机读目录规范文档的建立

本书第 4 章介绍了检索点规范的规则内容,本章主要介绍如何根据规范标准编制机读规范记录及规范文档。《中国机读书目格式》中的功能块 6 块和 7 块,分别描述相关主题(包括分类号)检索点和责任者名称检索点,其中需要规范的检索点,都应当在规范文档中进行描述。

6.1 机读规范格式的标准及基本概念

6.1.1 机读规范格式的标准

我国规范文档的编制,主要依据是 2002 年发布的文化行业标准《中国机读规范格式》(WH/T 15—2002)(China MARC Format/Authorities)。该标准等效采用 IFLA1991 年的《UNIMARC 规范:通用 MARC 格式规范》(UNIMARC Authorities: Universal MARC Format for Authorities),起草单位为国家图书馆,适用于中国国家书目机构与其他国家书目机构之间及国内各图书馆情报部门之间,以标准的计算机可读形式交换规范数据信息。UNIMARC 的规范格式在不断修订,2013 年国家图书馆出版社出版了《中国机读规范格式》工作组翻译的《UNIMARC 手册:规范格式(第三版)》。《中国机读规范格式》目前已经有了国家标准起草汇编本。

考虑到我国编制的机读规范格式是等效使用《UNIMARC 规范:通用 MARC 格式规范》,而我国根据最新的《UNIMARC 手册:规范格式(第三版)》而修订的《中国机读规范格式》还未公布,因此这里主要介绍《UNIMARC 手册:规范格式(第三版)》,同时参考使用《中国机读规范格式》(国家标准起草汇编本)[①]的内容和我国部颁标准《中国机读规范格式》(WH/T 15—2002),后两种增加了部分我国信息资源描述需要的

---

① 《中国机读规范格式》(国家标准起草汇编本).起草单位:国家图书馆,北京大学图书馆,华东师范大学图书馆;起草人:顾犇等。

内容，如描述《中国图书馆图书分类法》（简称《中图法》）分类号的 690 字段。

UNIMARC 和我国的机读规范格式和机读书目格式都采用 ISO 2709，相同的数据元素使用相同的内容标识符，在子字段或概念相对应的地方也尽量用相同的。总体结构上，都是由记录头标区、地址目次区、数据字段区、记录分隔符四部分构成。以下主要介绍记录头标区和数据字段区。

6.1.2 检索点相关概念

第 4 章介绍了基本检索点、受控检索点的含义。除此之外，本章节还会用到以下术语[①]：

其他语言和（或）文字的规范检索点（authorized access point in other language）：基于名称、题名或主题的其他语言和（或）文字形式的规范检索点的交替形式。

相关检索点（related access point）：同一个实体或相关实体名称的两个或多个规范检索点之一，它们中的每一个都在书目上与另一个关联。

变异检索点（variant access point）：同一个实体的名称除了被确立为规范检索点的形式以外的检索点。

根查（tracing）：规范记录内除了规范检索点以外的所有检索点的标识，由此建立参照，将列表、目录、书目等的使用者指引向作为规范记录的检索点的规范检索点，并且从规范检索点指引向其他检索点。根查被设计用于生成参照。

主要实体（main entry）：记录为其创建、在 2— 功能块中命名的实体。

6.1.3 规范文档记录及其头标区介绍

规范文档包括三种记录，分别为规范记录、参照记录和一般说明记录。以下为了叙述便利，用"规范文档记录"来统称这三种记录。

规范文档记录的记录头标区，与书目记录的记录头标区的数据元素和字符位数相同，但有不同的具体值。这里，规范文档记录的头标区用 SLDR 做前缀，相对应书目记录中头标区前缀 LDR。记录头标区的内容及位置见表 6-1。

表 6-1 机读规范文档记录头标区结构

记录长度	记录状态	执行代码	指示符长度	子字段标识符	数据基地址	记录附加定义	目次区结构
0～4	5	6～9	10	11	12～16	17～19	20～23
5	1	4	1	1	5	3	4

[①] （克罗）维勒 M 编. UNIMARC 手册：规范格式（第三版）[M].《中国机读规范格式》工作组译. 北京：国家图书馆出版社，2013.

SLDR/0~4，记录长度：5个十进制数字，右对齐，不足时左边用0补齐。

SLDR/5，记录状态：用1位字符表示该记录的状态，其值及含义分别为：c=经修改的记录，d=被删除的记录，n=新记录。

SLDR/6~9，执行代码：其中，SLDR/6 的符号和含义分别为：x=规范记录，y=参照记录，z=一般说明记录；SLDR/7~8 还未定义，用两个空格填充；SLDR/9 的符号和含义分别为：a=个人名称，b=团体名称，c=行政管辖区或地理名称，d=商标，e=家族名称，f=题名，g=作品集名称，h=名称/题名，i=名称/作品集名称，j=论题主题，k=地点检索，l=形式、体裁或物理特征。

SLDR/10~11，指示符长度和子字段标识符长度：其含义和值同书目记录的，值分别为"2""2"。

SLDR/12~16，数据基地址：其含义和值的表示同书目记录的。

SLDR/17~19，记录附加定义：SLDR/17 表示编目等级，即表示记录的完整程度，其值及含义分别为：#=完全级，3=不完全级。值为"#"表示记录有参照根查在内的所有数据，值为"3"时则表示因未做适当的查询工作或查询不到所需内容而使记录所包含的数据还不完全。SLDR/18~19 未定义，用两个空格填充。

SLDR/20~23，目次区结构：SLDR/20 表示每个目次项内"字符长度"部分的长度，固定用十进制数字"4"表示；SLDR/21 表示目次项内"起始字符位置"部分的长度，固定用十进制数字"5"表示；SLDR/22~23 未定义，用两个空格填充。

6.1.4 数据字段区概述

1. 规范文档记录的功能块

记录数据字段区共有10个功能块，其说明见表6-2。

表 6-2 规范记录功能块

块号	功能字段块	说明
0	标识块	包含标识记录或为其创建记录的实体的号码。
1	编码信息块	描述记录或数据的各个方面。
2	规范检索点块	包含记录因其创建的规范、参照或一般说明检索点。
3	信息附注块	解释记录（2—）及该检索点与其他检索点之间关系；用于识别规范记录所描述的实体。用于给用户显示打印的内容。
4	变异检索点块	包含为其建立参照以"见"记录检索点的变异检索点。
5	相关检索点块	包含为其建立相关参照以"参见"记录检索点的相关规范检索点。
6	分类和实体历史块	包含分类号和信息，以及与记录的检索点相关的特定实体历史信息。
7	其他语言和（或）文字的规范检索点块	包含记录检索点（2—）不同的其他种语言或文字形式，并连接到以该交替形式为2—规范检索点的记录。

续表

块号	功能字段块	说明
8	信息源块	包含记录的来源、编目员注释及其他不需要给用户显示和打印的说明等内容。
9	本地使用块	有关记录建立机构自己需要处理的局部数据。

2. 特殊要求

（1）必备字段。每条规范文档记录，除了记录头标区和地址目次区外，必须提供以下字段：

- 001 字段：记录标识符
- 100 字段：通用处理数据
- 2—字段：检索点
- 801 字段：记录来源字段

（2）控制功能符。机读规范格式允许使用的控制功能符，包括 ISO 646（IRV）规定的子字段代码（ISI 11/15）、字段分隔符（IS2-1/14）和记录结束符（IS2-1/13）；ISO 2022 规定的字符集转义序列；ISO 6630 中规定的表示序信息、上标和下标的控制功能符。不允许使用控制功能符来指定印刷功能（如斜体字）。

（3）编码数据值。在记录头标和编码数据子字段中，对特殊编码的赋值做了统一规定，见表 6-3。

表 6-3 中国机读规范格式中的特殊编码

特殊编码赋值	特殊编码赋值的规定
u 不详	不能给出合适的编码值时使用
v 组合	当著录实体中具有多个编码特征使用
x 不适用	当某个特征不适用于著录实体时使用
y 不存在	当著录实体不存在要编码的特征使用
z 其他	当所定义的代码都不适用于著录实体特征时使用
| 填充字符	不打算赋编码值时使用（代替缺少的信息）
# 表示空格	

（4）标识符号。规范文档记录著录规则中规定的标识符号，即用于并列规范检索点的"="，用于根查的"<"、"/"、"≤"、"≥"，用于源数据的"；"和"，"等，在机读目录中一律不出现，在显示和打印时由程序自动生成。

3. 控制子字段

控制子字段用于记载有关规范检索点、根查或附注的补充信息。控制子字段在字段中，应按其值序放在其他子字段的前面。控制子字段共有 9 种。

$0 说明语（instruction phrase）。包含一个针对 2—块中检索点的说明短语，可以用来替代或补充$5 子字段中的关系码。当由机读规范目录生成参考卡片目录时，该说明语作为检索点的说明语显示出来。用于 4—，5—字段。样例见表 6-4。

表 6-4 使用和不使用控制子字段$0 的样例比较

记录类型	使用控制子字段$0	不使用控制子字段$0
机读规范目录：	200#0$a 白杨$c（女$f1920—1996） 400#0$0 对于该著者的著作，见她的艺名：$a 杨成芳	200#0$a 白杨$c（女$f1920—1996） 400#0$a 杨成芳

由机读规范目录自动生成卡片式参照款目：	杨成芳
	  对于该著者的著作，见她的艺名：
	  >白杨（女 1920—1996）
		杨成芳
		  >白杨（女 1920—1996）

　　$1 连接数据（linking date）。可重复。该字段用于名称和题名构成的复合检索点。该子字段的用法同机读书目格式中的$1 用法。

　　$2 系统代码（subject system code）。可选用，不可重复。当本字段所描述的检索点与 2—功能块所描述的检索点所属主题系统（在 152 字段$b 指定）不同时，用该子字段说明本字段所描述检索点所属的主题系统。符号及含义同 152 字段，用于 4—，5—，7—功能块中的字段。

　　$3 规范记录标识号（record identifier）。可选用，不可重复。用来标识该字段内检索点的规范记录号。用于 4—，5—，7—功能块中的字段。

　　$4 关系代码（relator code）。用于指明字段中的责任者与所指作品或内容表达之间的关系。可重复。

　　$5 关系控制（relationship control）。可选用，不可重复。固定位置的编码数据，说明 4—或 5—所描述检索点与 2—检索点之间的特定关系。该子字段定义了关系码和参照省略码两种数据元素。当两者都无内容时不著录此子字段；当仅有关系码值时仅著录关系码值；当仅有参照省略码值时，关系码位置上放置填充符，这里用符号"|"，其后著录参照省略码值。

　　● $5/0 名称关系码，其符号和值分别为：a=先前名称，b=新后续名称，c=正式名称，d=简称，e=笔名，f=本名，g=广义词，h=狭义词，i=教名，j=婚后名，k=婚前名，l=合用笔名，m=俗名，n=名称的不同规则行事（如果使用，$2 必备），o=作品被归属的名称/惯用题名，x=不适用，z=其他。这些值是说明本字段所描述检索点的类型。

　　● $5/1 参照禁止代码，其符号和值分别为：0=不做参考，即打印卡片目录时不打印出相关参照款目。

　　● $5/2 作品特殊关系代码，其符号和值分别为：a=原著，b=作品的变异或者版本，c=作品的改编或者修改，d=完整作品，e=更大作品的部分，f=补编或者补充作品，g=关系/附属作品，h=继承、续集/后续作品，i=先前或更早的作品，k=具有共同特征的作品，x=不适用，z=其他（如字形关系等）。

　　● $5/3 责任者特定关系代码，其符号和值分别为：c=后裔家族关系，d=祖先家族关系，e=婚姻关系，g=父母关系，h=子女关系，j=兄弟姐妹关系，k=成员（是成员），l=有成员，m=创办人，n=被创办，p=下属团体，q=更大团体，s=所有者（拥有），t=被所有，z=其他。

　　● $5/4 责任者与作品或内容表达之间关系代码，其符号和值分别为：a=作品的创作者，b=作品之内容表达的贡献者，x=不适用。

$6 字段连接数据（interfield linking data）。不可重复。当一个字段需要和记录内其他字段连接时，则利用这个子字段来表示这种连接关系。被连接的两个字段都应包含$6 字段，并指出连接原因和连接号。可以用在 3—、4—和 5—的字段内。其数据元素有 3 个，前两个必须存在，第 3 个可任选：①第 1 个元素，是连接说明码，一位字符，编码值及其含义：a=交替文字，z=其他；②第 2 个元素，是连接号，两位字符，用两位数字号码来匹配相关的字段。连接号可以随意分配，但在每个被连接的字段中应该相同；③第 3 个元素，是被连接的字段标识号，如果相连接的两个字段的标识号相同，通常省略该元素。

【例 6-1】：第二个 400 字段中的汉语拼音是对应第一个 400 字段中$a 子字段内容：

200#0$a 老舍$f（1899—1966）

400#0$6a03$a 舒庆春

400#0$6a03$7ba$ashu qing chun

$7 编目文字和基本检索点文字（script of cataloging and script of the base access point）。当编目文字和基本检索点的文字与 1—块编码信息不同时用该子字段来标识。当一个检索点或附注用多种文字描述时，用该子字段标识其所在字段内数据的文字。用于 2—，3—，4—，5—，7—字段。该子字段为定长数据，共 8 位字符：$a/0~1 编目文字，$a/2 编目文字的方向，$a/3 编目文字的音译法，$a/4~5 基本检索点文字，$a/6 基本检索点的文字方向，$a/7 基本检索点文字的音译法。用两位字母的代码指明其文字，共规定了 16 种代码，描述中文时用 "ea" 表示是中国汉字。文字的方向采用：0=从左至右，1=从右至左。用一个单字符的字母代码表示音译法：a=ISO 音译法，b=其他，c=多种音译法，d=国家书目机构确定的音译表，e=无认定的音译表音译，f=其他认定的音译法，y=不适用（未用音译法）。

【例 6-2】：以下有两个 200 字段，分别采用中国汉字和拉丁文字，在第二个 200 字段中采用控制子字段$7，标识该 200 字段中的文字：

200#0$c（满）$a 溥仪$f（1906~1967）

200#0$7ba0y$apuyi

$8 编目语种和基本检索点语种（language of cataloging and language of the base access point）。共包含 6 位字符，不可重复。$8/0~2 编目语种；$8/3~5 基本检索点语种。采用《语种名称代码第 2 部分：3 字母代码》（GB/T 4880.2—2000）。每个字符位置的编码必须有一个代码或者填充字符。

【例 6-3】：410 描述的检索点采用的是英文，不同于 210 字段检索点的中文语种，故在 410 字段中用控制子字段$8 来描述该字段检索点的语种：

21002$a 中国国家图书馆

41002$8chieng$aNational Library Of China

4. 三种记录的内容概要及样例

三种记录的内容概要如表 6-5 所示。

表 6-5　规范文档三种记录的内容概要

规范记录：SLDR/6=x	参照记录：SLDR/6=y	一般说明记录：SLDR/6=z
2—规范检索点块 300 信息附注 305 相关参照文字附注 4—变异检索点块 5—相关检索点块 7—其他语言和（或）文字规范检索点块	2—变异检索点块 300 信息附注 310 单纯参照文字附注 7—其他语言和（或）文字规范检索点块	2—说明性检索点块 320 一般说明参照附注 7—其他语言和（或）文字规范检索点块

先列出三种记录的样例，以对三种记录有一个初步印象。

【例 6-4】：规范记录，SLDR/6=x

200#0$a 鲁迅$c（男，$f1881～1936）

3000#$a 著名文学家、思想家、革命家、民主战士，五四新文化运动的重要参与者，中国现代文学的奠基人。400#0$a 周树人

【例 6-5】：参照记录，SLDR/6=y

200#0$a 周树人$c（男，$f1881～1936）

3100#$a 周树人是鲁迅的本名，查找有关鲁迅的文献请用规范检索点：$b 鲁迅$c（男，$f1881～1936）

【例 6-6】：一般说明记录，SLDR/6=z

21002$a 中国人民解放军…

3200#$a 以"中国人民解放军"开头的名称，一律简称为"解放军"

6.2　标识块与编码信息块的运用

6.2.1　标识块的运用

标识块（identification block）共设置了 10 个字段，如表 6-6 所示。除了 001 字段是必备的外，其他的则在具有有效数据时出现。

表 6-6　标识块的字段

字段	字段
001 规范记录号	036 音乐导句
003 永久记录标识号	050 国际标准文本代码（ISTC[1]）
005 记录处理日期和时间	051 国际标准音乐作品代码（ISWC[2]）
033 其他系统永久记录标识号	052 国际标准视听号（ISAN[3]）
035 其他系统控制号	061 国际标准音像制品代码

---

[1] ISTC，International Standard Text Code.
[2] ISWC，International Standard Musical Work Code.
[3] ISAN，International Standard Audio-visual Number.

以下介绍部分字段：

001 规范记录号（record identifier）。不可重复，没有指示符，没有子字段。本字段包括建立、使用或发行记录的机构所分配的记录控制号。

003 永久记录标识（persistent record identifier）。不可重复，没有指示符，没有子字段。本字段包括由创建、使用或发行书目记录的机构为记录分配的永久记录标识。注意，是书目记录的永久标识，不是在编资源的永久标识。

005 记录处理日期和时间（version identifier）。不可重复，没有指示符，没有子字段。本字段由 16 位字符构成，记载记录最近处理的日期和时间。著录格式同书目记录的 005 字段：YYYYMMDDHHMMSS.T。例如，005 20191011141236.0。

之前还有个字段 015 国际标准规范数据号（international standard authority data number），现已废除。

6.2.2 编码信息块的运用

编码信息块（coded information block）共设置了 14 个字段，见表 6-7。除了 100 字段为必备外，其他都可选择。

表 6-7 编码信息块的字段

字段	字段
100 通用处理数据	127 编码数据字段：录音制品、视觉投影、音乐作品和表演的播放时间
101 实体语种	128 音乐作品的形式以及调或调式
102 实体国籍	150 编码数据字段：团体名称
106 编码数据字段：个人/团体/家族名称/商标/印刷者/出版者标志用作主题检索点	152 编目规则
120 编码数据字段：个人名称	154 编码数据字段：题名
122 编码数据字段：作品内容的时间	160 地理区域代码
123 编码数据字段：行政管理区域地理名称	169 中国朝代和民族代码

以下介绍几种常用字段。

1. 通用处理数据（100 字段）

100 通用处理数据（general processing data），必备，不可重复。本字段包含用于所有规范记录的基本编码数据，其中某些数据元素是必备的。未提供的数据元素位置，用填充字符填充，本书用空格 "#" 填充。指示符 1 和指示符 2 都未定义。只设一个子字段：

- $a 通用处理数据（不可重复）

$a 子字段为固定长字段，长度为 24 个字符，由 8 个数据元素组成，见表 6-8。

表 6-8　100 字段 $a 数据元素

数据元素名称	字符数	字符位置
入档日期（必备）	8	0～7
规范检索点状态代码	1	8
编目语种代码（必备）	3	9～11
音译法代码	1	12
字符集（必备）	4	13～16
附加字符集	4	17～20
编目文字	2	21～22
编目文字方向	1	23

$a/0～7，入档日期（必备），描述形式：YYYYMMDD，同书目记录的。

$a/8，规范检索点状态代码，用一个字符的字母代码，表示规范记录里检索点的确定级别，包括：a=已确立，c=暂定，x=不适用。"不适用"实际上就表明了 2—所包含的检索点不是规范检索点而是变异检索点。

$a/9～11，编目语种代码（必备），三位字符的代码，表示编目所使用的语种。例如，chi 表示汉语。2—字段在目录中将以此处指定的语种出现，而且附注和其他说明信息也将以这个检索点语种出现。同 $8 子字段的编目语种，编目语种代码采用《语种名称代码第 2 部分：3 字母代码》（GB/T 4880.2—2000）。

$a/12，音译法代码，一个字符代码表示记录中 2—检索点使用的音译体系，其代码和值同第 6 章第 1 节第 4 小节第 3 点控制子字段 $7 所用的音译体系，如：a=ISO 音译法。

$a/13～16，字符集（必备），标识记录中使用的基本图形字符集。位置 13～14 标识 G0 集。位置 15～16 标识 G1 集。与书目格式 100 字段同，见 5.4.2 小节通用处理数据。

$a/17～20，附加字符集，用两个 2 位字符的代码，表示记录在交换中使用的补充图形字符集。代码和字符位置与 13～16 所用的一样。字符位置 17～18 标识 G2 集，字符位置 19～20 标识 G3 集。

$a/21～22，编目文字，用 2 个字符的代码，表示编目所使用的文字种类，2 字符代码同第 6 章第 1 节第 4 小节第 3 点控制子字段 $7 所用的文字代码，如用 "ea" 表示中国汉字。

$a/23，编目文字方向，一个单字符的代码，表示与 100/21～22 字符位置代码一致的编目文字的方向：0=从左至右，1=从右至左。

2. 实体语种（101 字段）

101 实体语种（language of the entity），本字段包含 2—标识的实体所使用的语种。本字段不重复。指示符 2 未定义，指示符 1 的值及含义分别为：#=不适用（实体不是检索点），0=用作品原始内容表达之语言的内容表达，1=从作品原始内容表达之语言翻译过来的内容表达，2=包含从作品原始内容表达之语言翻译之译文的内容表达。

子字段共有6个：
- $a 实体的语种或者实体使用的语种（可重复）
- $b 中间内容表达的语种（可重复）
- $c 原始内容表达的语种（可重复）
- $d 提要语种（可重复）
- $j 字幕语种（可重复）
- $l 实体从其翻译过来的语言（可重复）

【例6-7】：
101##$achi
200#0$a 冰心$f（1900—1999）

3. 编码数据字段：团体名称（150字段）

150编码数据字段：团体名称（coded data field : corporate names），当该记录的2—功能块所描述的检索点是一个团体名称或会议名称时，用该字段来补充该名称的有关信息。本字段可选用，不可重复。指示符1和指示符2都未定义。有两个子字段：
- $a 政府机构类型（不可重复）
- $b 会议代码（不可重复）

$a 是固定长字段，设定为"政府机构类型"数据元素，字符数为1，字符位置为0。表示政府机构类型的代码和含义为（注意，不包括政府机构下属的科研和教学机构）：

- a=联邦/国家
- b=州/省
- c=县/部
- d=地方（市及其他）
- e=跨地区（国家级以下，州际协议等等）
- f=政府间组织机构
- g=流亡政府或秘密政府
- h=级别不定
- u=不详
- y=非政府组织
- z=其他政府级别

$b 有两个值：0=团体名称不是会议，1=团体名称是会议。

【例6-8】：团体名称规范检索点是"工业和信息化部办公厅"：
150##aab0
21002$a 工业和信息化部办公厅

4. 编目规则（152字段）

152编目规则（rules），描述检索点及其相应参照结构所遵循的规则体系。必备，不可重复。指示符1和指示符2都未定义，有两个子字段：
- $a 编目条例（不可重复）

- $b 主题系统（不可重复）

表 6-9 给出部分常用的编目条例和主题系统的代码及名称。

表 6-9 采用的编目条例及代码和主题系统及代码样例

编目条例	主题系统
● BDM=普通图书著录规则	● ct=汉语主题词表
● BDCAB=古籍著录规则	● lc=美国国会图书馆主题标题表
● CRWM=西文文献著录条例	● mesh=美国国家医学图书馆主题标题表
● BDS=连续出版物著录规则	● nal=美国国家农业图书馆主题标题表
● BDCM=地图资料著录规则	● jal=日本国会图书馆主题表
● AACR2=英美编目条例第 2 版	

【例 6-9】：152##$aBDM （注：采用的是《普通图书著录规则》）

【例 6-10】：152##$bct （注：采用的主题系统代码是《汉语主题词表》）

5. 编码数据字段：题名（154 字段）

154 编码数据字段：题名（coded data field：title），本字段可选用，不可重复。指示符 1 和指示符 2 都未定义，只设了一个子字段：

- $a 名称处理数据（必备，不可重复）

$a 包含两个字符，$a/1 表示丛编类型代码：a=丛书或丛刊，b=多卷集，c=类丛书，x=不适用，z=其他；$a/2 表示实体类型代码：a=作品，b=内容表达，x=不适用。

【例 6-11】：154##$aax （注：2—功能块的检索点名称是丛书统一题名）

6.3 规范检索点的描述

6.3.1 概述

规范检索点块（heading block）用于记载各种形式的规范检索点。所描述的记录，如果是规范记录，2—块中的检索点是规范检索点；如果是参照记录，则 2—块中的检索点是变异检索点；如果是一般说明记录，则 2—块中的检索点是一般说明检索点。对于不同文字的规范检索点，2—块中的相应字段可重复使用。本功能块有以下字段：

- 200 规范检索点——个人名称
- 210 规范检索点——团体名称
- 220 规范检索点——家族名称
- 230 规范检索点——题名

- 215 规范检索点——行政管辖区域或地理名称
- 216 规范检索点——商标
- 217 规范检索点——印刷者/出版者标志
- 241 规范检索点——名称/题名（作品）
- 242 规范检索点——名称/题名（内容表达）
- 245 规范检索点——法律和宗教文本惯用名称/题名
- 231 规范检索点——题名（作品）
- 232 规范检索点——题名（内容表达）
- 235 规范检索点——作品集题名
- 240 规范检索点——名称/题名
- 250 规范检索点——论题主题
- 260 规范检索点——出版、演出和出处等的地点和日期
- 280 规范检索点——形式、体裁或物理特征

上述字段中大多数字段都包含以下子字段，因此在后面介绍各字段所含子字段时，若涉及这些子字段，仅标注字段号：

- $j 形式复分（可重复）
- $x 主题复分（可重复）
- $y 地理复分（可重复）
- $z 年代复分（可重复）
- $7 编目文字和基本检索点文字（不可重复）
- $8 编目语种和基本检索点语种（不可重复）

规范检索点块中的这些字段都是可选用、对交替文字形式可重复。以下介绍一些常用的字段。

6.3.2 个人、团体名称规范检索点的描述

1. 规范检索点——个人名称（200 字段）

200 规范检索点——个人名称（authorized access point—personal name）。本字段记载个人名称检索点，指示符 1 未定义。指示符 2 表示名称的著录方式，其赋值及含义分别为：0=以名或姓名直序方式著录，1=以姓或名姓倒序方式著录。
子字段有：

- $a 款目要素（个人名称检索点）（必备，不可重复）
- $b 名称的其余部分（不可重复）
- $c 除日期外名称附加成分（可重复）
- $d 罗马数字（不可重复）
- $f 日期（不可重复）
- $g 缩写名的全称（不可重复）
- $4 关系代码（责任方式）（不可重复）
- $j、$x、$y、$z、$7、$8

【例 6-12】：规范记录号为 131130001 的规范记录：
001130130001

200#0$a 白杨$c（女$f1920—1996）

2. 规范检索点——团体名称（210字段）

210 规范检索点——团体名称（authorized access point—corporate body name）。本字段记载一个机关团体名称或者会议名称检索点，也就是说这里的"团体名称"是个广义概念，包含"会议名称"。指示符1标识团体类型，其值及含义：0=团体名称，1=会议名称；指示符2表示团体或会议名称的著录方式：0=倒序形式的名称，1=前置地名或地理区域名称的名称，2=直序形式的名称。

子字段有：
- $a 款目要素（注：团体名称检索点）（必备，不可重复）
- $b 从属部分（注：$a的下属，或入口词是地名时的一个团体名称）（可重复）
- $c 名称附加或限定（注：编目员对团体名称做的附加）（可重复）
- $d 会议届次或会议部分的届次（可重复）
- $e 会议地点（不可重复）
- $f 会议日期（不可重复）
- $g 名称倒序部分（注：多用于变异检索点）（不可重复）
- $h 名称的其他部分（除$a和$g外）（可重复）
- $4 关系代码（责任方式）（不可重复）
- $j、$x、$y、$z、$7、$8

【例6-13】：21002$a 工业和信息化部$b 办公厅

【例6-14】：21012$a 新时代图书馆学教育研讨会暨全国图书馆学博士生论坛$d（1：$f2019.4：$e 武汉）

3. 规范检索点——行政管辖区或地理名称（215字段）

215 规范检索点——行政管辖区或地理名称（authorized access point—territorial or geographical name）。本字段记载一个具体的行政管辖区规范检索点或地理区域名称规范检索点。如果规范检索点只有地理区域名称或只附有主题复分，记录在本字段；如果地理区域名称后接一个团体名称，规范检索点按团体名称处理，著录于210字段。指示符1和指示符2都未定义。子字段有：
- $a 款目要素（必备，不可重复）
- $j、$x、$y、$z、$7、$8

【例6-15】：215##$a 北京$x 历史$z1901-1949

6.3.3 题名规范检索点的描述

以下主要介绍230字段和231字段。

1. 规范检索点——题名（230 字段）

230 规范检索点——题名（authorized access point—title）。本字段记载一个题名规范检索点。本规范检索点是为使有多个不同题名或不同译本、版本的同一著作，能集中排检而选择或拟定的特殊题名，也可用来集中丛书各单册的记录。指示符 1 和指示符 2 都未定义。子字段有：

- $a 款目要素（注：为人所熟知的作品题名）（必备，不可重复）
- $b 一般资料标识（可重复）
- $h 分辑或部分号（可重复）
- $i 分辑或部分名（可重复）
- $k 出版日期（不可重复）
- $l 形式副标目（注：附加于一个检索点的标准短语以说明题名）（不可重复）
- $m 语种（属规范检索点的一部分时）（不可重复）
- $n 其他信息（可重复）
- $q 版本或版本日期（不可重复）
- $r 表演介质（音乐）（可重复）
- $s 数字标识（音乐）（可重复）
- $u 调（音乐）（不可重复）
- $w 改编说明（音乐）（不可重复）
- $j、$x、$y、$z、$7、$8

【例 6-16】：230##$a 红楼梦

2. 规范检索点——题名（作品）（231 字段）

231 规范检索点——（题名（作品））（authorized access point—title（work）），本字段包含无名氏作品的题名检索点。该题名检索点用于汇集用不同题名出版的作品的各种发布形式的记录，或是从变种的单册。指示符 1 和指示符 2 都未定义。子字段有：

- $a 款目要素（注：为人所熟知的作品题名）（必备，不可重复）
- $h 分辑或部分号（可重复）
- $i 分辑或部分名（可重复）
- $c 作品的形式（不可重复）
- $d 作品的日期（不可重复）
- $e 作品的来源地（不可重复）
- $f 作品的原始语种（不可重复）
- $k 作品的其他区别特征（可重复）
- $r 表演介质（音乐）（可重复）
- $s 数字标识（音乐）（可重复）
- $u 调（音乐）（不可重复）
- $w 改编说明（音乐）（不可重复）

- $j、$x、$y、$z、$7、$8

【例 6-17】：231##$a 周易

6.3.4　论题主题及其他规范检索点的描述

1. 规范检索点——论题主题（250 字段）

250 规范检索点——论题主题（authorized access point—topical subject）。本字段记载一个论题主题规范检索点，或一个代码和（或）文字形式表述的主题范畴。指示符 1 和指示符 2 都未定义。子字段有：

- $a 普通主题（不可重复）
- $n 主题范畴代码（可重复）
- $m 主题范畴复分代码（可重复）
- $j、$x、$y、$z、$7、$8

【例 6-18】：250##$a 图书馆学$x 目录

2. 规范检索点——出版、演出和出处等的地点和日期（260 字段）

260 规范检索点——出版、演出和出处等的地点和日期（authorized access point—Place and date of publication, performance, provenance, etc.）。本字段记载出版、生产等地点，或演出、录音、出处的地点和日期。可以包含一个国家，或者州、省、县和（或）城市的名称。指示符 1 和指示符 2 都未定义。子字段有：

- $a 国名（民族国家）（不可重复）
- $b 州或省等（不可重复）
- $c 中级行政管辖区（可重复）
- $d 城市等（不可重复）
- $e 场所（可重复）
- $f 日期（可重复）
- $g 季节（不可重复）
- $h 场合（不可重复）
- $i 最终日期（不可重复）
- $k 城市的区划等（可重复）
- $m（其他地理区域或特征）（可重复）
- $n 地球外区域（可重复）
- $o 全球、半球、大陆等地理区域（可重复）
- $7、$8

【例 6-19】：260##$a 中国$b 河北省$d 保定市

【例 6-20】：260##$a 中国$b 北京市$e 国家大剧院$f20191201

3. 规范检索点——形式、体裁或物理特征（280 字段）

280 规范检索点——形式、体裁或物理特征（authorized access point—form, gener or physical characteristics）。本字段记载一个或多个表示形式、体裁或物理特征检索点的词语。指示符 1 未定义，指示符 2 是表示实体的类型，其赋值和含义分别为：#=未定义，0=作品，2=载体形式，3=单件。子字段有：

- $a 款目要素（不可重复）
- $j、$x、$y、$z、$7、$8

【例 6-21】：280##$a 词典$x 汉英对照$z 现代

6.4 信息附注内容的描述

信息附注块用于规范记录或参照记录，补充 2—功能块检索点和其他实体的关系，为标识检索点提供信息。所有附注都采用文字叙述形式。需要注意的是，如果是用来指导编目人员工作的注释，则记录在 8—来源信息功能块。

6.4.1 概述

信息附注块（information note block）定义了 9 个字段：

- 300 信息附注
- 305 相关参照附注
- 310 单纯参照附注
- 320 一般说明参照附注
- 330 一般范围附注
- 333 用户/读者对象附注
- 340 传记和活动附注
- 341 与印刷者/出版者相关的活动附注
- 356 地理附注

本功能块中各字段皆为可选用和可重复，各字段使用的控制子字段有：

- $6 字段连接数据（不可重复）
- $7 文字（不可重复）

以下介绍部分常用字段。

6.4.2 信息附注、一般说明参照附注和一般范围附注

1. 信息附注（300 字段）

300 信息附注（information note），在规范记录或参照记录中使用，用来补充和解释 2—规范检索点和其他实体之间的关系，也用来描述规范检索点的历史沿革。

本字段指示符 1 是表示附注类型，其赋值及含义分别为：0=与名称或题名检索点使用有关的附注，1=与主题检索点使用有关的附注；指示符 2 未定义。子字段有：
- $a 信息附注（必备，不可重复）
- $6、$7

【例 6-22】：规范记录，SLDR/6=x：
200#0$a 白杨$c（女$f1920—1996）
3000#$a 原名杨成芳，原籍湖南省汨罗市古仑乡，出生于北京市，中国内地女演员。

2. 一般说明参照附注（320 字段）

320 一般说明参照附注（general explanatory reference note），仅用于一般说明记录。主要用来解释规范检索点的选择方法、组织原则和使用惯例等。指示符同 300 字段。子字段有：
- $a 一般说明参照附注（必备，不可重复）
- $6、$7

【例 6-23】：一般说明记录，SLDR/6=z：
21002$a 中国人民解放军…
3200#$a 以"中国人民解放军"开头的名称，一律简称为"解放军"

3. 一般范围附注（330 字段）

330 一般范围附注（general scope note），仅用于规范记录，用来对 2—规范检索点所指的概念模糊的词进行准确定义或解释近义词，以及说明用户应注意的问题等。指示符同 300 字段的。子字段有：
- $a 一般范围附注（不可重复）
- $6、$7

【例 6-24】：规范记录，SLDR/6=x：
250##$a 跨境电商
3301#$a 全称是跨境电子商务，通过电子商务平台达成交易、进行支付结算，并通过跨境物流送达商品、完成交易的一种国际商业活动。

6.4.3　相关参照附注和单纯参照附注

这部分的参照，是需要从 2—功能块所指检索点指向其规范检索点。所以字段中都包含子字段$b 被指向检索点。

1. 相关参照附注（305 字段）

305 相关参照附注（textual see also reference note），仅用于规范记录。如果相关参照

比较复杂，仅用 5—相关参照根查字段不能充分说明和表达清楚时，可用 305 字段做补充说明。本字段指示符 1 和指示符 2 的值和含义同 300 字段的。子字段有：
- $a 说明语（必备，可重复）
- $b 被指向检索点（可重复）
- $6、$7

【例 6-25】：规范记录，SLDR/6=x：

规范记录 1：

21002$a 信息产业部

3050#$a2008 年 6 月改名为：$b 工业和信息化部

规范记录 2：

21002$a 工业和信息化部

3050#$a2008 年 6 月之前分属：$b 信息产业部$a 和$b 国务院信息化工作办公室

2. 单纯参照附注（310 字段）

310 单纯参照附注（textual see reference note），仅用于参照记录。当 2—检索点是变异检索点时，用 310 字段指出其规范检索点名称。指示符和子字段类型同 305 字段的。

【例 6-26】：参照记录，SLDR/6=y：

200#0$a 周树人

3100#$a 是鲁迅的本名，查找有关鲁迅的文献请用规范检索点：$b 鲁迅$f1881—1936

6.5 变异检索点和相关检索点的描述

6.5.1 概述

变异检索点块和相关检索点块，都用于规范记录。描述当前记录 2—功能块的规范检索点的变异检索点（4—功能块）或相关检索点（5—功能块）。各块字段的对应关系见表 6-10。

表 6-10 功能块 2—块与 4—块和 5—块之间的字段对应关系

2—规范检索点块	4—变异检索点块	5—相关检索点块
200 规范检索点——个人名称	400 变异检索点——个人名称	500 相关检索点——个人名称
210 规范检索点——团体名称	410 变异检索点——团体名称	510 相关检索点——团体名称
215 规范检索点——行政管辖区或地理名称	415 变异检索点——行政管辖区或地理名称	515 相关检索点——行政管辖区或地理名称

续表

2—规范检索点块	4—变异检索点块	5—相关检索点块
216 规范检索点——商标	416 变异检索点——商标	516 规范检索点——商标
217 规范检索点——印刷者/出版者标志	417 变异检索点——印刷者/出版者标志	517 规范检索点——印刷者/出版者标志
220 规范检索点——家族名称	420 变异检索点——家族名称	520 相关检索点——家族名称
230 规范检索点——题名	430 变异检索点——统一题名	530 相关检索点——统一题名
231 规范检索点——题名（作品）	431 规范检索点——题名（作品）	531 相关检索点——题名（作品）
232 规范检索点——题名（内容表达）	432 变异检索点——题名（内容表达）	532 相关检索点——题名（内容表达）
240 规范检索点——名称/题名	440 变异检索点——名称/题名	540 相关检索点——名称/题名
241 规范检索点——名称/题名（作品）	441 变异检索点——名称/题名（作品）	541 相关检索点——名称/题名（作品）
242 规范检索点——名称/题名（内容表达）	442 变异检索点——名称/题名（内容表达）	542 相关检索点——名称/题名（内容表达）
243 规范检索点——法律和宗教文本惯用名称/题名	443 变异检索点——法律和宗教文本惯用名称/题名	543 相关检索点——法律和宗教文本惯用名称/题名
245 规范检索点——名称/作品集题名	445 变异检索点——名称/作品集题名	545 相关检索点——名称/作品集题名
250 规范检索点——论题主题	450 变异检索点——论题主题	550 相关检索点——论题主题
260 规范检索点——出版地、演出和出处等的地点和日期	460 变异检索点——出版地、演出和出处等的地点和日期	560 相关检索点——出版地、演出和出处等的地点和日期
280 规范检索点——形式、体裁或物理特征	480 变异检索点——形式、体裁或物理特征	580 相关检索点——形式、体裁或物理特征

因为具有检索意义的变异检索点会有多个，每个都可以用 4—块对应字段描述，因此该块中的字段都可以重复。同样，与 2—块规范检索点相关的其他规范检索点也可能会有多个，因此 5—块中的字段也都可以重复。

6.5.2 变异检索点的描述

4—变异检索点块（variant access point block）各字段的子字段指示符、子字段标识符及子字段的设置均与 2—规范检索点块中的有关字段一一对应。各字段也许用到的控制子字段包括了$0~$8。以下以 400 字段为例。

400 字段中的检索点是 2—字段检索点的变异或非首选形式，由创建规范记录的机构根据其所用的著录规则或主题系统建立。该字段包含的控制子字段有$0、$2~$8，其他子字段同 200 字段。

【例 6-27】：演员白杨的本名是杨成芳，选择"白杨"做规范检索点。以下给出使用$0 和未使用$0 的著录样例，并给出由此生成的打印版参考款目形式。

规范记录，SLDR/6=x：

a. 使用控制子字段$0：

200#0$a 白杨$c（女$f1920—1996）

400#0$0 查找该著者的著作，用她的艺名（规范名称）：$a 杨成芳
由机读规范目录自动生成卡片式参照款目：
杨成芳
　　查找该著者的著作，用她的艺名（规范名称）：
　　>白杨（女　1920—1996）
b. 未使用控制子字段$0：
200#0$a 白杨$c（女$f1920—1996）
400#0$a 杨成芳
由机读规范目录自动生成卡片式参照款目：
杨成芳
　　>白杨（女　1920—1996）
【例 6-28】：笔名为"三毛"的女作家，其本名为"陈平"。规范记录，SLDR/6=x：
200#0$a 三毛$c（女$f1943—1991）
400#0$5f$a 陈平
（注：这里控制子字段$5 及其内容"f"表示了"陈平"是规范检索点"三毛"的本名。）

6.5.3　相关检索点块的描述

5—相关检索点块（related access point block）各字段的子字段指示符、子字段标识符及子字段的设置均与 2—规范检索点块中的有关字段一一对应。各字段也许用到的控制子字段包括$0～$8。以下以 510 字段为例。

510 字段中的检索点是 2—字段检索点相关或者与记录所描述的作品关联的团体名称规范形式的检索点。该字段包含的控制子字段有$0、$2、$3、$5～$8，其他子字段同 200 字段。

【例 6-29】：描述同为规范检索点的"工业和信息化部"、"信息产业部"、"国务院信息化工作办公室的关系"之间的相互参照关系：
①规范记录 1，SLDR/6=x：
21002$a 信息产业部
3050#$a2008 年 6 月改名为：$b 工业和信息化部
51002$5b$a 工业和信息化部
②规范记录 2，SLDR/6=x：
21002$a 国务院信息化工作办公室
3050#$a2008 年 6 月改名为：$b 工业和信息化部
51002$5b$a 工业和信息化部
③规范记录 3，SLDR/6=x：
21002$a 工业和信息化部

3050##$a2008年6月之前分属：$b信息产业部$a和$b国务院信息化工作办公室
51002$5a$a信息产业部
51002$5a$a国务院信息化工作办公室
【例6-30】：地理或区域名称的相关参照，SLDR/6=x
215##$a北平
515##$5b$a北京
【例6-31】：主题词之间的相关参照，SLDR/6=x
250##$a拖拉机
550##$5g$a农业机械

（注：上述三个例子中的$5子字段的值及含义分别为：a=先前名称，b=新后续名称，g=广义词。详细信息见第6章第1节中的控制子字段小节）

6.6 分类和实体历史的描述

6.6.1 概述

分类和实体历史块（classification and entity history block）的字段包含与2—规范检索点对应的主题信息，描述这些主题信息的可以是文字性系统，也可以是符号性的系统。本功能块有以下字段：

- 600 主题检索点——个人名称
- 601 主题检索点——团体名称
- 603 主题检索点——家族名称
- 607 主题检索点——地理名称
- 610 主题检索点——非控主题词
- 616 主题检索点——商标
- 617 主题检索点——分级地理名称
- 631 主题检索点——题名（作品）
- 632 主题检索点——题名(内容表达）
- 640 与实体有关的地点和日期
- 641 主题检索点——名称/题名（作品）
- 642 主题检索点——名称/题名（内容表达）
- 675 国际十进分类法分类号
- 676 杜威十进分类法分类号
- 680 美国国会图书馆分类法分类号
- 686 其他分类号
- 690 中国图书馆图书分类法分类号
- 692 中国科学院图书馆图书分类法分类号

可能用到的控制子字段有$0、$2和$3。以下以主题检索点部分的600字段和分类号检索点部分的690字段为例。

6.6.2 主题检索点的描述

字段 600～632、641～642 都是属于主题检索点部分，字段名称前部分都有"主题检索点"标记。以下以 600 字段为例讲解使用方法。

600 主题检索点——个人名称（subject access point—personal name），包含作为作品主题词之一的个人的名称、检索点形式和可选用附加额外的主题信息。与 5—块的不同点在于：本字段不仅包含个人名称和名称附加，还可以在主题检索点后附加一些术语，以进一步说明其形式、论题、地点或时间。这些术语遵循制作记录的机构所使用的主题系统的规则。

本字段选择使用，可重复。指示符 1 未定义，指示符 2 为名称著录方式，其赋值和含义分别为：0=以名或姓名直序方式著录的名称，1=以姓（家族名、父姓等）方式著录的名称。

子字段有：
- $a、$b、$c、$d、$f、$g、$j、$x、$y、$z，含义同 200 字段对应的子字段
- $p 机构地址（不可重复）
- $2、$3

【例 6-32】：《钱学森传》一书主题词之一：钱学森
6001#$3<规范记录标识号>$a 钱学森$f1920—1996

6.6.3 分类号的描述

字段 675～692 都是属于分类号部分。《UNIMARC 手册：规范格式（第三版）》仅给出了 675～686 字段。我国的机读规范格式，无论是之前的部颁标准还是现在的国家标准起草汇编本，都增加了 690 和 692 字段，以描述我国主要分类法分类号。以下以 690 字段为例讲解使用方法。

690 中国图书馆图书分类法分类号（Chinese library classification，CLC），记录中国图书馆分类法分类号或其分类号范围，可以带有文字说明或分类类目。本字段选择使用，可重复。指示符 1 和指示符 2 暂无定义[①]。子字段有：
- $a 分类号（单独的号或范围的起始号）（不可重复）
- $b 分类号（范围的终止号）（不可重复）
- $c 说明文字（不可重复）
- $h 类号对应的所有上位类类名（可重复）
- $k 说明款目类号的上位类类名（可重复）
- $z 附表标识（可重复）

---

① 注：《中国机读规范格式》（WH/T 15-2002）规定 690 字段无指示符，《中国机读规范格式》国家标准草案汇总稿对 690 字段的指示符定义还不全。

- $v 分类法版本（不可重复）

这里，$z 中的附表是指 CLC 分类表通用复分表，代码依次为：fb1、fb2、fb3~fb8，可重复。

【例 6-33】：检索点"信息处理技术"在中图法中属于"G202"和"TP391"。
250##$a 信息处理技术
690##$aG202$c 信息处理技术$v4
690##$aTP391$c 信息处理（信息加工）$v4

6.7 其他语言和（或）文字规范检索点的描述

当规范文档中包含多种语种的记录时，需要对同一检索点但不同语种的记录进行连接。7—其他语言和(或)文字的规范检索点(authorized access point in other language and/or script block）是用来连接另一种文字形式检索点的。包括的字段有：

- 700 其他语言和（或）文字的规范检索点——个人名称
- 710 其他语言和（或）文字的规范检索点——团体名称
- 715 其他语言和（或）文字的规范检索点——行政管辖区域或地理名称
- 716 其他语言和（或）文字的规范检索点——商标
- 717 其他语言和（或）文字的规范检索点——印刷者/出版者标志
- 720 其他语言和（或）文字的规范检索点——家族名称
- 730 其他语言和（或）文字的规范检索点——题名
- 731 其他语言和（或）文字的规范检索点——题名（作品）
- 732 其他语言和（或）文字的规范检索点——题名（内容表达）
- 735 其他语言和（或）文字的规范检索点——作品集题名
- 740 其他语言和（或）文字的规范检索点——名称/题名
- 741 其他语言和（或）文字的规范检索点——名称/题名（作品）
- 742 其他语言和（或）文字的规范检索点——名称/题名（内容表达）
- 745 其他语言和（或）文字的规范检索点——法律和宗教文本惯用名称/题名
- 750 其他语言和（或）文字的规范检索点——论题主题
- 760 其他语言和（或）文字的规范检索点——出版、演出和出处等的地点和日期
- 780 其他语言和（或）文字的规范检索点——形式、体裁或物理特征

各字段的子字段指示符、子字段标识符及子字段的设置均与 2—规范检索点块中的有关字段一一对应。所有字段均可重复，7—字段中允许使用的控制子字段包括：$1~$4，$7~$8。

【例 6-34】：团体名称"北京大学"的汉语、英语中规范检索点的规范记录相互

做连接

（1）规范记录 1：规范检索点是汉语的规范记录

001H0000001
100$a20190505achiy1050####ea
21002$a 北京大学
71002$3H1000001$8eng$aPeking University

（2）规范记录 2：规范检索点是英语的规范记录

001H1000001
100$a20190505aengy1050####ba
21002$aPeking University
71002$3H0000001$8chi$a 北京大学

6.8　来源信息的描述

来源信息块（source information block）记载有关对记录负有责任的机构信息和编目员所作的各种说明和注释，供编目人员维护记录参考使用。本功能块定义了 10 个字段：

- 801 记录来源字段
- 810 参考数据来源
- 815 已查阅但无参考数据的资料
- 820 用法或范围说明
- 825 注例附注
- 830 编目员注释
- 835 已删规范检索点说明
- 836 被替换检索点的信息
- 856 电子资源定位与检索
- 886 无法从源格式转换的数据

该块字段中只有 801 字段是必备的，其他都是可选用的。该块字段可以使用的控制子字段包括$2 系统代码。以下以 801 字段和 810 字段为例讲解。

6.8.1　记录来源的描述

801 记录来源（originating source），本字段记录建立记录的机构名称和输入日期。输入日期包括新记录的录入日期和修改记录的修改日期。本字段可重复，如果需要记录转换机构、修改机构或发行机构等，则可重复使用。指示符 1 未定义，指示符 2 表示职能机构：0=原始描述机构，1=记录转换机构，2=修改机构，3=发行机构。子字段有 4 个：

- $a 国家（不可重复）
- $b 机构（不可重复）
- $c 处理日期（不可重复）
- $2 系统代码（不可重复）

$a 中的国家使用两字符代码形式的国家代码,依据《世界各国和地区代码》(GB/T 2659)(等效采用 ISO 的《国家和地区名称代码》(ISO 3166))。$b 中的机构使用机构代码,依据《信息和文献工作.图书馆和相关组织用国际标准识别符(ISIL[①])》(ISO 15511-2009)。

该字段的使用方法类似《中国机读书目格式》中的 801 字段。

【例 6-35】：801#0aCNb 国图$c20190531

【例 6-36】：801#0aUSbDLC$c20190531

6.8.2 参考数据来源的描述

810 参考数据来源(source data found),记载可以找到规范检索点参考信息源的出处。本字段可重复。当有多个出处时,重复 810 字段。通常用第一个 810 字段来记录编目时对本记录的规范检索点(2—中描述的)最具参考意义的书目著作。指示符 1 和指示符 2 都未定义。子字段有 2 个:

- $a 出处（不可重复）
- $b 找到的信息（不可重复）

【例 6-37】：
200#0$a 白杨$f1920-1996
810##$a 中国大百科

本章思考题

1. 机读规范格式的主要标准有哪些?
2. 规范文档中包含哪些类型记录?
3. 规范检索点和变异检索点的含义和区别是什么?
4. 名称检索点规范格式的运用。

[①] ISIL，Information and documentation-International standard identifier for libraries and related organization.

7 西文描述、RDA 和 MARC21 的介绍

7.1 中国编制西文著录的一些规定

我国图书馆长期以来对西文文献的著录是以《西文文献著录条例》及其修订扩大版为依据，《西文文献著录条例》总体上是以《巴黎原则声明》为基础，按照 ISBD 和《英美编目条例第二版》（AACR2）模式，本着"基本采用、个别改动"AACR2 的精神，结合我国具体情况，对 AACR2 进行了删节和改编。《西文文献著录条例》分为三大部分：第一部分著录；第二部分标目、统一题名和参照；第三部分附录。第一部分包括第一章总则、第二章普通图书、第三章连续性资源、第四章测绘制图资料、第五章电子资源、第六章非书资料、第七章乐谱、第八章分析；第二部分包括第九章检索点的选取、第十章标目的确立、第十一章统一题名、第十二章参照。

随着 AACR2 升级为 RDA 后，我国很多图书馆尤其是大型图书馆都开始向 RDA 标准转换。目前国家图书馆和中国高等教育文献保障系统（China Academic Library & Information System，CALIS）分别发布了 RDA 本地政策。

RDA 是内容描述标准和规范描述标准，并没有指定描述格式，实际描述中需要运用 MARC 格式。我国图书馆和国外图书馆合作，经常需要从国外图书馆（联盟）如 OCLC 套录外文编目数据，而所套录数据的国外图书馆（联盟）主要使用 MARC21，因此形成了我国图书馆西文资源的机读目录是以 MARC21 格式为主。本文在此章对 MARC21 的格式和主要字段进行简要介绍。

我国图书馆在编制西文书目时，虽然主要采用 MARC21，但也有一定修改，如删除字段：003、013、015、017、018、035、070、072、090、263 等。对西文授权影印文献的描述，其授权影印信息主要描述在：008 定长数据元素——一般信息、020 国际标准书号 ISBN、041 语言代码、245 题名声明、246 变异题名、250 版本说明、260 出版、发行等（印刷）、490 丛编说明——一般信息、500 一般附注、546 语种附注等字段内。

7.2 RDA 及中国 RDA 本地政策声明简介

我国《文献著录》及《中文文献编目规则（第二版）》的很多内容借鉴了 AACR2，总体结构和很多描述内容标准相同或相似，这对于本章节内容的理解有很大帮助。

7.2.1 RDA 应用概述

1. 中国 RDA 本地政策的发展

为了推动 RDA 国际化的应用，RDA 在编制上给出了众多的替代和可选规则，各国各机构在应用时需要对这些替代和可选规则进行取舍，即形成本地的"政策声明"。目前，我国 CALIS 联合目录和中国国家图书馆分别于 2015 年和 2017 年完成外文编目的政策声明，并发布在 RDA 工具包网站的工作流程版块[1]。同时国家图书馆还将其制定的本地政策[2]（本教材将其简称为《国图 RDA 政策》）正式出版。

RDA 建立在 AACR2 及其遵循的编目传统的基础上，始终贯彻 IFLA 的《ICP》，但有时也会在原则之间做出权衡。RDA 开发中所采用的其他关键标准包括 ISBD 和 MARC21。RDA 是一个内容描述和规范标准，没有规定任何格式性内容。

RDA 还在不断更新变化中，本书以 2014 年国家图书馆出版社出版的翻译本《资源描述与检索（RDA）》为基础编写。部分内容参考现有期刊文章或编目员博客中提供的新变化、新内容。

2. RDA 的主要改变

相对于 AACR2，RDA 进行了颠覆式的改变，但具体到编目工作方面，其改动主要在以下几个方面[3]。

（1）描述对象从载体改变到作品。RDA 之前的编目标准或条例，都是以图书馆到馆文献实体作为描述对象，在此基础上向外延伸，对同作品的其他到馆载体进行连接关系的描述。RDA 虽然也是以到馆文献载体为描述工作的开始，但描述对象上升到该文献载体的作品层面，然后再描述具体的文献载体及与该文献载体属于同一作品的其他载体，通过规范检索点，对同资源的其他作品或者相关资源进行连接。这一点主要是因为 RDA

---

[1] 胡小菁. 国际编目标准现状与进展（2015—2017）[J]. 图书馆论坛, 2018,（6）: 124-131.
[2] 国家图书馆编目工作委员会编. 国家图书馆外文文献资源 RDA 本地政策声明暨书目记录操作细则[M]. 北京：北京图书馆出版社，2017.
[3] 我国《文献著录》《中国文献编目规则第二版》《西文文献著录条例》主要借鉴了 AACR2，因此这里可以对照本书前几章内容进行理解。

是以 IFLA-LRM 模型为描述基础，描述范围更广、更深、更全面。

（2）描述内容同时包括了原来的著录内容和规范内容。ISBD 规范了著录内容，ICP 部分规定规范了检索点内容。我国《信息与文献 资源描述》《文献著录》系列标准和《中国机读书目格式》分别规范了著录内容和机读著录格式；《中国文献著录规则（第二版）》借鉴 AACR2，制定了中文文献检索点内容规范；文化部发布的《中国机读规范格式》（WH/T 15—2002），是以 UNIMARC 规范为蓝本而制定的我国机读目录检索点描述规范格式。RDA 则将著录内容和规范内容都融合在一起。

（3）描述规则更为宽松、灵活和尊重原著。主要体现在：①在转录格式和内容范围上更为宽松，更加遵守"照录"原则，RDA 的中心思想是："Take what you see and accept what you get"（所见即所得），如取消惯用缩写，摒弃拉丁词语，标点如实著录，如实转录错误（对正确的做附注）等[①]；对责任者职务、职称等内容，原来都是不著录的，现在都可照录。②指对各国本地著录规则的兼容，即很多规则允许各国进行"本地政策"。③在具体规则应用上，给予各编目机构很多自由选择的权利，方便各馆自主选择详细著录还是简略著录，如对于超过三人（组）责任者，可全部著录也可选择性省略。概括来讲，这些变化符合"省力法则"，在计算机自动抽取在编资源上的信息时，以尽可能少判断、少处理最为省力；同时也充分利用计算机系统和显示屏幕的容量展示了更多资源特征信息。

（4）注重对载体属性的细致描述。RDA 取消了原来题名和责任说明项中的"一般文献类型标识"，在载体形态项中新增了分别描述作品的内容、媒介及载体的内容，与最新版 ISBD 保持了一致。

（5）其他。一些术语和使用的变化：如，没有"主要信息源""规定信息源""代题名页"的说法，而使用"信息源"（归属"数据出处"，曾使用"首选信息源"）"其他信息源"；用"核心元素"替代"著录级次"等。RDA 目前制定的一些术语在现实编目界还有一些争议和不清楚的地方，也有的术语在更新变化中，有待进一步厘清和认识。

7.2.2　RDA 描述依据与基本要求

1. 概念模型与描述内容项目

RDA 原来是以 IFLA 的 FRBR 和 FRAD 为其概念模型，2017 年发出公告，实施 IFLA-LRM 概念模型[②]，即描述的对象包括作品、内容表达、载体形式、单件、责任者（个人、家族、团体），以及它们之间的各种关系，也描述关于构建代表作品、内容表达、个人、家族和团体的规范检索点和变异检索点。

根据 IFLA-LRM 概念模型，RDA 的描述内容项目主要包括：

---

① 孙樱. RDA 在省级公共图书馆的应用——以广东省立中山图书馆为例[J]. 内蒙古科技与经济, 2020,（9）: 137-139, 141.
② RDA Steering Committee. Implementation of the LRM in RDA. http://rda-rsc.org/ImplementationLRMinRDA.

- 对实体属性的描述：作品的属性，内容表达的属性，载体表现的属性，单件的属性，个人、家族和团体的属性，概念、物体、事件和地点的属性；
- 对实体间关系的描述：作品、内容表达、载体表现和单件之间的基本关系，作品、内容表达、载体表现和单件之间的关系（基本关系之外的关系：非必需），个人、家族和团体[与资源（作品、内容表达、载体表现和单件）]的关系，概念、物体、事件和地点[与资源（作品、内容表达、载体表现和单件）]的关系（即主题关系），个人、家族和团体之间的关系（非必需），概念、物体、事件和地点之间的关系。

2. 转录原则

转录，也就是按照资源本身所呈现的形式记录。在编目工作中，也就是前面所说的著录或描述。目前RDA的转录原则主要有以下几个方面。

对大写的处理：不同元素描述时有不同处理要求。

对资源上标点符号的处理：按来源上出现的形式转录标点符号，来源上用于分隔作为一个元素记录的数据和作为不同元素或作为一个元素的第二个或随后样例记录的数据的标点符号应省略。如为了清晰表达，必要时添加标点符号。

对变音符号的处理：按信息源上出现的形式转录重音等变音符号。

对标识的处理：对于不能用现有设备复制的标识或其他字符等，对其进行描述时，将描述语置于方括号内。如有必要可对其进行附注说明。忽略用于分隔符等的印刷标识。

对首字母缩写和可拼读的首字母缩略词之间的空格的处理：如果信息源上单独的字母或首字母之间没有句点，则不管信息源上是否有空格，转录字母时中间一律没有空格。

对本应出现一次以上的字母或词的处理：如果一个字母或词仅出现一次，但从信息源的设计来看应该出现多次，则重复该字母或词。

对差错的处理：当要求按信息源上出现的形式转录元素时，按信息源转录差错或拼写错误的单词，另有规定的除外。

对数字或词表达的处理：按它们在信息源上出现的形式转录，或者按照描述机构的规定形式描述数字；将用词表达的数替换成数字；当记录起讫数字时描述完整的第一和最后一个数字（如，2016—2018）；对于序数词，用英文时用英语的序数词表示方式，如1st、2nd、3rd、4th等，用中文表示时用中文序数表示方式，加"第"，如第1、第2。

3. 核心元素与语言文字

（1）RDA核心元素与附加元素。RDA将某些特定元素指定为核心元素。也就是说，在描述资源时，这些核心元素是至少应该被描述的。通过描述这些核心元素，可以帮助用户识别和选择特定载体表现（如某个出版社某年出版的《红楼梦》）、识别体现在载体表现中的作品和内容表达、识别作品的一个或多个创作者；可以帮助用户查找和识别与资源相关的个人、家族或团体。特定情况下，描述还应该包括必要的附加元素，以便将用户所需要查找的资源与其他资源进一步区分开来。

（2）载体表现和单件属性的核心元素。当描述载体表现或单件的数据时，应至少包括适用且易于确定的下列所有元素（对应 ISBD 和 MARC 的必备内容）：

 题名：正题名

 责任说明：与正题名相关的责任说明（如果有多个，仅第一个所记录的说明是必需的）

版本说明：版本标识，特定修订版标识

连续出版物编号：

  序列首期或第一部分的数字和/或字母标识（对于第一个或唯一的序列）

  序列首期或第一部分的年代标识（对于第一个或唯一的序列）

  序列末期或最后一部分的数字和/或字母标识（对于最后一个或唯一的序列）

  序列末期或最后一部分的年代标识（对于最后一个或唯一的序列）

 制作说明：制作日期（适用于非出版物式资源）

 出版说明：

  出版地（如果有多个，仅第一个是必需的）

  出版者名称（如果有多个，仅第一个是必需的）

  出版日期

 发行说明

  发行地（无出版地时用，多个时仅第一个是必需的）

  发行者名称（无出版者名称时用，多个时仅第一个是必需的）

  发行日期 （无出版日期时用）

 生产说明

  生产地（无出版地和发行地时用，多个时仅第一个是必需的）

  生产者名称（无出版者名称和发行者名称时用，多个时仅第一个是必需的）

  生产日期（无出版日期、发行日期和版权日期时用）

版权日期：无出版日期、发行日期时用

丛编说明：丛编正题名、丛编编号、分丛编正题名、分丛编编号

载体表现标识符：如果有多个，在适用的情况下，首选国际公认的标识符

载体类型

数量：仅当资源完整或全部数量已知

上述内容基本对应于传统编目工作中到馆文献的编目内容。

  （3）作品和内容表达的属性方面的核心元素。第一，当记录识别作品的数据时，应至少包括使用且易于确定的两个元素：作品首选题名和作品标识符（对应 ICP、《文献著录》和 MARC 中的规范著录）。如果首选题名与不同作品的题名，或者与个人、家族或团体的名称相同或相似，则根据需要记录附加识别元素进行区分。将这些元素作为代表作品的检索点的附加成分，或作为独立元素，或兼做两者予以记录。这些附加识别元素包括：作品形式、作品日期、作品原创地及作品的其他区别特征。第二，当记录识别内容表达的数据时，应至少包括适用于该内容表达的元素：内容表达标识符、内容类型和内容表达的语言。根据需要记录附加识别元素：内容表达的日期和内容表达的其他区别特征，以便将作品的一个内容表达与其他内容表达相区分，将这些元素作为代表内容表达的检索点的附加成分，或作为独立元素，或兼做两者予以记录。第三，当记录地图的

内容表达时，应至少包括适用于该内容表达的附加元素：地图内容的水平比例尺和地图内容的垂直比例尺。这部分内容主要对应 RDA 之前文献编目中的主题检索点内容和 MARC 规范著录。

（4）个人、家族和团体的属性方面的核心元素。当记录识别个人、家族或团体的数据时，应至少包括适用且易于确定的 RDA 规定的所有元素，将这些元素作为代表个人、家族或团体的规范检索点的组成部分，或作为独立元素，或兼做两者予以记录。这些元素包括：个人首选名称、个人头衔、出生日期、死亡日期、与个人相关的其他标识、职业或工作、个人标识符、家族首选名称、家族类型、与家族相关的日期、家族标识符、团体首选名称、会议等的地点、与团体相关的日期、相关机构、会议等的届次、与团体相关的其他标识，以及团体标识符。如果上述这些有重复，则需要用附加识别元素，包括：名称的更完整形式、职业或工作、个人活跃期、与家族相关的地点、家族的著名成员、总部所在地等、相关机构，以及与团体相关的其他标识。这部分内容主要对应 RDA 之前文献编目中的责任者检索点内容和 MARC 规范著录。

（5）语言文字。这里的语言文字是指著录用的语言文字，也可称为编目语言。RDA 的要求是"用创建数据的机构首选的语言和文字"。

7.2.3　RDA 描述内容简介

1. RDA 描述的 10 大部分

根据《资源描述与检索（RDA）》[1]，RDA 描述的内容分为 10 部分，有些规则下允许各国家各系统制定其本地政策。这 10 部分主要包括：
- 第 1 部分记录载体表现和单件的属性；
- 第 2 部分记录作品和内容表达的属性；
- 第 3 部分记录个人、家族和团体的属性；
- 第 4 部分记录概念、物体、事件和地点的属性；
- 第 5 部分记录作品、内容表达、载体表现和单件之间的基本关系；
- 第 6 部分记录个人、家族和团体的关系；
- 第 7 部分记录概念、物体、事件和地点的关系；
- 第 8 部分记录作品、内容表达、载体表现和单件之间的关系；
- 第 9 部分记录个人、家族和团体之间的关系；
- 第 10 部分记录概念、物体、事件和地点之间的关系。

第 1 部分，对作品载体表现的描述，对应传统编目工作到馆文献的编目；对单件属性的描述，对应传统编目工作馆藏信息的描述。

第 2 部分—第 10 部分，概括讲就是对与资源相关的检索点的描述，第 2 部分有一些内容属于书目描述内容。

---

[1] RDA 发展联合指导委员会主编. 资源描述与检索（RDA）[M]. RDA 翻译工作组译. 北京：国家图书馆出版社，2014.

第 2 部分：①至少应描述（适用且易于确定时）：作品首选题名和作品标识符。②进一步可描述的内容包括作品的形式、日期、原创地和其他区别特征，表演媒体、音乐作品的数字标识和调，条约等的签署方，内容的表达标识符、类型、语种、日期和其他区别特征，地图内容的水平比例尺和垂直比例尺。

第 3 部分：①至少应描述（适用且易于确定时）：首选名称（个人、家族、或团体），有关的日期（个人的出生和死亡时间、与家族有关的、与团体有关的），相关的其他标识（个人、或团体），标识符（个人、家族、或团体），个人的头衔、职业或工作（个人名称需要进一步区别时），家族类型、会议等的地点、届次和会议相关机构。②进一步可描述更多内容以区别相同名称，包括名称的更完整形式、职业或工作、个人活跃期、与家族相关的地点、家族的著名成员、总部所在地、相关机构、与团体有关的其他标识等。

第 5 部分：①至少应描述被表现的作品。如果该作品有多个内容表达，则记录被表现的内容表达。②如果多个作品体现在某个载体表现中，则仅主要的或第一个被表现的作品是必需的；如果多个内容表达体现在某个载体表现中，则仅主要的或第一个被表现的内容表达是必需（如合集）。

第 6 部分：至少应描述（适用且易于确定时）：首要创作者，其他与作品相关的个人、家族或团体。

第 7 部分：应至少包括一个主题关系元素。

第 8 部分：除第 5 部分说明的基本关系外，还可以进一步描述上述四者之间的关系，但不是必需的。

第 9 部分：这部分不是必需的。

第 4 部分和第 10 部分，描述主题规范内容。

以下主要介绍对作品载体表现（物理形式）属性的描述。

2. RDA 作品载体表现描述规则简介

以下介绍作品载体表现（物理形式）属性描述中的资源类型、描述类型、信息源及描述内容项。这里的资源是指作品载体表现和单件。以下描述中，用"LDR"表示头标区。

（1）资源的类型，按照发行方式可以分为：①独立的物理单元，如单卷本的专著、网络上的一个 PDF 等；②多部分专著；③连续出版物；④集成性资源，如活页手册、持续更新的网站等。另外，在介绍具体描述规则时，通常将"摹真品或复制品"单独拿出来给出专有的规定。

【例 7-1】：MARC21 书目格式中用 LDR/07 字符位（书目级别）表示：m=独立的物理单元；m=多部分专著；s=连续出版物；i=集成性资源

（2）描述类型包括综合描述、分析描述和分级描述。综合描述是指将资源作为一个整体进行描述，是图书馆的常规描述工作。分析描述是指对较大资源中的一部分进行描述，如对一系列地图中的一张进行描述。分级描述是指将描述整个资源的综合描述和描述资源的一个或多个部分的分析描述结合的描述，我国《信息与文献 资源描述》将其称为多层描述。

（3）描述的内容项目包括了 ISBD 规定的内容，同时加强了载体特征描述细节、获取和检索信息细节。对单件有单件保管信息内容。其中，对载体特征的描述主要包括媒介类型、载体类型、数量、尺寸、基底材料、应用材料和衬底/底座、制作方法、代（原始载体与原件复制品载体的关系）、版面设计、图书开本、字体大小、数字文件特征、设备或系统要求、特定单件的载体特征等等；对获取和检索信息的描述主要包括记录作品和内容标的的属性（如获得方式、联络信息、获取限制、使用限制、统一资源定位符等等）。

【例 7-2】：347##$atext file$bPDF$e1.5MB$2rda

（注：《国图 RDA 政策》中例子，表明所描述的资源，其载体特征是：文本文件，PDF 格式，文件大小是 1.56MB，采用的是 RDA 系统描述）

（4）信息源，概括说主要是资源本身，有些数据项目在资源本身没有提供的情况下，可以参考规定的其他信息来源。对采用其他信息源的需要在附注块进行说明。这部分的规定与本书第 3 章及第 5 章介绍的规则有很多相同之处。RDA 规定得更细致和具体，这里不再详述。

（5）首选信息源，基本对应 ISBD、《信息与文献 资源描述》中的首选信息源和规定信息源。选择首选信息源时，应当将与描述的类型和资源的呈现格式相适应的部分作为首选信息源，当有多个符合首选信息源要求的信息源时，最先出现的来源作为首选信息源，但不同语言文字、不同日期或复制品的资源有另行规定。例如，描述一般资源如出版物，首选信息源是题名页、题名张或题名卡片（或其图像）。目前新版 RDA 不用"首选信息源"称呼，只有信息源，并归属到"数据出处"[①]。

（6）并列名称主要有并列正题名、并列责任说明和并列版本标识。并列正题名的信息源是资源内的任何来源。如果这个来源与取自正题名的来源不同，且这个事实重要，则需要对这个来源进行附注说明。并列责任说明和并列版本标识的信息源类似并列题名的。

（7）各类型资源后续发生变化时的描述：多部分专著、连续出版物和集成性资源在连续出版过程中，很有可能会发生一些变化，如题名变化、责任说明变化、出版项变化等，如果这些变化并没有导致其成为一种新的作品，对于多部分专著和连续出版物来讲，一般是在附注项对这些变化进行说明，对于集成性资源来讲，一般要在书目中对其变化的内容进行更新，并将这种变化进行附注说明。但如果这些变化导致其成为一种新的作品，则按新作品描述，新旧作品的记录建立连接关系。

【例 7-3】：MARC21 书目：245 字段描述新题名（期刊新名称），780 字段描述先前题名（先前期刊名称）（连接字段）

24500$aInformation professional.$kperiodical

78000$tCILIP update$x2046-0406

---

① 编目精灵. RDA 信息源升级版：数据出处[EB/OL].https://catwizard.net/posts/20181208215536.html，2018-12-08.

7.3　机读目录 MARC21 描述方法要点

7.3.1　MARC21 简介及与 CNMARC 书目结构的比较

MARC21 目前有五种资料格式：书目格式、权威格式、馆藏格式、分类格式及社区资讯格式。本章节仅介绍其中的书目格式，以下简称为 MARC21 书目。

MARC21 书目与 CNMARC 书目在格式上大同小异，如表 7-1 所示，都是由头标区、目次区、可变长控制字段区和可变长数据字段区组成，后两部分对应 CNMARC 数据字段区。

表 7-1　MARC21 书目与 CNMARC 书目结构对比

MARC21 书目结构	头标区	目次区	可变长控制字段区和可变长数据字段区	没介绍但实际有
CNMARC 书目结构	头标区	目次区	数据块	记录结束符

主要区别在字段号不同，以及 MARC21 书目采用了主要款目和附加款目的做法，另外，在字段内容方面有些细节差别，本书不做比较，主要是介绍 MARC21 书目格式的内容和使用方法，便于对我国西文资源著录的理解。在介绍具体描述内容时，与 CNMARC 书目相同的，仅说明相同处，不再介绍细节，见表 7-2。

表 7-2　MARC21 书目字段块与 CNMARC 书目字段块的对照

MARC21 书目数据格式的字段块	CNMARC 书目数据格式的字段块
0XX 控制信息、识别号和分类号等 008 定长数据——一般信息 08X—09X 分类号部分	0XX 标识块 1XX 编码信息块 67X—69X 主题分析块分类号部分
1XX 主要款目	7X0 责任者检索点
2XX 题名、版本、出版说明	2XX 著录信息块（题名、版本、出版）
3XX 载体形态等	215 载体形态字段
4XX 丛编说明	225 丛编项字段
5XX 附注	3XX 附注块
6XX 主题检索	5XX 相关题名块（丛编以外） 60X—66X 主题分析块主题词部分
7XX 除主题或丛编外的附加款目 70X-75X 附加款目——一般信息 76X—78X 连接款目	7XX 责任块 7X1 字段和 7X2 字段 4XX 款目连接块
8XX 丛编附加款目、馆藏、电子资源定位与检索等	8XX 国际使用块 517 其他题名信息字段（丛编部分）
9XX 本地使用块	

MARC21 书目与 CNMARC 书目在字段块上大部分是相同的，主要差异表现在：
- MARC21 书目有主要款目和附加款目概念，将主要款目标目单独形成 1XX 块。
- 字段号、字段归类和字段种类方面有些差异，如 MARC21 书目的"5XX 附注"对应 CNMARC 书目的"3XX 附注块"。
- CNMARC 用三个字段块来集中描述检索点：5XX 题名检索点、6XX 主题检索点、7XX 责任者检索点，但 MARC21 没有将这些检索点进行集中，而是按照其本身性质来归入字段块，如将主要检索点责任者和统一题名检索点放在 1XX 主要款目块中，将分类号放在集中描述编号的 0XX 控制信息识别号和分类号块中。
- MARC21 对丛编内容单独设置字段块 4XX 丛编说明，而 CNMARC 设置的单独 4XX 款目连接块，在 MARC21 书目中是合并为 7XX 字段块中。
- 差异比较大的是 MARC21 书目有专门的载体形态块 3XX，比较适应数字环境下资源复杂性的描述，CNMARC 书目的载体形态块仅是 2XX 块中的一个字段 215 载体形态字段。

7.3.2 MARC21 书目描述的资源类型及排版规定

（1）MARC21 书目描述的资源类型。MARC21 书目格式声明了其所适用的信息资源类型，实际上也就是 MARC21 对所描述的信息资源的一种划分，具体包括：图书（books，BK）、连续性资源（continuing resources，CR）、计算机文件（computer files，CF）、地图（maps，MP）、音乐（music，MU）、可视资料（visual materials，VM）、混合型资料（mixed materials，MX）。

（2）MARC21 书目格式的排版规定：标识符号和空格的规定。与 CNMARC 书目不同，MARC21 书目格式使用了大量 ISBD 标准规定的标识符号，同时也对特定位置的空格进行了规定。例如，规定一般字段结尾都用一个句点（.）结束，245 字段$c 责任说明子字段前用前置符（/）等。在 MARC21 书目格式规定中，每个字段说明的最后都有一个应用说明，为内容指示符的应用及标点、间距和显示常量的使用提供一般性指导。在本章节描述各字段格式时，指示符 1 和指示符 2 分别用 f1 和 f2 表示。

（3）常用的代码表有以下几种。
- MARC Code List for Countries
- MARC Code List for Geographic Areas
- MARC Code List for Languages
- MARC Code List for Organizations（earlier title：Symbols of American Libraries）

7.3.3 MARC21 书目头标区介绍

MARC21 书目头标区（leader）为 24 位字符长，同 CNMARC 书目格式。MARC21 书目格式的大多数数据元素同 CNMARC 书目格式，如表 7-3 所示。

表 7-3 CNMARC 书目格式与 MARC21 书目格式头标区对照表

字符位置	CNMARC 书目格式头标区的数据元素名称	MARC21 书目格式头标区的数据元素名称
0~4	记录长度	记录长度（record length）
5	记录状态	记录状态（record status）
6	执行代码-记录类型	记录类型（type of record）
7	执行代码-书目级别	书目级别（bibliographic level）
8	执行代码-层次等级代码	控制类型（type of control）
9	未定义	字符编码体系（character coding scheme）
10	指示符长度	指示符长度（indicator）
11	子字段标识符长度	子字段标识符长度（subfield code count）
12~16	数据基地址	数据基地址（base address of data）
17	记录附加定义-编目等级	编目等级（encoding level）
18	记录附加定义-著录格式	著录格式（descriptive cataloging form）
19	记录附加定义-未定义	多部分资源记录级别（multipart resource record level）
20~23	地址目次区结构	地址目次区结构（entry map）

以下主要介绍不同之处。

（1）LDR/5 记录状态：有 5 个值选项，其中与 CNMARC 书目不同的是："a -升级到编码水平的（increase in encoding level）"，与 CNMARC 书目头标区位置 5 的值"o"含义相近，其他基本相同。

（2）LDR/6 记录类型：描述该书目记录的对象的类型特征，有 15 个值选项，分别是：a=文字资料，t=文字资料手稿（CNMARC 书目用的代码是"b"），c=乐谱印刷品，d=乐谱手稿，e=制图资料，f=制图资料手稿，g=投影介质，i=非音乐录音，j=音乐录音，k=二维非投影图形，m=计算机文件：（CNMARC 书目用的代码是"l"），o=多媒体配套资料：（CNMARC 书目用的代码是"m"），p=混合型资料：（CNMARC 书目无对应的），r=三维伪影或自然发生的物体（视觉资料）。

（3）LDR/7 书目级别：描述该书目记录著录的级别，有 7 个值选项，分别是：a=专著组成部分，b=连续性资源组成部分，c=合集，d=分集，i=集成性资源，m=专著/项目，s=连续性资源。

（4）LDR/8 控制类型：有两个值："#=无特定的控制类型（no specified type）"和"a=档案控制类型（archival）"；而 CNMARC 书目头标区字符位置 8 是层次等级代码。

（5）LDR/9 字符编码体系：有两个值："#=MARC-8"和"a=UCS/UNICODE"；CNMARC 书目该位置无定义。

（6）LDR/17 编目等级：对应的 CNMARC 这个位置仅有 4 个值选项，MARC21 书目给出了 11 个值选项，前 4 个和 CNMARC 书目同：#=完全级，1=完全级，材料未核对，2=次完全级，材料未核对，3=简编级；后面的 CNMARC 没有设置：4=核心集，5=部分集，7=最简级，8=预编级，u=不详，z=不适用。

（7）LDR/18 著录格式：描述该书目记录采用的是什么描述标准，有 6 个值选项：

#=非 ISBD 格式（non-ISBD）（CNMARC 书目的"#"表示完全采用 ISBD 格式）；a=AACR 2 格式（AACR 2）（CNMARC 书目格式无此项）；c = 采用 ISBD 格式但删除了其中的标识符（ISBD punctuation omitted）（CNMARC 书目格式无此项）；i=采用 ISBD 同时也包括其标识符（ISBD punctuation included）（与 CNMARC 书目格式的"i"项含义不同）；n=删除了非 ISBD 标识符（non-ISBD punctuation omitted）（与 CNMARC 书目格式的"i"项含义不同）；u=不详（unknown）（CNMARC 书目格式无此项）。

（8）LDR/19 多部分资源记录级别：CNMARC 书目这部分未定义。MARC21 这部分描述用于帮助处理处于不同状态的记录。例如，记录可以描述一组项目，也可以描述一组项目的一部分。2007 年之前该位置是记录连接代码（19-Linked-record code）。目前有 4 个值选项：#=未规定或不适用（not specified or not applicable）：记录级别之间的区别没有指定，或者不适用于资源类型；a=套（set）：记录用于由多个项目组成的集合；b=独立标题部分（part with independent title）：记录用于资源，该资源是集合的一部分，并且具有一个标题，允许它独立于集合记录；c=从属标题部分（part with dependent title）：记录用于资源，该资源是集合的一部分，但其标题使其依赖于集合记录来了解其上下文。

【例 7-4】：描述对象是英文图书：This war ain't over: fighting the Civil War in New Deal America/Nina Silber. [monograph]，其 MRAC 记录头标区的值为：

LDR#####cam##22######i#4500

（注：这里 LDR/0～4 位置表示记录长度，这里没有给出具体值且用"#####"表示；LDR/5=c 表示该记录是修改过的记录；LDR/6=a 表示在编文献是文字资料印刷品；LDR/7=m 表示在编文献是计算机文件；LDR/8=#表示记录是无特定的控制类型；LDR/9=#表示记录所用编码体系是 MARC-8；LDR/10=2 表示指示符用 2 个字符表示；LDR/11=2 表示子字段用 2 个字符表示；LDR/12～16="#####"表示数据基地址这里未给出；LDR/17=#表示该记录是完全级；LDR/18=i 表示编目标准采用 ISBD 同时也包括其标识符；LDR/19=#表示多部分资源记录级别在这里是未规定或不适用；LDR/20～23=4500 表示地址目次区。）

7.3.4　MARC21 书目控制字段

1. MARC21 书目控制字段与 CNMARC 书目的对照

MARC21 书目 00X 控制字段（control fields）对应 CNMARC 书目标识块和部分编码信息块内容，如表 7-4 所示。

表 7-4　MARC21 书目控制字段与 CNMARC 书目字段的对照

MARC21 书目控制字段	CNMARC 书目的对应字段
001 控制号（必备，不可重复）	001 记录控制号
003 控制号标识（必备，不可重复）	003 永久记录标识符
005 最新处理的日期和时间（必备，不可重复）	005 记录处理时间标识

续表

MARC21 书目控制字段	CNMARC 书目的对应字段
006 定长数据元素——附加材料特性（可选用，可重复）	
007 物理描述固定字段（可选用，可重复）	
008 定长数据元素——一般信息（必备，不可重复）	100 通用处理数据
	105 编码数据字段：文字资料、专著

MARC21 书目的 003 控制号标识（control number identifier）是指提供 001 字段号的机构的 MARC 代码，如 DLC 是美国国会图书馆的机构代码。以下主要介绍必备的 008 字段。

2. 字段 008 定长数据元素

所描述的资源，有的是涉及多种类型，如纸质图书，其附件有光盘。008 字段是描述主要部分资源的特殊书目特征信息，006 字段是描述附件资源的特殊书目特征信息，007 字段则是对各部分资源（非书资料）的物理特征进行描述。

008 定长数据元素（fixed-length data elements），对应 CNMARC 书目的 100 通用处理数据字段，无指示符，无子字段，描述在编主要部分信息资源的特殊书目特征信息。该字段的数据元素按资源类型进行位置定义。008/00～17 的定义适用于所有类型的资源，008/18～34 分别按照资源类型进行配置，资源类型见 7.3.2 小节所述。

表 7-5 给出了适用于所有类型资源及适用于图书和计算机文件的定义。

表 7-5　字段 008 各数据元素的含义

适用于所有类型的文献	与普通图书和计算机文件有关的定义
008/00～05—记录入档日期	008/18～21—插图（插图（图书）；未定义（计算机文件））
008/06—日期类型/发布状态	008/22—阅读对象
008/07～10—日期 1	008/23—文献类型代码
008/11～14—日期 2	008/24～27—内容特征（内容形式（图书）；008/24～25 未定义（计算机文件），008/26 计算机文件类型（计算机文件））
008/15～17—出版、制作或发行地点	008/28—政府出版物
008/18～34—[这些元素见 7 个单独的 008/18～34 配置部分之一]	008/29—会议出版物（计算机：008/29～34 未定义）
008/35～37—语言	008/30—纪念文集
008/38—修改记录	008/31—索引
008/39—编目来源	008/32—未定义
	008/33—文学体裁
	008/34—传记

008/00～05 记录入档日期，日期按照 "YYMMDD" 形式。

008/06 日期类型/发布状态，描述在编资源的出版发布日期状况：b=日期不详或包含公元前日期，c=现仍在出版的连续出版物，d=已停刊的连续出版物，e=详细日期，m=多个日期，n=出版日期，q=推测的日期，r=重印日期与原出版日期，s=单个已知日期/推测的可能日期，t=出版日期与版权日期，u=刊行状态不明的连续出版物。

008/07～14 日期1和日期2的表示方式，与008/06的值有关。日期2经常没有，填空格。

008/15～17 出版、制作或发行地点代码，代码通常是2位或3位字符，不足3位的用空格"#"填充，使用《MARC21国家代码表》中的代码。例如，cn是"中国"代码。不详的用空格填充。

008/18～21 图表，可根据在编资源所附的图表的类型选择下列代码，不足4位的左对齐，右边填空格"#"：#=无插图，a=图，b=地图，c=肖像，d=航行图，e=平面图，f=图版，g=乐谱，h=摹真本，i=纹章，j=谱系表，k=表格，l=样品，m=声卡、声线，o=照片，p=彩饰图，|=不选用。

008/22 阅读对象，描述在编资源的阅读对象代码，代码类型包括：#=不详，a=学龄前儿童，b=小学生，c=青春期少年，d=青少年，e=成人，f=专业人员，g=普通读者，j=少年，|=不选用。

008/23 文献类型，用1位字符代码表示在编文献的类型，代码包括：#=非下列文献类型，a=缩微胶卷，b=缩微平片，c=缩微照片，d=大型印刷本，f=盲文本，r=普通印刷本，s=电子资源，|=不选用。

008/24～27 内容特征，描述在编资源的内容特征，一种特征用1位代码，最多选用4位代码，不足4位时，左边对齐，右边填空格"#"：#=未详细说明，a=文摘，b=书目，c=目录，d=字典，e=百科全书，f=手册，g=法律条文，i=索引，j=专利文献，k=唱片分类目录，l=法规，n=文献述评，o=评论，p=程序，q=影片目录，r=名录，s=统计资料，t=技术报告，v=法律判例和判例解释，w=法律报告和法律汇编，|=不选用。

008/28 政府出版物代码，用1位字符描述在编资源是否是政府出版物，代码如下：#=非政府出版物，a=自治或半自治地区，c=多地方管辖区，f=联邦/国家政府机构，i=国际政府间机构，l=地方行政政府，m=州、省、郡联合管辖机构，o=政府出版物，级别不确定，s=州、省、郡独立管辖机构，u=无法确定是否为政府出版物，z=其他，|=不选用。

008/29 会议出版物代码：0=非会议出版物，1=会议出版物，|=不选用。

008/30 纪念文集：0=非纪念文集，1=纪念文集，|=不选用。

008/31 索引，008/33 文学体裁，分别用1位字符描述在编资源是否有索引或者是否是文学体裁。008/32 未定义。008/31：0=无索引，1=有索引，|=不选用；008/33：0=非文学体裁，1=文学体裁，|=不选用。

008/34 传记，用1位字符代码说明在编资源是否是传记，如果是传记，说明传记的类型：#=非传记，a=自传，b=个人传记，d=集体传记，c=资源中含传记，|=不选用。

008/35～37 语种代码，根据在编资源本身的主要语种选择相应的代码，使用《MARC21语种代码表》进行选择，如"eng"表示英文。

008/38 修改记录代码和008/39 编目来源，分别用1位字符的代码说明机读记录的修改状况和原始编目的来源。008/38：#=未修改，s=截短记录，d=省略破折号款目，x=字符漏缺，r=罗马化（原文字打印卡片），o=数据与卡片均完全罗马化；008/39：#=国家级编目机构，c=合作编目机构，d=其他，u=不详。

【例 7-5】：008180811s2018####cn#bo##gs#001#00eng##

7.3.5 MARC21 书目编号与代码的描述

1. MARC21 书目编号与代码字段与 CNMARC 书目的对照

MARC21 的 01X-09X 编号和代码（numbers and codes）是变长数据字段，包含了与书目记录和编目资源有关的各种编号，多达 50 来种，表 7-6 列出了常用的编号字段，以及其与 CNMARC 书目对应的字段。

表 7-6 MARC21 书目编号和代码字段与 CNMARC 书目的对照

MARC21 书目编号常用字段	CNMARC 书目对应的字段
010 国会图书馆控制号（有则必备，不可重复）	
016 国家书目机构控制号（有则必备，可重复）	
020 国际标准书号 ISBN（有则必备，可重复）	010 国际标准书号
022 国际标准期刊号 ISSN（有则必备，可重复）	011 国家标准连续出版物号
024 其他标准标识符（有则必备，可重复）	017 其他标准号
040 编目来源（必备，可重复）	801 记录来源
041 语言代码（有则必备，不可重复）	101 作品语种
043 地区代码（有则必备，不可重复）	102 出版或制作国别
080 国际十进制分类法分类号（可选用，可重复）	675 国际十进制分类法分类号
082 杜威十进制分类法分类号（可选用，可重复）	676 杜威十进制分类号
084 其他分类号（有则必备，可重复）	（692 等我国分类法可对应）
……	106 编码数据字段：文字资料-形态特征

2. 主要字段使用方法介绍

各种编号和代码的描述格式大同小异，以下主要介绍必备的 040 字段及常用的 020 字段、041 字段和 080 字段。

（1）020 国际标准书号（international standard book number）字段，我国在编制西文书目时，如果国内也出版，重复著录 020 字段，第一个 020 字段用来描述国内出版社给的国际标准 ISBN 号，第二个 020 字段用来描述国外出版社给的国际标准 ISBN 号。如果资源载有多个同一类型的标识符，则在标识符后记录简单的限定，以示区别。例如，ISBN 1-887744-11-8（video），ISBN 1-887744-12-6（student text）。020 字段的格式为：

● 020##$a 国际标准编号$c 文献获得方式$z 注销/无效的 ISBN 号$6 连接$8 字段连接和顺序号。

【例 7-6】：020##$a033346542x

（2）040 编目来源（cataloging source）字段，本字段是描述当下 MARC 书目记录的原始编目机构、转录机构、修改机构的代码。本字段的 MARC 代码与 008/39 字符位相对应。本字段是必备字段，不可重复。040 字段的格式为：

● 040##$a 原始编目机构$b 编目语种$c 转录机构$d 修改机构$e 著录条例$6 连接$8 字段连接和顺序号。

其中，$a 原始编目机构，是记录创建原始 MARC 书目记录的机构代码或机构名称。加拿大的机构代码取自加拿大国家图书馆自己维护的 Symbols Interlibrary Loan Policies In Canada，其他机构代码取自 MARC Code List For Organizations；$b 编目语种，有则必备，不可重复，语种代码取自 MARC Code List For languages；$c 转录机构，必备，不可重复；$d 修改机构，有则必备，可重复，如果转录和修改记录由同一个机构承担，该机构代码分别记录在$c 和$d；$e 著录条例，可选用，可重复，是描述用于创建记录的描述规则的 MARC 代码或标题，子字段也可用于记录基于 AACR2 手册的使用。子字段$e 可以包含规则的名称，也可以包含指定规则的 MARC 代码，代码取自 MARC Code List For Relations，Sources，Description Conventions。上述代码表都是由美国国会图书馆维护。$6 连接、$8 字段连接和顺序号同 020 字段。

【例 7-7】：040##$aDLC$cDLC$dCtY

（注：原始机构是美国国会图书馆 DLC，目前转录的机构也是美国国会图书馆 DLC，这条记录曾被耶鲁大学图书馆 CtY 修改过。注意，这里$c 是必备和不可重复的，是指在编记录所在的机构。）

【例 7-8】：040##$aDLC$cDLC$erda$edcrmb

（注：原始机构和转录机构都是美国国会图书馆 DLC，使用的著录条例有 RDA 和 DCRMB）

（3）041 语言代码（language code）字段，如果在编资源包括两种或两种以上语言文字时，采用 041 字段。当我国图书馆描述授权影印的西文书籍时经常需要用这个字段。041 字段的指示符 1 是翻译指示符：#=无相关信息提供，0=不是译文或者不包括译文，1=是译文或者包括译文；指示符 2 是代码来源指示符：#=MARC 语言代码，在子字段$2 指定的来源；041 的子字段很多，我国常用的是其中的$a 和$b，$a 描述原文语种，$b 描述中文语种。

【例 7-9】：0410#$aeng$bchi

（4）080 国际十进制分类法分类号（universal decimal classification number）字段，字段的格式为：

● 080##$a 国际十进制分类法分类号$b 文献号$x 通用辅助复分表$2 版本标识$6 连接$8 字段连接和顺序号。

【例 7-10】：080##$a821.113.1.4-14$21998

7.3.6 MARC21 书目主要款目的描述

1. MARC21 书目主要款目与 CNMARC 书目相应字段的对照

MARC21 采用主要款目的概念，将作为主要款目的规范检索点在 1XX 主要款目（main entry fields）字段信息中列出来，与 CNMARC 书目格式的对照如表 7-7 所示。

表 7-7　MARC21 书目主要款目与 CNMARC 书目相应字段对照表

MARC21 书目：1XX 主要款目	CNMARC 书目的对应字段
100 主要款目——个人名称	700 个人名称——主要知识责任
110 主要款目——团体名称	710 团体名称——主要知识责任
111 主要款目——会议名称	710 团体名称——主要知识责任
130 主要款目——统一标题	503 统一惯用标目

主要款目这几个字段都是有则必备，不可重复。前三个字段指示符 1 都是说明主要款目规范检索的名称自身排列顺序，有 3 个选项值；指示符 2 都未定义。都有控制子字段：$0 规范记录控制号或标准号（可重复）、$1 真实世界对象 URI（可重复）、$2 标题或术语来源（可重复）、$6 连接（有则必备，不可重复）、$8 字段连接和顺序号（可选用，可重复）。

以下主要介绍 MARC21 主要款目的用法。主要款目部分的样例引自国家图书馆馆藏目录外文 MARC 格式和 MARC21 网站[①]。

2. 字段 100 主要款目——个人名称

100 主要款目——个人名称（main entry-personal name）字段中的个人名称是指所描述资源第一责任人的规范名称。

本字段指示符 1 是个人名称款目要素的类型：0=名，表示直序式名称标目；1=姓，表示含有姓的倒置式名称标目；3=家族名称。指示符 2 未定义。

子字段有：
- $a 个人名称（必备，不可重复），
- $b 世次（有则必备，不可重复），
- $c 称谓和其他与名称相关联的词（有则必备，可重复），
- $d 与名称相关联的日期（有则必备，不可重复），
- $e 关系词（可选用，可重复），
- $f 作品日期（不可重复），
- $g 其他信息（有则必备，不可重复），
- $j 属性限定（可选用，不可重复），
- $k 形式副标目（有则必备，可重复），
- $l 资源语言（有则必备，不可重复），
- $n 资源分卷/分节号（有则必备，可重复），
- $p 资源分卷/分节题名（有则必备，可重复），
- $q 名称的完全形式（有则必备，不可重复），
- $t 资源题名（有则必备，不可重复），
- $u 隶属关系（可选用，不可重复），
- $0 规范记录控制号或标准号（可重复），

---

① 100-Main Entry –Personal Name（NR）. http://www.loc.gov/marc/bibliographic/bd100.html.

- $1 真实世界对象 URI（可重复），
- $2 标题或术语来源（可重复），
- $4 关系词代码（可选用，可重复），
- $6 连接（有则必备，不可重复），
- $8 字段连接和顺序号（可选用，可重复）。

【例 7-11】：1001#$aAdams, Henry, $d1838—1918.

【例 7-12】：1003#$aFarquhar family.

【例 7-13】：1000#$aJohn, $cthe Baptist, Saint.

3. 字段 110 主要款目——团体名称

110 主要款目——团体名称（main entry-corporate name）字段中的团体名称是指所描述资源的第一责任人的规范名称。本字段指示符 1 是团体名称款目要素的类型：0=倒置式名称，表示团体名称以倒置式的个人名称作为入口词，仅用于 AACR2 规则之前的名称标目，1=行政管辖区名称，2=直序式名称。指示符 2 未定义。

子字段有：
- $a 作为款目要素的团体名称或行政管辖区名称（必备，不可重复），
- $b 下属单位（有则必备，可重复），
- $c 会议地址（有则必备，不可重复），
- $d 会议日期或签约日期（有则必备，可重复），
- $n 会议届次、文献分卷/分节号（有则必备，可重复），
- 其他（含义和用法同 100 字段）：$e、$f、$g、$j、$k、$l、$n、$p、$t、$u、$1、$2、$4、$6、$8。

【例 7-14】：1101#$aUnited States.$bDepartment of Agriculture

【例 7-15】：1102#$aSeminar Naturschutz und Landwirtschaft.$0（DE-101b）200568-2

4. 字段 111 主要款目——会议名称

111 主要款目——会议名称（main entry-meeting name）字段，这里的会议名称一般是指会议录文献包含的专题会议名。指示符 1 是会议名称款目要素的类型，0=倒置式名称，表示会议名称以倒置式的个人名称作为入口词，仅用于 AACR2 规则之前的名称标目，1=行政管辖区名称，2=直序式名称。指示符 2 未定义。

子字段有：
- $a 作为款目要素的会议名称或行政管辖区名称（必备，不可重复），
- $c 会议地址（有则必备，不可重复），
- $d 会议日期或签约日期（有则必备，可重复），
- $e 下属单位（有则必备，可重复），
- $q "辖区名称"条目元素后的会议名称（有则必备，不可重复），
- 其他（含义和用法同 100 字段）：$f、$g、$j、$k、$l、$n、$p、$t、$u、$1、$2、$4、$6、$8。

【例 7-16】：1112#$aWorld Congress On Neurological$n（24th：$d2019：$cDubai）

【例 7-17】：1112#$aWhite House Conference on Library and Information Services$d（1979：$cWashington，D.C.）.$eOhio Conference Delegation.

5. 字段 130 主要款目——统一题名

字段 130 主要款目——统一题名（main entry-uniform title），主要用于知名度高的古典佚名作品、宗教经书、连续性资源、条约及政府间的协议等。当有 100、110 或 111 字段时，统一题名不作为主要款目规范检索点，应描述于 240 字段。

指示符 1 是不排档的字符，指示符 2 未定义。指示符 1 的含义是描述统一题名中不参与排序的字符数，值包括 0~9，0 实际上是表示都参与排序，不参与的字符数为零。MARC21 规定，一个非 0 的数值表示统一题名以不参与检索和排序的首冠词开始。与首冠词相连的变音符号或特殊字符也视为不参与排序的字符。

本字段的子字段共有 19 个，其中只有$a 是必备项。具体包括：$a 统一题名（必备，不可重复），$d 签约日期，签约日期要置于括号内（可重复），$f 文献日期（不可重复），$h 载体，对应 ISBD 非统一版的一般资料标识（不可重复），$g 其他信息（仅用于 AACR2 之前的统一题名标目（可重复）），$k 形式副标目（可重复），$l 文献语言（不可重复），$m 音乐的表演方式，用于音乐作品（可重复），$n 文献分卷/分节号（可重复），$o 音乐改编说明，包含音乐作品的改编说明缩写词，如 "arr."，$p 文献分卷分节题名（可重复），$r 音乐调名（不可重复），$s 版本，描述统一题名中的版本、版次信息（可重复），$t 包含编目文献题名页的题名（不可重复），以及用法同 100 字段的字段$0、$1、$2、$6、$8。

【例 7-18】：1300#$aGone with Wind.$lEnglish.$sAuthorized.$kSelections.$f1936.
1300#$aGone with Wind（motion picture）.$hSound recording.
（上述两个都是《乱世佳人》，前者是节选的书，后者是电影且属于录音制品。）

7.3.7 题名、版本和出版说明的描述

1. 字段 20X~24X 题名和题名相关——一般信息

MARC21 书目 20X~24X 题名和题名相关字段（title and title-related fields）与 CNMARC 书目字段的对应见表 7-8。

表 7-8　MARC21 书目 20X~24X 与 CNMARC 书目字段的对应

MARC21 书目 20X~24X	CNMARC 书目字段的对应
210 缩略标题	500 统一题名
222 识别标题	
240 统一题名	501 作品集统一题名
242 编目机构提供的翻译题名	517 其他变异题名
243 作品集统一题名	501 作品集统一题名
245 题名声明	200 题名与责任说明
$a 正题名	$a 正题名

续表

MARC21 书目 20X~24X	CNMARC 书目字段的对应
$b 其他题名	$e 其他题名信息
$c 责任说明	$f 第一责任说明
$f 首尾日期（用于档案资料）	$g 其他责任说明
$g 主体日期（用于档案资料）	
$h 载体（ISBD 的统一版之前）	
$k 资料形式（用于档案资料）	$b 一般文献类型标识
$n 资源分卷/分节号	
$p 资源分卷/分节题名	$h 分辑（册）、章节号
$s 版本（用于档案资料）	$i 分辑（册）、章节名
$6 连接	
$8 字段连接和顺序号	
246 变异题名	200 字段的$d 并列题名、51X 中的各种题名检索点
247 先前题名	520 曾用题名

由于字段 245 是 MARC 书目记录中的最基本描述字段，描述的资源内容较多，所以这里单独进行介绍。

245 题名声明（title statement）字段对应 ISBD 的题名与责任说明项，包含题名和责任说明。对规定信息源的题名如实描述，如果取自其他信息源的，应置于方括号内。不同于 CNMARC 书目的 200 字段，MARC21 书目的 245 字段采用 ISBD 规定的标识符号。

本字段必备，不可重复。指示符 1 是题名附加款目，有两个值选项：0=无题名附加款目；1=有题名附加款目。指示符 2 是不排序的字符，不参与排序的字符数从 0~9。

245 字段的格式为：

● 245f1f2$a 题名$b 其他题名信息$c 责任说明等$f 首尾日期$g 主体日期$h 载体$k 资料形式$n 文献分卷/分节号$p 文献分卷/分节题名$s 版本$6 连接$8 字段连接和顺序号.

各子字段与 CNMARC 书目 200 字段对应的子字段（子字段名不一定相同）用法基本相同，只是后者没有使用 ISBD 的标点符号。

【例 7-19】：根据 RDA，责任说明转录信息源上的形式

24510$aEmpiriomonism：$bessays in philosophy.$nBooks 1-3/$cby Alexander Bogdanov; edited and translated by David G. Rowley.

【例 7-20】：根据 RDA，著作超过 3 名也可以都描述。样例搜索自国家图书馆馆藏目录

24510$aData protection and privacy：$bdata protection and democracy/$c[edited by] Ronald Leenes, Dara Hallinan, Serge Gutwirth, Paul De Hert.$kmonograph

子字段$h 载体（medium），可选用，不可重复。对应 CNMARC 书目 200 字段$b 子字段。MARC21 目前根据最新版 ISBD 和 RDA 进行了很大调整，有关载体部分采用 3XX 进行更为详细的描述，因此$h 子字段仅适用于遵循 2011 年之前的 ISBD 的 AACR2 规则下的描述。

一般用于档案资料的四个子字段：$f 首尾日期，有则必备，不可重复，包括在编资源内容创建的时间段；$g 主体日期，有则必备，不可重复，包括在编资源内容创建的主体日期；$k 资料形式，有则必备，可重复，包含在编资源的资料形式术语，通过其物理特性、知识内容的主题或其中的信息顺序（如日记、目录、期刊、备忘录等）加以区别；

子字段$s 版本，有则必备，不可重复。包含在编资源不同时间或针对不同读者的版本形式的名称、代码或描述信息。

【例 7-21】：24510$aDirector's report of the Reading Association.$sMember release.

子字段$n 资源分卷/分节号（number of part/section of a work），有则必备，可重复。包含在编资源的分卷/分节标识，如 part1，supplement A 等。在音乐作品题名中，作品序列号或主题索取号一般不描述在此$n 子字段里。根据 ISBD 著录规则，$n 的前置符是英文句点"."，除非前面字段中的最后一个词是缩写、首字母/字母或以最后标点结尾的数据。一个$n 可包含多个分卷/分节号，多个编号之间用逗号隔开。

【例 7-22】：24510$aFaust.$nPart one.

【例 7-23】：24514$aThe Bookman.$nPart B.

子字段$p 作品分卷/分节题名，有则必备，可重复。包含在编资源的分卷/分节题名。根据 ISBD 著录规则，子字段$p，如果跟在子字段$a、$b 或其他子字段$p 后面，则此$p 前面是一个句点"."；如果跟在子字段$n 之后，则此$p 之前是逗号","。只有在子字段$a、$b、$n 或$p 之后才重复子字段$n 和$p。如果子字段$c 中记录的题名包含分卷/分节的名称和/或编号，则这些元素不单独进行子字段编码。

【例 7-24】：245 10$aAdvanced calculus.$nPart B，$pStudent handbook.

2. 字段 25X～28X 版本、出版等

25X～28X 版本、出版等字段（edition，imprint，etc. fields），包括 11 个字段。以下以常用的三个字段为例介绍。

（1）250 版本说明（edition statement），有则必备，不可重复。其格式为：

● 250##$a 版本说明$b 版本说明的其他部分$3 指定资料$6 连接$8 字段连接和顺序号.

当我国图书馆描述授权影印的西文资源时，需要将影印信息在该字段描述。

【例 7-25】：250##$a[Reprinted ed.]

【例 7-26】：24510$aManagement information system：$bmanaging the digital firm /$cKenneth C. Laudon，Jane P. Laudon.$kmonograph

250##$a14th ed，Global ed.

（2）256 计算机文件特征（computer file characteristics），电子资源的必备字段，其他资料的有则必备，不可重复。其格式为：

● 256##$a 计算机文件特征$6 连接$8 字段连接和顺序号.

【例 7-27】：256##$aComputer data（2 files：800，1250 records）.

（3）260 出版、发行等（印刷）(publication，distribution，etc.（imprint）)，有则必备，可重复。其格式为：

● 260f1f2$a 出版、发行地$b 出版、发行者$c 出版、发行日期$e 制作地$f 制作者$g 制作日期$3 专指资料$6 连接$8 字段连接和顺序号.

【例 7-28】：260f1f2$aHarlow，Essex：$bPearson Education Ltd.，$cc2016.

7.3.8 MARC21 书目载体形态的描述

载体形态块是 MARC21 书目与 CNMARC 书目区别比较大的地方。CNMARC 书目目前还没有设置这样一个专门的字段块，仅有一个 215 载体形态字段，有些对应的内容是在 CNMARC 书目的 3XX 附注字段里表示的。

1. 概述

3XX 载体形态等字段（physical description，etc. fields）包含在编资源的物理形态特征、出版频率、卷期标识、数字图形表示及资源的传播信息和保密等级等信息。MARC21 书目的 3XX 载体形态字段这几年变化比较大，相比 2005 年我国国家图书馆出版《MARC21 书目数据格式使用手册》时的 13 个字段，现在已有 35 个字段，如表 7-9 所示。

表 7-9 MARC21 书目 3XX 字段

3XX 字段	3XX 字段
300 载体形态（必备，可重复）	352 数字图形表示（有则必备，可重复）
306 播放持续时间（可选用，不可重复）	355 保密等级控制（有则必备，可重复）
307 访问或获取时间（可选用，可重复）	357 原创者传播控制（有则必备，不可重复）
310 当前出版频率（有则必备，可重复）	362 出版日期和/或卷期标识（有则必备，可重复）
321 原出版频率（可选用，可重复）	363 标准化日期和顺序名称
336 内容类型	365 交易价格
337 媒介类型	366 贸易可用信息
338 载体类型	370 关联位置
340 物理载体（有则必备，可重复）	377 关联语言
341 可访问性内容	380 作品形式
342 地理空间参考数据（有则必备，可重复）	381 作品或表达的其他显著特征
343 平面坐标数据（有则必备，可重复）	382 运行载体
344 声音特性	383 音乐作品的数字名称
345 运动图像的投影特征	384 键
346 视频特性	385 观众特征
347 数字文件特性	386 创建者/贡献者特征
348 标记音乐的格式	388 创建时间段
351 材料的组织和安排（可选用，可重复）	

表 7-9 中的 336、337 和 338 三个子字段，是 MARC21 书目 2009 年新增的字段，遵循 ISBD 的 "0 内容形式和媒介类型项"。这三个字段的类型来源，目前主要是 RDA。根据 RDA 指导委员会工作安排，第一，在原 RDA-ONIX 资源类别框架（RDA/ONIX ·Frame work for Resource Categorization, ROF) 取值基础上, 可对内容类型和载体类型进行扩展和细化; 第二, 允许在 ROF 下, 不采用其取值, 而是自定义符合自己需求的内容类型和载体类型[①]。以下主要介绍 300 载体形态、336 内容类型、337 媒介类型和 338 载体类型等 4 个字段的使用方法。

2. 字段 300 载体形态

字段 300 载体形态字段(physical description)是对在编资源的物理载体形态进行描述, 包括在编资源的篇幅数量、尺寸、其他载体细节和附件的物理载体形态。本字段必备, 可重复。指示符 1 和指示符 2 都未定义。本字段的数据描述是按照各种编目规则的规定进行编制。目前采用的编目规则是遵循 ISBD 标准的, 因此会应用 ISBD 规定的标点符号。

字段格式为:

● 300##$a 篇幅$b 其他形态细节$c 尺寸$e 附件$f 单位类型$g 单位尺寸$3 专指资料$6 连接$8 字段连接和顺序号.

其中, $a 和$c 是必备, 其他都是可选用; $a、$c、$f、$g、$8 是可重复的, $b、$e、$3、$6 是不可重复的。

该字段描述的内容类似 CNMARC 书目的 215 载体形态字段, 但需要使用 ISBD 规定的标识符号。

【例 7-29】: 300##$a250p.: $bill.; $c15×27 cm

【例 7-30】: 300##$a1 map: $bcol.; $c200×350 cm., folded to 20×15 cm., in plastic case 25×20 cm

【例 7-31】: 300##$a250 p.: $bill.; $c23 cm. +$e1 answer book

3. 字段 336 内容类型

字段 336 内容类型(content type), 用来描述作品的交流方式, 与(头标区)leader/06 (记录类型)结合使用, 表示资源内容的一般类型。336 字段允许采用来自不同列表的更具体的内容类型。同一源词汇表或代码列表中的多个内容类型可以分别记录在同一字段的子字段$a(内容类型术语)和子字段$b(内容类型代码)中。来自不同来源词汇表的术语记录在不同$a 和$b 中。本字段可选用, 可重复。指示符 1 和指示符 2 都未定义。

本字段格式为:

336##$a 内容类型术语$b 内容类型代码$0 规范记录控制号或者标准号$1 真实世界对象 URI$2 来源$3 指定的材料$6 连接$8 字段连接和顺序号.

当不用$1 时, 所标识的实体名称或标签的 URI 包含在$0。

【例 7-32】: 336##$aperformed music$2rdacontent

【例 7-33】: 336##$atwo-dimensional moving image$btdi$2rdacontent

【例 7-34】: 336##$btxt$2rdacontent$3liner notes

【例 7-35】: 336##$aperformed music$bprm$0(uri)http://id.loc.gov/vocabulary/content

---

[①] 编目精灵Ⅲ. 新 RDA 内容类型和载体类型的变化[EB/OL]. https://catwizard.net/posts/20190523213309.html, 2019-05-23.

Types/prm$2rdacontent

RDA 的内容类型（content）目前共列有 23 种[①]：地图数据集（cartographic dataset）、地图图像（cartographic image）、地图的动态图像（cartographic moving image）、地图的触摸图像（cartographic tactile image）、地图的触摸三维形式（cartographic tactile three-dimensional form）、地图的三维形式（cartographic three-dimensional form）、计算机数据集（computer dataset）、计算机程序（computer program）、动作谱（notated movement）、乐谱（notated music）、表演音乐（performed music）、声音（sounds）、口头表述（spoken word）、静态图像（still image）、触摸图像（tactile image）、触摸乐谱（tactile notated music）、触摸动作谱（tactile notated movement）、触摸文本（tactile text）、触摸三维形式（tactile three-dimensional form）、文本（text）、三维形式（three-dimensional form）、三维动态图像（three-dimensional moving image）和二维动态图像（two-dimensional moving image）。

4. 字段 337 媒介类型

字段 337 媒介类型（media type），用作字段 007/00（材料类别）中媒介类型的编码表达式的替代或补充。

媒介类型反映出查看、播放、运行等所需的一般中介设备类型。RDA 的媒介类型目前主要有[②]：音频（audio）、计算机（computer）、缩微（microform）、显微（microscopic）、投影（projected）、立体（stereographic）、无媒介（unmediated）、视频（video）、其他（other）和未指定（unspecified）。

可以用上述一个或多个术语记录媒介类型。（交替规则：如果所描述资源由多个媒介类型组成，则仅记录适用于资源主要部分的媒介类型或适用于资源最实质部分的媒介类型。）

在 MARC21 中，采用 337 字段的子字段$a 和$b 来表示，见表 7-10，其中$b 是$a 内容的代码。字段 337 信息允许采用来自不同列表的更具体的媒介类型。同一源词汇表或代码列表中的多个媒介类型可分别记录在同一字段的子字段$a（媒介类型术语）和子字段$b（媒介类型代码）中。来自不同来源词汇表的术语分别记录在不同的$a 和$b 中。本字段，可选用，可重复。指示符 1 和指示符 2 都未定义。

表 7-10　RDA 媒介类型的 MARC21 表示

RDA media terms -337$a	MARC codes for RDA terms - 337$b	MARC media codes - 007/00
audio	s	s - sound recording
computer	c	c - electronic resource
microform	h	h - microform
microscopic	p	

[①] RDA Content Type. http://www.rdaregistry.info/termList/RDAContentType/?language=en.
[②] RDA Media Type. http://www.rdaregistry.info/termList/RDAMediaType/#1001.

续表

RDA media terms -337$a	MARC codes for RDA terms - 337$b	MARC media codes - 007/00
projected	g	g - projected graphic
		m - motion picture
stereographic	e	
unmediated	n	t - text
		k - non-projected graphic
video	v	v - videorecording
other	x	z - unspecified
unspecified	z	z - unspecified

本字段格式为：

● 337##$a 媒介类型术语$b 媒介类型代码$0 规范记录控制号或者标准号$1 真实世界对象 URI$2 来源$3 指定的材料$6 连接$8 字段连接和顺序号。

【例 7-36】：337##$aaudio$2rdamedia

【例 7-37】：337##bn2rdamedia$3liner notes

【例 7-38】：337##$aaudio$bs$0（uri）http://id.loc.gov/vocabulary/mediaTypes/s$2rdamedia

【例 7-39】：337##$aunmediated$2rdamedia$3liner notes

（注：这里$3 是指该字段是描述在编资源的指定材料：封套内容简介，是纸质的，无须中介设备阅读。）

5. 字段 338 载体类型

字段 338 载体类型（carrier type），用来描述浏览、播放、运行资源内容所需中间设备的类型，反映存储媒体格式和载体装置的分类，用作字段 007/01（特定材料名称）中载体类型编码表达式的替代或补充。载体类型是核心元素。

载体类型的信息源是资源本身（或者其任何附件或容器），所呈现的依据作为记录载体类型的基础。如有必要，可从任何来源获取补充依据。

用一个或多个术语记录传递资源内容的载体类型。只要适用于所描述资源的术语都可予以记录。（交替规则：如果资源由多个载体类型组成，则仅记录适用于资源主要部分的载体类型，或适用于资源最实质部分的载体类型。）

字段 338 信息允许采用来自不同列表的更具体的载体类型。同一源词汇表或代码列表中的多个载体类型可分别记录在同一字段的子字段$a（载体类型术语）和子字段$b（载体类型代码）中。来自不同来源词汇表的术语分别记录在不同的$a 和$b 中。本字段，可选用，可重复。指示符 1 和指示符 2 都未定义。

本字段格式为：

● 338##$a 载体类型术语$b 载体类型代码$0 规范记录控制号或者标准号$1 真实世界对象 URI$2 来源$3 指定的材料$6 连接$8 字段连接和顺序号。

【例 7-40】：338##$aaudio disc$2rdacarrier

【例7-41】：338##$avideodisc$bvd$2rdacarrier

【例7-42】：338##bsd2rdacarrier

【例7-43】：338##$aaudio disc$bsd$0（uri）http://id.loc.gov/vocabulary/carriers/sd$2rdacarrier

【例7-44】：338##$asheet$2rdacarrier$3liner notes

【例7-45】：搜索自我国国家图书馆馆藏目录样例：

24510$aData protection and privacy ：$bdata protection and democracy / $c[edited by] Ronald Leenes，Dara Hallinan，Serge Gutwirth，Paul De Hert.$kmonograph

336##$atext$2rdacontent$btxt

337##$aunmediated$2rdamedia$bn

338##$avolume$2rdacarrier$bnc

RDA目前共有56种载体类型，分为10大类[①]，常见的有：①音频载体（audio carriers）：盒式录音带（audio cartridge）（sg），录音筒（audio cylinder），录音盘（audio disc），录音卷（audio roll），卡式录音带（audiocassette），开盘录音带（audiotape reel），音轨卷（sound-track reel）；②计算机载体（computer carriers）：计算机卡（computer card），盒式计算机芯片（computer chip cartridge），计算机盘（computer disc），盒式计算机磁带（computer disc cartridge），卡式计算机磁带（computer tape cartridge），开盘计算机磁带（computer tape cassette），联机资源（online resource）；③缩微载体（microform carriers），穿孔卡片（aperture card），缩微卡片（microfiche），卡式缩微平片（microfiche cassette），盒式缩微胶卷（microfilm cartridge），卡式缩微胶卷（microfilm cassette），开盘缩微胶卷（microfilm reel），缩微卷（microfilm roll），缩微条片（microfilm slip），不透明缩微品（microopaque）；④放映图像载体（projected image carriers），盒式影片（film cartridge），卡式影片（film cassette），开盘电影胶片（film reel），胶卷（film roll），幻灯条片（filmslip），幻灯卷片（filmstrip），盒式幻灯卷片（filmstrip cartridge），高射投影幻灯片（overhead transparency slide）；⑤显微载体（microscope carriers）：显微镜载玻片（microscope slide）；⑥立体载体（stereographic carriers）：立体卡片（stereograph card），立体盘（sterograph disc）；⑦视频载体（video carriers）：盒式录像带（video cartridge），卡式录像带（videocassette），视盘（videodisc），开盘录像带（videotape reel）；⑧无中介载体（unmediated carriers）：卡片（card），翻转图（filpchart），物体（object），卷（roll），张（sheet），卷/册（volume）；⑨其他（other）；⑩未指定（unspecified）。

7.3.9　MARC21书目其他信息描述简述

1）4XX丛编说明字段

这部分与CNMARC书目的225丛编项字段相对应。目前，4XX字段区只有一个字段490丛编（series statement）。该字段用于描述不用于检索的丛编题名信息，以及描述

[①] RDA Carrier Type. http://www.rdaregistry.info/termList/RDACarrierType/?language=en.

与规范的检索点形式不同的丛编说明。本字段不作为丛编附加款目，如需检索，应采用 800～830 字段提供的规范的丛编题名检索点。若丛编题名包含卷次或文献的出版日期，该丛编题名应记录在本字段。

【例 7-46】：4900#$aComputers，privacy and data protection ； $vvolume12

2）5XX 附注字段

5XX 附注字段（note fields）与 CNMARC 书目的 3XX 附注块相对应。其中，500 字段包含一般性附注内容，501～588 字段包含专指性附注内容。这些字段多数为可选用字段，且可重复。

- 500 一般附注（可选用，可重复）
- 501 合订附注
- 502 学位论文附注
- 504 书目等附注
- 505 内容附注
- 506 访问限制附注
- 507 图示资料的比例尺附注
- 508 制作与生产责任附注
- 510 引文/参考附注
- 511 参加者或表演者附注
- 513 报告类型及日期范围附注
- 514 数据质量附注
- 515 编号特点附注
- 516 计算机文件或数据的类型的附注
- 518 事件发生的日期/时间和地点附注
- 520 提要等
- 521 阅读对象说明
- 522 地理区域范围附注
- 524 编目资料引文附注
- 525 补编附注
- 526 学习计划信息附注
- 530 其他载体形式附注
- 533 复制说明
- 534 原版附注
- 535 原件/复本收藏地点附注
- 536 资助信息附注
- 538 系统细节附注
- 540 使用与复制条件附注
- 541 直接采访来源附注
- 544 其他档案材料收藏地附注
- 545 传记或历史数据
- 546 语种附注
- 547 先前题名复杂关系附注
- 550 发行机构附注
- 552 实体和属性信息附注
- 555 累积索引/检索工具附注
- 556 文件说明信息
- 561 所有权和保管历史
- 562 复本和版本标识说明
- 563 装订信息
- 565 案卷文件特征附注
- 567 方法附注
- 580 连接款目复杂性附注
- 581 与编目文献有关的出版物附注
- 583 业务处理附注
- 584 累积和使用频率附注
- 585 展览附注
- 586 文献获奖附注
- 588 描述来源附注
- 59X 本地附注

【例 7-47】：504##$aIncludes bibliographical references and index.

【例 7-48】：访问限制附注：506##$aAvailable to OhioLINK libraries

3）6XX 主题检索字段

6XX 主题检索字段（subject access fields）与 CNMARC 书目的 5XX 相关题名块和

6XX 主题分析块中 60X～66X 主题词部分相对应。6XX 字段包含主题访问款目和术语。这些字段中的大多数包含主题附加款目或者访问条款，基于指示符 2（主题标题系统/同义词库）或子字段$2（主题标题或术语来源）中确定的列表和规范文件。有一个字段包含不受控制的主题访问数据。

- 600 主题附加款目——个人名称
- 610 主题附加款目——团体名称
- 611 主题附加款目——会议名称
- 630 主题附加款目——统一题名
- 647 主题附加款目——命名事件
- 648 主题附加款目——年代术语
- 650 主题附加款目——论题主题
- 651 主题附加款目——地理名称
- 653 索引词——非控词语
- 654 主题附加款目——分面主题词
- 655 索引词——体裁/形式
- 656 索引词——职业
- 657 索引词——功能
- 658 索引词——课程目标
- 662 主题附加款目层次位置名称
- 69X 本地主题检索字段

【例 7-49】：650 描述了在编作品的论题检索点

24510$aData protection and privacy：$bdata protection and democracy/$c [edited by] Ronald Leenes，Dara Hallinan，Serge Gutwirth，Paul De Hert.$kmonograph

650#0$aData protection$xLaw and legislation$vCongresses.

650#0$aPrivacy，Right of$vCongresses.

（注：650 字段，指示符 1=#表示未提供信息，指示符 2=0 国会图书馆主题标目；$a 专门术语；$x 主题复分；$v 形式复分。）

4）70X～75X 附加款目字段

70X～75X 附加款目字段（added entry fields）与 CNMARC 书目的 7X1 字段和 7X2 字段相对应。附加款目的款目元素是个人名称。附加款目根据各种编目规则进行分配，以便从个人名称标题中访问书目记录，这些标题可能无法更恰当地分配为 600（主题附加款目——个人名称）或 800（丛编附加款目——个人名称）字段。

- 700 附加款目——个人名称
- 710 附加款目——团体名称
- 711 附加款目——会议名称
- 720 附加款目——非受控名称
- 730 附加款目——统一题名
- 740 附加款目——非控相关/分析题名
- 751 附加款目——地理名称
- 752 附加款目——各级行政区域名称
- 753 访问计算机文件的系统细节
- 754 附加款目——学科分类标识
- 758 资源标识符

【例 7-50】：用 700 字段著录个人名称检索点：$a=姓，名；$e 责任说明

24510$aData protection and privacy：$bdata protection and democracy/$c[edited by] Ronald Leenes，Dara Hallinan，Serge Gutwirth，Paul De Hert.$kmonograph.

7001#$aLeenes，Ronald，$eeditor.

7001#$aHallinan，Dara，$eeditor.

7001#$aGutwirth，Serge，$eeditor.

7001#$aHert, Paul de, $eeditor.

【例 7-51】：描述团体名称检索点和会议名称检索点

24500$aIntelligent information and database systems：$brecent developments/$cMaciej Huk, Marcin Maleszka, Edward Szczerbicki, editors. $kmonograph.

7102#$aOhio Library and Information Network.

7112#$aAsian Conference on Intelligent Information and Database Systems $n（11th：$d 2019：$c Yogyakarta, Indonesia）$0http://id.loc.gov/authorities/names/nb2019007744.

（注1：710字段：指示符1=2表示按直序排，指示符2未定义；$a表示团体名称检索点。711字段：指示符1=2表示按直序排，指示符z="#"表示无信息提供；$a会议名称基本检索点，$n届次，$d会期，$c会址，$0会议网站。）

5）76X~78X 连接款目字段

76X~78X 连接款目字段（linking entry fields）与 CNMARC 书目的 4XX 块相对应。这部分的字段是描述在编资源与其他相关资源书目记录的关系的信息。

这些关系分为三大类：

● 帮助用户继续搜索但实际不需要获取目标项目的相关项（例如，连续性资源的先前款目、在编资源的翻译文本）；

● 为了使用目标项目而必须实际获取的相关项（例如，主文献的析出部分：一本期刊包含一个特定文章）；

● 相关资源是一个较大资源的子单元,只有通过主资源及其所在位置才能获取（例如，视觉材料集合中包含的单个照片）。

"连接款目"字段设计为在其显示的记录中生成注释。如果相关项目被单独的记录覆盖，它们还可以在目标项目的书目记录和相关项目的书目记录之间提供机器链接，以方便索引。

- 760 主丛编款目
- 762 附属丛编款目
- 765 原著款目
- 767 译著款目
- 770 补编/特辑款目
- 772 正编/正刊款目
- 773 主文献款目
- 774 子单元款目
- 775 其他版本款目
- 776 其他载体形态款目
- 777 合订款目
- 780 先前款目
- 785 后续款目
- 786 数据源款目
- 787 其他关系款目

【例 7-52】：该作品载体除了有纸质（337：无中介）外，还有online版，用776字段描述

24510$aData protection and privacy：$bdata protection and democracy/$c[edited by] Ronald Leenes, Dara Hallinan, Serge Gutwirth, Paul De Hert.$kmonograph

337##$a unmediated$2rdamedia

77608$iOnline version：$tData protection and privacy$dChicago：Hart Publishing, an imprint of Bloomsbury Publishing，2020.$z9781509932764 $w（DLC）2019044168

（注：776 字段，指示符 1=0 表示显示注释，指示符 2=8 表示未生成显示常数；$i：相关信息；$t：题名；$d：出版项；$z：ISBN 号；$w：记录控制号。）

6）80X～83X 丛编附加款目字段

80X～83X 丛编附加款目字段（series added entry fields）对应 CNMARC 书目的 5XX。80X～83X 的字段是描述与题名有关的丛编附加款目，包含的数据元素是规范检索点。当书目记录含有 490 字段（丛编说明字段）且指示符 1 为 1 时（即指丛编追踪），或 500 字段（附注——一般信息）包含丛编说明并需要做检索点时，启用 80X～83X 丛编附加款目字段：

- 800 丛编附加款目——个人名称（有则必备，可重复）
- 810 丛编附加款目——团体名称（有则必备，可重复）
- 811 丛编附加款目——会议名称（有则必备，可重复）
- 830 丛编附加款目——统一题名（有则必备，可重复）

【例 7-53】：对丛编规范题名检索点用 830 字段描述：

24500$aIntelligent information and database systems：$brecent developments
830#0$aStudies in computational intelligence；$vv.830

（注：830 字段，指示符 1 未定义；指示符 2=0 表示不排序；$a 统一题名（即丛编题名规范检索点），$v 卷。）

7）841～88X 馆藏、交替图形文字等字段

CNMARC 书目之前的 9XX 与之对应，目前国家标准 CNMARC 书目已经没有 9XX 字段，发布了专门的 CNMARC 馆藏格式描述标准。841～88X 馆藏、交替图形文字等字段（holdings，location，alternate graphics，etc. fields）的数据元素既可以出现在书目记录中，又可出现在独立的 MARC 馆藏记录中。

- 841 馆藏编码数据值
- 842 文本物理形式指示符
- 843 复制说明
- 844 单元名称
- 845 使用和复制条款
- 850 馆藏机构
- 852 馆藏地
- 853 标题和样式-基本书目单元
- 854 标题和样式-补充材料
- 855 标题和样式-索引
- 856 电子资源定位和访问
- 863 编号和年代-基本书目单位
- 864 编号和年代-补充材料
- 865 编号和年代-索引
- 866 文字馆藏-基本书目单位
- 867 文字馆藏-补充材料
- 868 文字馆藏-索引
- 876 单册信息-基本书目单位
- 877 单册信息-补充材料
- 878 单册信息-索引
- 880 交替图形表示
- 882 更换记录信息
- 883 机器生成的元数据来源
- 884 描述转换信息
- 885 匹配信息
- 886 外来机读目录信息字段
- 887 非机读目录信息字段

【例 7-54】：以下是检索自国家图书馆馆藏目录的一个字段较为全的记录，其中包括了 8—字段。856 字段用法基本同 CNMARC 书目。该记录采用主要款目概念，但是按照《中国机读书目格式》规则将个人名称规范检索点著录在 700 字段。

001004741237
00520200730102447.0
008190312s2020####sz#a####o#####100#0#eng#d
020##$a9783030141318$qhardback
020##$a9783030141325$qelectronic bk.
040##$aGW5XE$beng$cGW5XE$erda$dOCLCO$dUKMGB$dYDX$dOCLCF$dOCLCO$dLQU$dSFB$dCcBjTSG
24500$aIntelligent information and database systems : $brecent developments / $cMaciej Huk, Marcin Maleszka, Edward Szczerbicki, editors.$kmonograph
264#1$aCham, Switzerland : $bSpringer, $c[2020]
300##$axviii, 438 pages : $billustrations（some color）; $c24cm.
336##$atext$2rdacontent
337##$aunmediated $2rdamedia
338##$avolume $2rdacarrier
4901#$aStudies in computational intelligence ; $vvolume 830
504##$aIncludes bibliographical references and index
500#$aIncludes author index
506#$aAvailable to OhioLINK libraries
6500#$aArtificial intelligence $vCongresses.
6554#$aElectronic books
6557#$aConference papers and proceedings. $2fast
6557#$aConference papers and proceedings. $2lcgft
7001#$aHuk, Maciej, $eeditor.
7001#$aMaleszka, Marcin, $eeditor.
7001#$aSzczerbicki, Edward, $eeditor.
7102#$aOhio Library and Information Network.
7112#$aAsian Conference on Intelligent Information and Database Systems$n（11th : $d 2019 : $cYogyakarta, Indonesia）$0http://id.loc.gov/authorities/names/nb2019007744
77608$cOriginal$z3030141314$z9783030141318$w（OCoLC）1083458822
8300#$aStudies in computational intelligence ; $vv.830.
85640$3OhioLINK$zConnect to resource $uhttp://rave.ohiolink.edu/ebooks/ebc/9783030141325
85640$3SpringerLink$zConnect to resource$uhttp://link.springer.com/10.1007/978-3-030-14132-5

本章思考题

1. RDA 的主要变化是什么？
2. RDA 的主要描述内容有哪些？
3. MARC21 对载体特征的描述主要有哪些方法？
4. MARC21 的主要款目是什么？
5. 我国西文资源描述的特点主要有哪些？

主要参考文献

国家图书馆 MARC21 格式使用手册课题组编著. 2005. MARC21 书目数据格式使用手册[M]. 北京：北京图书馆出版社.

国家图书馆《中国文献编目规则》修订组编. 2005. 中国文献编目规则第二版[M]. 北京：北京图书馆出版社.

全国图书馆标准化技术委员会. 2020-10-20. 中国机读书目格式：GB/T33286-2016[S/OL]. http://c.gb688.cn/bzgk/gb/showGb?type=online&hcno=82F3F8B2D6F9612D03542ABE2A9AA2BA.

全国信息与文献标准化技术委员会. 2020-10-20. 测绘制图资料著录规则：GB/T3792.6-2005[S/OL]. http://c.gb688.cn/bzgk/gb/showGb?type=online&hcno=FCD1814BB687DF42C1C9354 FEF6701AC.

全国信息与文献标准化技术委员会. 2020-10-20. 普通图书著录规则：GB/T3792.2-2006[S/OL]. http://c.gb688.cn/bzgk/gb/showGb?type=online&hcno=BE79C81C63B2B7D7679191D52707DC6C.

全国信息与文献标准化技术委员会. 2020-10-20. 文献著录第 1 部分：总则：GB/T3792.1-2009[S/OL]. https://www.doc88.com/p-9485297089570.html.

全国信息与文献标准化技术委员会. 2020-10-20. 文献著录第 3 部分：连续性资源：GB/T3792.3-2009[S/OL]. https://www.doc88.com/p-7764868168883.html.

全国信息与文献标准化技术委员会. 2020-10-20. 文献著录第 4 部分：非书资料：GB/T3792.4-2009[S/OL]. http://c.gb688.cn/bzgk/gb/showGb?type=online&hcno=6B1AF03E0DC714CA6DCCBF9 EB10F5F0C.

全国信息与文献标准化技术委员会. 2020-10-20. 文献著录第 9 部分：电子资源：GB/T3792.9-2009[S/OL]. https://www.doc88.com/p-7758454136896.html.

全国信息与文献标准化技术委员会. 2021-10-1. 信息与文献 资源描述：GB/T3792-2021[S/OL]. http://openstd.samr.gov.cn/.

（克罗）维勒 M 编. 2013. UNIMARC 手册：规范格式（第三版）[M].《中国机读规范格式》工作组译. 北京：国家图书馆出版社.

IFLA. 2020-10-20. UNIMARC[OL]. https://www.ifla.org/unimarc.

The Library of Congress. 2020-10-20. MARC STATARDS[OL]. http://www.loc.gov/marc/.

主要参考文献